프로메테우스의 금속

희귀 금속은 어떻게 세계를 재편하는가

프로메테우스의 금속

그린 뉴딜의 심장,

지정학 전쟁의 씨앗

기욤 피트롱 지음

양영란 옮김

갈라파고스

"삶에는 두 가지 비극이 있다.

하나는 원하는 것을 얻지 못하는 비극,

다른 하나는 원하는 것을 얻는 비극이다."

조지 버나드 쇼

차례

일러두기

* 미주는 원저자의 것이며, 본문의 각주는 이해를 돕기 위하여 옮긴이가 추가한 것이다.
* 서명은 국내 출간된 서적일 경우 번역 제목을 따랐다.

개정판을 내며

2019년 5월, 도널드 트럼프 미국 대통령이 중국 기업 화웨이의 미국 통신 시장 진출을 금지하자 중국의 시진핑 주석은 류허 부총리와 함께 중국 남부 장시성에 있는 JL매그희토류 공장을 방문했다.[1] 시진핑 주석은 공장을 방문하는 동안 미국 대통령의 결정에 대해서는 한마디도 하지 않았다. 그러나 그가 하필 그처럼 민감한 시기에 그 공장을 찾은 진짜 이유를 모르는 사람은 아무도 없었다. 그는 미국이 계속 중국에 불리한 카드를 쓴다면, 중국은 그에 대한 보복 조치로 희토류 수출을 중지할 수 있다는 메시지를 전달하려 했다. 더불어 중국 국영 언론사인 신화통신은 '미국이 중국에 무역 전쟁을 선포한다면 미국은 귀중한 원자재 공급원을 잃게 될 것'이라고 전하며 직설적으로 그들의 뜻을 밝혔다.[2]

중국의 위협에 서양의 여러 나라가 예민한 반응을 보였다. 그들이 추진하는 대부분의 전략 산업(재생 가능 에너지, 새로운 이동 수단, 바이오 기술 등) 또한 중국이 생산하는 원자재에 전적으로 의존하고 있기 때문이었다. 이렇듯 중국은 오래전부터 품어 온 대담한 야심을 뚜렷이 드러냈고, 희귀 금속 전쟁은 새로운 국면에 접어들었다.

중국 정부는 경제 갈등을 중국의 광물 생산 지배력을 강화하는 기회로 삼는다. 중국은 희토류, 흑연, 갈륨, 인듐, 텅스텐, 안티몬 등 많은 광물자원의 수출을 제한하고, 자국 내에서는 이 자원으로 고유의 기술을 개발하는 중이다. 중국은 서양이 점유해온 기술 우위에 반기를 들고 있다.[3]

미국은 지난 2년 동안 국가 안보 관점에서 희귀 금속 문제를 다뤄왔다. 중국이 이따금 으름장을 놓을 때마다 미국 군대는 위축될 수밖에 없었다. 스마트 미사일, 에이브럼스 탱크, F-35 스텔스 전투기 제조에 엄청난 양의 희귀 금속이 쓰이기 때문이다. 따라서 중국과의 무역 전쟁은 곧 미국의 국가 안보와 직결되는 문제였다.

2017년 백악관은 미국 경제와 군대가 안고 있는 '전략적 약점'을 보완하기 위해 자원 공급원을 다양화하겠다고 밝혔다.[4] 그로부터 몇 개월 후, 상무장관 윌버 로스는 구체적인 방침을 제시했다. 요컨대 미국 영토 내에 광산이 있는지 조사하고, 자원 재활용 기술을 향상하며, 대체재를 마련하기 위해 새로운 공정에 투자하겠다는 것이었다.[5] 미국 내무부에서는 안보와 경제에 필수적인 광물의 수를 35개로 확대했다.[6] 공화당 소속 알래스카주 상원의원 리사 머카우스키는 미국 광물 안전법 제정을 위해 동분서주하고 있다. "중국 의존도가 너무 높은 탓에 미국은 일자리를 다 빼앗기고 있습니다. 따라서 우리의 경쟁력도 약화하고 있고요. 지정학적으로도 불리한 상황입니다." 머카우스키 의원은 이렇게 상황을 진단했다.[7]

트럼프 전 대통령은 "그린란드를 사들이고 싶다"고 말한 적이 있다. 그린란드야말로 철, 금, 희토류, 우라늄 등 광물자원의 보고라는 게 그 이유였다.[8] 많은 이들이 미국 대통령의 실없는 얘기에 실소를 터뜨렸다. 그러나 실제로 희귀 금속 문제는 미국에 큰 골칫거리다. 미국은 광물자원 없이 산업과 기술 강국의 지위를 유지할 수 없고, 트럼프 전 대통령은 이 사실을 잘 알고 있었다.

희귀 금속 문제는 유럽에서도 정치 지도자들의 주요 현안이다. 2019년 봄, 유럽의회는 점진적인 전기차 확대를 통해 2030년까지 신차의 이산화탄소 배출량을 37.5퍼센트 줄이겠다고 발표했다.[9] 그러나 유럽의회의 발표가 나온 직후 자동차 기업 PSA그룹의 카를로스 타바레스 대표는 의회의 결정이 "자동차업계에 종사하는 1300만 명의 노동자들을 위험에 빠뜨리는 선택"이라며 격렬하게 비판했다.[10] 카를로스 타바레스 대표는 여러 해 전부터 유럽 자동차업계 인사들이 비공식적인 자리에서 쏟아 내던 불만을 공론화한 셈이다.

중국은 전기차 배터리 제조에 쓰이는 희귀 금속 생산을 장악했고, 앞선 기술력 또한 보유했다. 이것을 무기로 그들은 이 분야의 판돈을 거의 독식하고 있다. 2020년이면 전 세계에서 판매되는 전기차 배터리 다섯 개 중 네 개는 중국이 생산할 것으로 예상된다. 원자재 무역회사 글렌코어의 이반 글라센버그 회장은 "중국은 가치 사슬을 강화하겠다는 야심으로 똘똘 뭉쳤다. 그들은 전기차 배터리를 생산하고 판매할 뿐 아니라 전기차까지 만들어 세계 시장에 내놓을 확률이 매우 높다"고 예상했다.[11] 그가 이렇게 예언한 후 얼마 지나지 않아 글렌코어는 그들이 콩고에서 채굴한 코발트를 중국 화학기업 GEM에 공급하는 계약을 맺었다.[12] 글라센버그 대표의 예상은 적중했다. 현재 세계 10위권 안에 드는 전기차 생산업체 중 6곳(비야디, 상하이자동차, 동펑기차공사, 길리, 중국제일자동차그룹)은 중국 기업이다.

2017년 10월 11일 유럽 집행위원회는 중국의 공격적인 진출에 맞서기 위해 유럽배터리연합을 발족한다고 발표했으며, 프랑스의 에마뉘엘 마크롱 대통령 또한 전기차 배터리 산업에 7억 유로를 투자하겠다고 공표했다.[13] 이런 패기만만한 태도는 좋다. 그러나 당장 어디에서 경쟁력 있는 가격에 희귀 금속을 공급받을 것인가. "우리는 산업의 전 과정에 직접 나서야 합니다. 칠레, 아르헨티나와 협업하여 광물자원을 탐사하고 배터리를 제작하는 과정까지 모두 직접 해결해야 한다는 뜻입니다." 마크롱 대통령의 발표에 이은 브뤼노 르 메르 재정경제부 장관의 말이었다.[14] 상황이 이러하니 아폴로 미네랄스, 사바나 리소시스, 유러피언 리튬 같은 유럽 광업 그룹들이 핀란드, 오스트리아, 포르투갈의 리튬 광산에 눈독을 들이고 있다.[15] '청정에너지 자동차'를 굴리기 위해서 우리는 점점 더 깊은 광산으로 들어가고 있다.

이런 동향은 이른바 제로 배출, 즉 '배기가스 제로'를 주장하는 전기차의 환경 비용을 공론화하는 효과가 있다. 흔히들 '친환경적'이라고 생각하는 전기차와 '환경 오염의 주범'이라는 딱지가 붙은 내연기관 자동차를 단순 비교하는 건 더는 아무런 의미도 없다. 전기차 배터리에 어떤 원자재가 얼마큼 들어가는지만 보아도, 테슬라의 차나 르노의 전기차 조에를 사는 게 디젤차를 사는 것보다 과연 더 친환경적일 수 있을까 하는 의문이 들기 때문이다. 최근 몇 달 사이 전기차에 관한 많은 연구가 발표되었는데, 이들의 결론은 대체로 같았다. '배터리 충전에 원자력 발전을 통해 얻은 전기를 사용할 경우 전기차는 환경에 매우 적절한 대안'이라는 것이다.[16] 잠깐, 그렇다면 전기차를 지지하는 일은 곧 우라늄 생산업체를 지지하는 일이 된다. 많은 환경 운동가가 현재 진행 중인 기술 혁명을 이루기 위해 엄청난 양의 금속 자원이 동원된다는 사실은 모르고 있다(혹은 모르는 척한다). 환경 운동가들은 그들의 주장을 뒷받침하는 근거가 무엇인지, 그리고 그것은 과연 합리적인지 정확하게 알 필요가 있다. 그렇지 않으면 그들은 그들이 맞서 싸워야 할 공해 산업의 이익을 위해 밤낮없이 뛰게 될 것이다. 이것이야말로 친환경 시대의 모순이다.

우리는 중국의 환경 성과 지표를 자세히 살펴봐야 한다. 골드만삭스 은행은 2030년이면 세계 인구의 20퍼센트를 차지하는 중국의 국내 전기차 비율이 60퍼센트를 웃돌 것으로 분석했다. 그런데 중국 전력 원천의 4분의 3은 화석 연료다. 2018년 《네이처 에너지》지에 실린 한 연구에서는 중국이 전력 수요의 과반을 화력 발전소에서 생산한 전력으로만 맞춘다면, 중국 전기차는 제품 수명 주기 전체에 걸쳐서 내연 기관 자동차보다 더 많은 이산화탄소를 발생시킨다는 결과를 발표했다.[17] 그러므로 현재 프랑스에서 생산하는 전기차만을 두고 수명 주기 문제를 논하는 건 어리석은 일이다. 동쪽에서 날아오는 이산화탄소를 가득 머금은 오염 구름이 기적처럼 프랑스 국경 앞에서 딱 멈춘다면 모를까.

최근 발표된 몇몇 연구에서는 우리의 과거와 미래가 뚜렷하게 다르지 않을 거라는 우울한 전망을 제시했다. 미래 신기술이 만들어낼 멋진 신세계가 우리가 기대하는 것만큼 아름답지 않을 수 있다는 것이다. 가령 옥스퍼드 대학 연구팀의 최근 연구에 따르면 '클린 미트'라 불리는 인공 배양육은 기존 축산업보다 환경을 더 많이 오염시킨다고 한다. 식물성 고기를 제조하는 과정에서 엄청난 양의 이산화탄소가 발생하기 때문이다.[18] 마찬가지로 와인을 만들 때 화학 비료나 농약, 제초제를 쓰지 않는 바이오 다이나믹 농법을 활용하면 살충제 사용은 줄일 수 있으나 노균병* 방지를 위해 구리를 더 많이 써야 한다.[19] 구리 사용은 환경에 심각한 오염을 불러온다. 결국 네덜란드와 덴마크는 구리 사용을 금지했다. 마지막으로 매우 상징적인 최근 사례를 하나 더 소개하겠다. 2019년 스웨덴의 환경 운동가 그레타 툰베리는 유엔 기후행동 정상회의에 참석하기 위해 영국의 해안 도시 플리머스에서 미국 뉴욕으로 향했다. 그런데 그는 기후 변화 문제의 심각성을 알리기 위해 배기가스를 배출하는 항공기나 유람선을 교통수단으로 이용하지 않았고, 친환경 '탄소 제로' 요트를 타고 대서양을 횡단하는 것을 택했다. 그는 15일 만에 항해를 마치고 뉴욕에 무사히 도착했다. 그런데 독일의 한 일간지에서는 그레타 툰베리의 요트 횡단이 비행기를 타고 여행하는 것보다 훨씬 많은 오염을 일으킬 수 있다고 전했다. 실제로 배를 이동 수단으로 선택하면서 안전을 위해 그와 함께 여러 명의 선원이 동행해야 했다. 선원들이 돌아올 땐 항공편을 이용할 예정이었다.[20]

2018년 1월에 이 책이 출간되고 난 후, 나와 연구팀은 유럽의 많은 정치계 인사와 행정 책임자, 대학 관계자, 지식인과 기자 들을 두루 만났다. 그들은 희귀 금속이 향후 몇십 년 동안 우리 사회의 주요 현안이 될 것이라고 입을 모았다. 그러니 문제는 광물자원을 개발하는 일이 우리가 사는 환경을 척박하게 만들고 사람들을 힘들게 할 거라는 점이다. 사람들은 결코 광업 개발이나 광물 주권을 되찾아야 한다는 정책

---

* 포도나무에 생기는 흰곰팡이에 의해 발생하는 병

을 반기지 않을 것이다. 무슨 수로 그들을 설득해야 할까? 어떤 논리로 소비자들에게 '최소 비용'을 추구하는 태도로는 우리 시대의 환경 문제를 해결할 수 없으며, 따라서 그러한 태도를 버려야 한다고 말할 수 있을까? 이 거대한 딜레마 앞에서 우리는 이러지도 저러지도 못하는 마비 상태에 빠졌다.

이처럼 까다로운 문제를 어떻게 해결해야 할까. 각국은 어떻게 대처하고 있을까. 4가지 유형으로 나눠 볼 수 있다.

첫 번째는 '부정하기' 유형이다. 자원 문제 따윈 관심 없다는 식의 태도를 말한다. 유럽의회 의원이자 환경 운동가인 야닉 자도가 이 같은 태도를 보인다. 자도 의원은 "푸틴이나 걸프만 연안 산유국에 의존하기보다는 바람과 태양과 물에 의존하겠다"고 주장했다.[21] 그는 재생에너지를 생산하기 위해 많은 양의 희귀 금속이 필요하다는 사실을 잠시 잊은 걸까, 아예 모르는 걸까. 그가 책임 있는 정치인이 아니었다면, 많은 환경 운동가가 신뢰하고 따르는 사람이 아니었다면, 이런 논리 없는 말이 충격적이지도 않았을 것이다.[22] 최근 발표되는 보고서들의 연구 결과에 따르면 세계의 희귀 금속 수요는 늘어만 가고 있다. 그러므로 이 같은 태도를 계속 유지하다간 결국 벼랑 끝에 서게 될 것이다. 중국과 서양의 갈등이 악화하고, 미국이 무기 생산 분야에서 점점 더 중국에 의존하게 되면 서양 국가의 수백 만개의 '녹색 일자리'를 아시아로 떠나보내게 될지도 모른다. 그때가 되면 서양은 금속 자원 문제에 아무런 손도 쓸 수 없을 것이다.

두 번째는 '마구잡이식 개발' 유형이다. 최근 들어 각국의 광업 재개 소식이 자주 들려온다. 마구잡이식 개발이 늘어나면 그에 따라 환경 문제도 증폭될 것이다. 브라질의 자이르 보우소나르 대통령은 니오븀 생산을 한층 강화하고 싶다는 바람을 드러내기도 했다. 브라질은 지금도 이미 전 세계 니오븀의 90퍼센트를 생산한다.[23] 중국의 하이난 원성 그룹은 탄자니아의 풍고니 광산에서 생산하는 지르코늄과 모나자이트 전량을 독점 구매하겠다는 계약을 맺었다.[24] 오스트레일리아의 광업 그룹 리나스는 마운트 웰드 광산의 희토류 채굴량을 2배 더 늘리겠다고 발표했다.[25]

각국은 자원을 얻기 위해 바다 깊숙한 곳으로, 하늘 너머 우주로도 향하고 있다. 몇 년 전엔 일본이 도쿄에서 남동쪽으로 2,000킬로미터 떨어진 오가사와라 열도 인근 바다에서 막대한 양의 희토류를 발견했다는 소식이 화제가 됐다.[26] 2019년 6월 미국 나사NASA의 짐 브리덴스타인 대표는 벨기에 부르제의 박람회장에서 "본래 우주는 누구에게도 속하지 않는다. 그러나 그곳에 자원이 존재하고, 또 자원에 접근할 능력만 있다면 개발을 추진하는 건 지극히 당연하다"고 밝혔다.[27]

세 번째는 '재료 공학 투자' 유형이다. 많은 국가와 기업 들이 재활용 과정을 개선하고 희귀 금속을 대체할 방안을 찾는 데 천문학적인 금액을 쏟아붓고 있다.[28] 원자재 특성을 개량하려는 시도 또한 활발하다. 가령 종이로 만든 벽돌이나 특수 단열재로 주목받는 실리카 에어로겔, 공기 정화용 플라스터 같은 신소재 들은 우리의 생활과 소비 방식을 혁명적으로 바꾸었다. 미래의 많은 것들이 자연에서 유래한[29] 가벼운 소재들로 만들어질 것이다.[30] 부가 확대됨에 따라 자원 소비량이 증가하는 상관관계를 끊어내는 것이야말로 현재 우리가 해결해야 할 중요한 문제다. 앞으로도 우리는 지속 가능한 발전을 위해 신기술 소재를 발굴하고 에너지 효율을 향상할 방법을 끊임없이 모색해야 할 것이다.

마지막으로 '소비 절제와 성장 감소 추구' 유형이 있다. 소박한 생활을 추구하는 이들은 '녹색 자본주의'란 존재하지 않으며 모든 신기술은 하나의 문제를 해결하는 동시에 또 다른 새로운 문제를 불러온다는 깨달음으로 무장한 유형이다.[31] 그러나 이런 태도를 유지하기 위해서는 기존의 경제 모델과 사회 조직, 생산 방식, 화폐, 심지어 가치 체계까지 모두 바꾸어야 한다. 과연 성장 '감소'를 목표로 삼아야 하는 걸까? 예컨대 프랑스는 국내총생산이 꾸준히 증가하는 토대 위에서 균형을 잡으려 노력하고 있다. 따라서 아직 이처럼 급진적인 선택을 내릴 준비는 되어있지 않은 듯하다. 프랑스에서 노란 조끼 시위*가 절정에 도달했을 무렵 마크롱 대통령은 최저임금을 상향 조정하겠다고 발표했다. 그가 만약 반대로, 즉 하향 조정을 하겠노라 발표했다면 어떤 일이 벌어졌을까.

그렇지만 소비 절제가 필요하다는 사실만큼은 인정해야 한다. 자원 소비량의 감소는 휴대폰 재활용업계, 수리업계 등의 확대나 공유 사이트들의 증식을 통해서 어느 정도 기대해 볼 수 있을 것이다.

독자들도 잘 알 것이다. 우리는 이렇게 또 저렇게 미래를 점쳐보지만, 언제나 그대로 들어맞지는 않는다. 어느 국가가 어떤 계획을 세우고 어떤 행보를 보일지 예견하기는 어렵다. 다만 어디가 되었든 내가

---

* 에마뉘엘 마크롱 대통령이 친환경 경제와 환경 오염 방지 명목으로 유류세 추가 인상 계획을 발표하자 시민들이 과세 공정성에 대한 불만으로 벌였던 시위. 2018년 10월 프랑스에서 시작된 이 시위는 이후 유럽 전역으로 퍼져 대규모 사회 운동으로 확대되었다.

앞서 제시했던 뒤쪽의 두 유형을 적절히 조합하여 행동하는 것이 현명할 것이다. 그러나 반대로 문제를 부인하고, 마구잡이식 개발에만 몰두한다면, 미래에 관한 가장 끔찍한 시나리오들이 결국 현실이 될 것이다.

21세기는 원자재의 세기다. 화력 발전소엔 석탄과 석유, 원자력발전소엔 우라늄, 그리고 우리의 주거 공간엔 혼합 연료와 임업 자원 같은 원자재가 필요하다. 전기 저장 기술에는 코발트와 리튬이 필요하며, 전기차와 수많은 풍력 터빈을 위해서는 희토류와 구리가 필수적이다. 초연결시대를 살아가는 우리의 생활 방식을 유지하기 위해선 흑연과 주석이 필요하다. 이것 하나만은 확실하다. 21세기는 무엇보다 금속의 세기가 될 것이다.

기욤 피트롱

들어가는 말

40만 년이라는 시간 동안 인류는 불, 바람, 급류와 자신의 지칠 줄 모르는 노동력만으로 요새를 쌓고 밭을 갈았다. 에너지가 귀했던 세상에서 모든 움직임은 느렸고 경제 성장은 지지부진했으며 모든 영역은 개별적으로 진보했다. 그렇기에 역사는 줄곧 한 걸음씩 힘겹게 앞으로 나아갔다.

그러나 19세기에 이르러 인간은 대대적인 진보를 이룩한다. 증기 기관을 만들어 낸 것이다. 사람들은 증기 기관을 이용해 옷감을 짜고, 기관차를 달리게 하고, 장갑함을 띄워 대양을 지배했다. 이것은 1차 산업혁명의 원동력이 되었고 인류는 역사상 최초의 에너지 전환을 이룬다. 그리고 이 모든 변화의 토대에는 새로운 연료가 있었다. 석탄이라 불리는 검은 돌이었다.

20세기에는 내연 기관(혹은 가솔린 기관)이 탄생하여 새로운 혁신을 일군다. 내연 기관은 자동차, 선박, 짐수레의 엔진 추력을 강화했고, 비행기를 날게 했다. 2차 산업혁명 또한 1차 산업혁명과 마찬가지로 에너지 전환을 동반했다. 이번에는 땅속에서 추출한 기름, 석유가 변화의 연료가 되었다.

그러나 화석 연료의 대량 소비는 환경 오염과 기후 변화를 초래했다. 불안해진 사람들은 새로운 대안을 내놓았다. 전보다 훨씬 효율적이고 깨끗한 에너지를 생산하는 풍력 발전과 태양광 발전 등이 그것이다. 증기 기관과 내연 기관의 뒤를 이은 이러한 '녹색 기술'은 인류를 3차 산업혁명과 에너지 혁명으로 이끌며 변화를 주도하고 있다. 이전의 두 혁명에서 보았듯 제3차 산업혁명 역시 이전까지와는 다른 에너지 원료에 의존한다. 각국의 수반과 에너지 분야의 전문가, 군사 전략가들은 이것을 '21세기의 석유' 혹은 '차세대 석유'라고 부른다. 과연 이 원료는 무엇인가? 보통 사람들은 짐작조차 하기 어려울 것이다.

우리 세대는 또다시 에너지 전환이라는 오래된 문제에 직면했다. 정치 지도자와 실리콘 밸리에 포진한 기업가, 검소한 삶이 행복한 삶[1]이라고 주장하는 이론가와 환경 단체 그리고 프란치스코 교황까지, 수많은 이들이 이 문제를 어서 해결하자고 한목소리로 호소한다. 그래서 기후 온난화를 막고, 다시 몰려올 대홍수에서 인류를 구해내자는 것이다.

전 세계는 문제를 해결하기 위해 모처럼 하나로 똘똘 뭉쳐 방안을 찾고 계획을 세웠다. 지금까지 그 어떤 제국이나 종교, 심지어 재물조차도 이 정도로 사람들을 결속하게 하진 못했다.[2] 프랑스 전 외무장관 로랑 파비위스는 "인류 역사상 최초의 보편적 합의는 평화 협정도, 무역 협정도, 금융 규제 관련 협정도 아닌 파리기후변화협약, 다시 말해 제21차 유엔기후변화협약 당사국총회에서 체결한 에너지 협약"이라고 말하기도 했다.[3]

우리가 사용하는 기술은 변할 수 있지만, 기술을 사용하기 위해 에너지 자원이 필요하다는 사실만은 변하지 않는다. 그렇다면 우리는 지속 가능한 세계를 위해 어떤 자원으로 석유와 석탄을 대체해야 하는가. 이 질문에는 누구도 명확한 답을 제시하지 못한다. 19세기에 활약한 우리 조상들은 석탄의 중요성을 익히 알고 있었고, 20세기 사람들 또한 석유의 힘에 관해서라면 이견을 보이지 않았다. 그런데 21세기의 우리는 우리가 추구하는 지속 가능한 세계가 희귀 금속이라고 불리는 조암 광물에 달려있다는 사실조차 모르고 있다.

오래전부터 인간은 철이며 금, 은, 구리, 납, 알루미늄 같은 주요 금속을 채굴해 왔고, 1970년대에 들어서는 수많은 희귀 금속의 자기적, 화학적 특성을 이용하기 시작했다. 희귀 금속은 거대한 암석 속에 아주 소량 함유되어 있다. 이들은 도무지 익숙해지지 않는 생소한 어감의 이름을 가지고 있는데, 가령 바나듐, 게르마늄, 플라티노이드, 텅스텐, 안티몬, 베릴륨, 레늄, 탄탈, 니오븀, 희토류 등이다. 희귀 금속은 가장 흔히 얻을 수 있는 금속과 결합해 있는 원료 30여 종과 부분 집합을 이룬다.

자연에서 아주 소량만 얻을 수 있는 모든 것이 그렇듯, 희귀 금속 또한 놀라운 특성의 집약체라고 할 수 있다. 오렌지나무 꽃을 활용해 방향유를 증류하려면 길고 지루한 과정을 거쳐야 한다.[4] 하지만 그렇게 얻은 방향유는 단 한 방울만으로도 그 향과 효력이 대단하여 사람들을 놀라게 한다. 콜롬비아의 정글 오지에서 코카인을 생산하는 일 또한 이보다 더하면 더했지, 절대 더 쉽지 않다.[5] 그러나 이렇게 만든 가루의 향 정신적 효과는 우리의 중추 신경계 전체를 마비시킬 정도로 엄청나다.

아주 귀한 희귀 금속도 이와 비슷하다. 예를 들어 1킬로그램의 바나듐을 얻으려면 무려 8.5톤의 바위를 정제해야 한다. 세륨 1킬로그램을 얻으려면 15톤짜리 바위를 정제해야 하며, 갈륨 1킬로그램을 얻으려면 무려 50톤짜리 바위를 처리해야 한다. 루테튬은 이보다 훨씬 심하다. 루테튬 1킬로그램을 얻으려면 바위 1,200톤을 정제해야 한다(조금의 과장도 없다. 부록 1에 첨부한 원소 주기율표를 참조하라).[6] 요컨대 희귀 금속이란 지구를 에워싼 껍질층의 유효 성분, 즉 경이로운 특성을 가진 원자의 농축이자 수십억 년 동안 이어진 지질 활동이 우리에게 남긴 최선의 물질이라고 할 수 있다. 정제된 희귀 금속 극소량은 똑같은 양의 석탄 또는 석유보다 훨씬 많은 양의 에너지를 생산하는 자기장을 방출한다. 그러니 희귀 금속은 '녹색 자본주의'의 핵심이라고 할 수 있다. 수십억 톤의 이산화탄소를 발생시키는 화석 연료를 대체할 자원이기 때문이다.

오염은 줄이고 에너지는 더 많이 얻을 수 있다니, 대단하지 않은가. 1940년대에 미국의 화학자 찰스 코옐은 희귀 금속을 발견하고 그 물질에 프로메튬이라는 이름을 붙인다.[7] 그리스 신화의 프로메테우스 이야기에서 영감을 얻은 코옐의 부인 그레이스 메리가 이 이름을 귀띔해주었다고 한다. 프로메테우스가 누구인가. 신들의 영지 올림포스에 잠입하여 신성한 불을 빼돌리고 그것을 인간에게 선물한 티탄의 아들이 아닌가. 프로메튬이라는 이름은 인간이 희귀 금속을 통제하면서 가히 프로메테우스적 권능을 얻게 되었음을 시사한다. 우리는 우리가 마치 전지전능한 존재인 것처럼 새로운 자원을 마구잡이로 채굴하고 사용했다. 에너지 전환을 이루기 위해 녹색 기술의 핵심축인 신기술과 디지털 영역에 희귀 금속을 대대적으로 활용한 것이다. 오늘날 우리는 녹색 기술과 정보 기술IT을 결합하여 멋진 신세계를 만들 수 있다고 믿는다. 실제로 녹색 기술을 활용한 태양광 발전이나 풍력 발전은 '탄소 제로' 에너지를 생산하며, 이것은 초고성능 통신망을 통해 전달되어 에너지를 효과적으로 절약할 수 있다. 그러나 녹색 기술에는 엄청난 양의 희귀 금속 자원이 필요하다. 컴퓨터 기술로 유도되는 초고성능 통신망 또한 희귀 금속을 대거 사용한다(희귀 금속 주요 활용도에 관한 부록 11을 참고하라).

미국의 대단한 에너지 전환 이론가이자 3차 산업혁명 이론가인 제러미 리프킨은 여기에서 더 나아간다.[8] 그의 말에 따르면, 우리는 '이미' 녹색 기술과 새로운 정보 통신 기술NICT을 결합하여 풍부하고 값싼 '녹색 전기'를 생산하고 공유하고 있다고 한다. 다시 말해 우리가 일상에서 사용하는 휴대폰과 아이패드, 컴퓨터가 친환경 경제 모델의 주역이라는 것이다. 너무도 솔깃한 이야기가 아닌가. 그렇다면 우리는 더는 크게 걱정할 일도, 고민해야 할 지점도 없는 걸까. 제러미 리프킨은 오늘날 세계 각국 정상들에게 새로운 에너지 모델 설비와 관련한 자문을 계속하고 있다.[9]

어쨌든 재생 에너지의 사용은 점차 늘어나고 있다. 지난 10년 동안 풍력 에너지 사용은 7배, 태양광 에너지는 44배 늘었다. 세계의 전체 에너지 소비량 중 재생 에너지가 차지하는 비율은 19퍼센트에 이른다.[10] 유럽연합은 지금부터 2030년까지 이 비율을 27퍼센트까지 끌어올리겠다고 예고하기도 했다. 열 엔진을 활용하는 제품조차 희귀 금속에 의존한다. 자동차나 비행기 제작에 희귀 금속을 활용하면 더 성능 좋고 가벼운, 따라서 화석 연료를 더 적게 소비하는 모델을 만들 수 있기 때문이다.

이제는 몇몇 국가의 군대들도 에너지 전환을 진행하고 있다. 에너지 전환보다는 전략 전환이라고 말하는 편이 사실에 더 가까울 것이다. 군대의 장군들이 그들이 사용하는 병기의 탄소 배출량까지 신경 쓸 것 같지는 않다. 그러나 각국의 전략가들은 석유 비축량 감소에 따라 장차 석유 없이 치러야 할 전쟁의 대비에 나섰을 것이다. 2010년, 미국의 한 막강한 싱크 탱크는 미국 군대가 2040년까지는 화석 연료에 의존하지 않는 군대로 개편되어야 한다고 주장했다.[11] 이러한 목표를 달성하기 위해서는 재생 가능한 에너지를 활용하고, 전기로 작동하는 로봇 부대를 육성해야 할 것이다. 원격으로 조종할 수 있고 재생 에너지 발전소를 통해 충천이 가능한 이러한 무기들은 파괴력을 집약적으로 강화하며, 전선까지 연료를 공급해야 하는 골치 아픈 과제까지 단숨에 해결해 줄 것이다.[12]

게다가, 각국은 새로운 영토를 식민지화하기 위해 각축전을 벌이고 있다. 새로운 영토란 바로 가상 공간이다. 사이버 군대는 적의 디지털 기반 하부 구조를 공격하거나 통신망을 교란하며 얼마든지 미래 전쟁에서 승기를 잡을 수 있을 것으로 보인다.[13] 장군들의 뒤를 이어 평범한 우리 시민들도 일상에서 디지털 기기에 의존하며 몇몇 물질적 자원을 '실체가 없는 것(클라우드, 이메일, 도로 위의 병목 현상이 아닌 온라인 트래픽 등을 생각해 보라)'으로 대체하고 있다. 디지털 경제는 인간이 지구에 남기는 물리적 흔적을 현저하게 줄이고 있다. 우리는 분명 에너지-디지털 혁명에 당면한 것이다.

희귀 금속은 국제 관계의 판도까지 바꾸고 있다. 희귀 금속을 중심으로 각국 외교관들은 지정학적 전환을 감행 중이다. 지정학자들은 신에너지 사용 비중이 확대됨에 따라 화석 연료 생산국과 소비국 사이의 역학 관계가 전복될 것이라고 예상한다. 가령 석유 의존도가 줄어들고 신에너지 비중은 확대된다면 미국은 석유 공급로인 호르무즈 해협과 말라카 해협에서 순항 중인 그들의 함대를 다른 지역으로 배치하고, 걸프만 유역 산유국들과의 관계를 재정비하려 들 것이다. 유럽연합 회원국들은 러시아, 카타르, 사우디아라비아 등지에서 생산되는 탄화수소 의존도를 낮추면서 에너지 자립도를 높일 수 있을 것이다.

이 같은 여러 이유로 많은 이들이 에너지 전환을 낙관적으로 전망한다. 따뜻한 훈풍이 보리 알을 여물게 하듯, 우리의 마음도 미래에 대한 기대로 부풀어 오른다. 에너지 소비를 절제하면서 화석 연료와 관련된 문제는 필연적으로 줄어들 것이며, 에너지 전환을 위해 양질의 녹색 일자리 또한 많이 창출될 것이다. 그러나 에너지 전환의 현실화는 단순한 문제가 아니다. 석탄과 석유가 아직 완전히 끝장난 것도 아니다.[14] 서양 국가들은 경쟁력 제고를 위해 피 말리는 전장에 뛰어들 것이다.[15] 석유업계를 비롯한 모든 경제계의 주역들도 막대한 돈이 걸린 에너지 전환 문제를 둘러싸고 각축전을 벌일 것이다.

에너지 전환의 조짐은 1980년대 독일로 거슬러 올라간다.[16] 하지만 전 세계 195개국의 정상들이 이 멋진 모험을 가속화하기로 합의한 건 2015년 파리에서였다. 파리기후변화협약의 목표는 2100년까지 산업화 이전과 비교하여 지구 평균온도가 2도 이상 상승하지 않도록 제어하는 것, 그리고 이를 달성하기 위해 화석 연료를 녹색 에너지로 대체하는 것이었다.

파리기후변화협약에 참석한 각국의 대표들이 협약에 서명하려 할 즈음, 수염을 덥수룩하게 기르고 산에서 막 내려온 순례자 같은 복장을 한 푸른 눈의 노인이 파리 르부르제의 회의장으로 들어왔다. 입가에 수수께끼 같은 미소를 머금은 노인은 정상들 사이를 가로질러 연단 앞에 서서 나지막하고 신중한 목소리로 말했다. "여러분의 계획은 더할 나위 없이 멋집니다. 여러분이 만들어 나가려 하는 새로운 세계는 모두를 기쁘게 하기에 손색이 없어 보이고요. 그런데 여러분은 여러분의 대담함이 어떤 위험을 자초하게 될지 전혀 모르는 듯하군요!"

침묵.

노인은 서양 각국 대표단 쪽을 바라보며 말을 이었다. "여러분이 추구하는 에너지 전환은 경제의 가장 전략적인 부문을 마비시킬 것입니다. 전환으로 말미암아 무수히 많은 노동자가 해고되고, 그에 따라 사회 불안이 야기될 것입니다. 각국의 군사 주권이 약화할 것이며, 여러분은 결국 스스로 이룩한 민주주의까지 부정하게 될 것입니다." 그곳에 모인 모든 참석자를 향해 노인은 덧붙였다. "에너지 전환, 디지털 전환은 각기 다른 비중으로 환경을 피폐화할 겁니다. 여러분은 새로운 문명을 건설하기 위해 여러분들이 어떤 노력을 쏟아부어야 하는지, 무엇을 감내해야 하는지, 지구에 어떤 대가가 요구되는지 모르고 있습니다. 여러분은 무소불위의 힘에 눈이 멀어 대양을 마주한 뱃사람이나 산 아래에서 등정을 시작하려는 등산가의 겸손함 따위는 잊은 지 오랩니다. 그러나 최후의 승자는 항상 자연임을 명심하십시오!" 그는 알쏭달쏭한 말로 발언을 마무리했다.

물론 나이든 노인의 출현은 동화에서 잠시 빌려온 모티브다. 그런

인물은 파리기후변화협약 회의장 연단에 선 적이 없으며, 거처로 돌아가기 위해 지하철을 타지도 않았다. 그러나 그날 르부르제 회의장에 참석한 196개 대표단[17]은 실제로 파리기후변화협약에 서명했고, 미처 희귀 금속을 어디에서 어떻게 구할 것인가 하는 질문을 던질 사이도 없이, 헤라클레스의 13번째 과업에 매진하기 시작했다.* 그런데 사실 이 질문에 대한 답을 찾지 않으면 파리 협약은 무용지물이 아닌가? 과거에 석탄과 석유를 두고 그랬던 것처럼, 희귀 금속을 두고 벌이는 장기판에도 승자와 패자가 나뉘게 될 것인가? 희귀 금속을 얻기 위해서 우리 인간과 환경은 얼마나 큰 대가를 치러야 할까.[18]

나와 연구팀은 6년 동안 12개국을 돌며 희귀 금속과 관련된 곳이라면 어디든지 찾아갔다. 우리는 열대 아시아의 광산 구석구석을 뻔질나게 드나들었고, 프랑스 국회 상원이 자리 잡은 팔레-부르봉의 복도에서 의원들이 은밀하게 주고받는 이야기에 귀를 기울였다. 쌍발기를 타고 캘리포니아 사막 위를 날기도 했고 서아프리카의 한 부족 여왕과 만났으며 내몽골의 암 환자 마을을 찾았고 런던의 유서 깊은 문서 보관소에서 200년 된 양피지 문헌을 살폈다. 전 세계 각지에서 만난 희귀 금속 관련 업계에 계신 분들은 우리에게 에너지 전환과 디지털 전환에 관한 아주 새로운 이야기를 들려주었다. 그들의 말에 따르면 희귀 금속을 활용해 우리가 만들어 갈 세계는 우리의 기대만큼 친환경적

---

* 제우스와 인간 여인 사이에 태어난 헤라클레스는 헤라의 노여움으로 끔찍한 일을 저지른다. 속죄를 위해 그는 12가지 힘든 과업을 마쳐야 했는데, 이것을 헤라클레스의 12가지 과업이라 부른다. 13번째 과업이라는 표현은 12개의 고개를 넘고도 또 넘어야 할 고개라는 의미로 그만큼 힘든 일을 뜻한다.

이지도, 평화롭지도 않았다. 오히려 그런 것과는 거리가 멀었다.

영국은 세계 석탄 생산량의 압도적인 우위를 점유하며 19세기 내내 세계를 지배했다. 20세기의 거의 모든 주요 사건은 석유 생산과 석유 운반 경로를 장악한 미국과 사우디아라비아의 부상과 관련이 있다. 21세기에는 새로운 국가가 희귀 금속의 수출과 소비를 통제하며 패권을 공고히 하고 있다. 바로 중국이다.

에너지 전환은 모든 국가의 과업이 되었고, 그것의 핵심 원료인 희귀 금속을 중국이 독점한다. 이것은 무엇을 의미하며 어떤 변화를 불러올까. 거두절미하고 먼저 경제와 산업 측면을 살펴보자. 에너지 전환이라는 큰 흐름을 따르기로 하면서 우리는 모두 중국이라는 용의 아가리 속으로 머리를 들이밀었다. 중국은 오늘날 실제로 에너지 전환의 두 축이 되는 저탄소 에너지와 디지털 산업에 없어서는 안 되는 일련의 희귀 금속들을 독점하고 있다. 게다가 중국은 희귀 금속 가운데 가장 귀한 부류인 희토류의 거의 유일한 공급자다. 왜 일이 이렇게 되었는가에 관한 기막힌 이야기는 뒤에서 자세히 설명할 것이다. 희토류는 적어도 아직까진 대체 물질이 없다고 알려져 있으며,[19] 우리 시대의 누구도 이것 없이는 살 수 없다(산업계에서 활용되는 희귀 금속 목록을 보려면 부록 12를 참조하라).

다시 말해 서양의 많은 나라는 그들의 녹색 기술과 디지털 기술(서구 미래 산업의 노른자)의 운명을 오직 한 나라의 손아귀에 맡긴 꼴이 되었다. 중국은 희귀 금속 수출을 제한하고, 내수 시장에는 무제한으로 싼값에 유통하며 자국의 기술 성장을 독려하고 있다. 계속 이렇게 간다면 프랑스, 미국, 일본을 포함한 모든 각국은 심각한 사회 경제적

위기를 맞닥뜨리게 될 것이다.

두 번째로 생태 환경에 미칠 영향을 보자. 우리가 추구하는 친환경적인 성장 모델은 역설적으로 석유를 활용하던 예전 모델보다 더 심각하게 환경을 훼손했다. 희귀 금속을 채굴하기 위해 지표면 개발을 대대적으로 늘렸기 때문이다. 우리가 지금 추구하는 에너지 전환을 실행하려면 희귀 금속 채굴량을 15년마다 2배씩 늘려야 한다. 이것이 우리가 향후 30년 동안 인류가 지난 7만 년 동안 채굴한 양보다 훨씬 많은 광석을 파내야 하는 여러 이유 가운데 하나다. 이미 슬슬 현실화되고 있는 희귀 금속 부족 현상은 제러미 리프킨을 비롯해 녹색 기술 사업가들과 프란치스코 교황을 크게 실망하게 할 수도 있다. 앞서 잠깐 등장했던 노인의 말이 옳았음을 인정해야 할 테니 말이다.

세 번째로 군사와 지정학 측면을 살펴보자. 서양의 군대들이 보유한 가장 정밀한 첨단 장비들(로봇, 사이버 무기, 미군이 자랑하는 F-35 같은 요격기 등)의 운명 역시 부분적으로는 중국이 마음먹기에 달렸다. 미국 정보기관 수뇌부는 이 문제를 잘 인식하고 있다. 트럼프 전 대통령의 보좌관들은 '의심할 여지 없이' 미국과 중국이 남중국해에서 전쟁을 치르게 되리라 예측하기도 했다.[20]

게다가, 희귀 금속 수요가 폭발적으로 늘어나면서 함유량이 풍부한 광산을 선점하기 위한 갈등과 영토 분쟁이 심화하고 있다. 세계 인구는 2030년에 85억 명 선을 돌파하게 된다.[21] 새로운 첨단 기술 소비 패턴의 부상과 서구 선진국과 신흥국 사이의 격차가 점점 줄어드는 경제 수렴 현상 등에 따라 희귀 금속 수요는 점점 늘어만 갈 것이다.

우리는 화석 연료 의존에서 해방되기를, 구체제에서 신세계로 신속하게 넘어가기를 원했다. 그러나 사실 우리는 전보다 결코 나아졌다고 할 수 없는, 오히려 더욱 심각한 새로운 의존 상태에 놓이게 되었다. 희귀 금속은 로봇 공학, 인공 지능, 디지털 병원, 사이버 치안, 바이오 의료 기술, 사물인터넷, 나노 전자공학, 자율주행 자동차 등 미래 경제에서 가장 중요한 산업들에서 두루 사용된다. 그뿐만 아니라 우리의 계산 능력을 큰 폭으로 증대시키고 에너지 소비 방식을 현대화 해줄 모든 기술과 우리가 일상에서 행하는 모든 사소한 동작들까지 예외 없이 희귀 금속에 전적으로 의존하고 있다. 희귀 금속이라는 자원은 21세기의 토대이자 우리의 일부가 되었다. 우리의 희귀 금속 중독은 누구도 예견하지 못했던 미래의 윤곽을 어렴풋이 그려 보이기 시작했다. 우리는 석유와 석탄을 향한 우리의 지나친 탐욕이 불러온 결핍과 갈등으로부터 자유로워질 수 있다고 믿었다. 그런데 우리는 지금 그것들을 새로운 결핍과 갈등으로, 이제껏 한 번도 경험하지 못했던 위기로 대체해 나가고 있다.

차茶와 석탄, 향료와 튤립, 화약과 석유에 이르기까지 원료는 항상 제국주의와 전쟁을 동반했다. 이는 종종 역사의 전진을 가로막았다.[22] 오늘날 세계는 희귀 금속을 중심으로 재편되고 있다. 희귀 금속을 장악한 중국은 21세기 들어 새로 얻게 된 권력과 지위를 공고히 하고, 반면 서양은 주춤거리며 약해져만 가고 있다. 그렇지만 인류의 희귀 금속 전쟁은 이제 막 시작됐다. 중국이 거듭 무리수를 두며 앞서가고 있지만, 서양은 지금이라도 반격에 나설 수 있다. 우리가 믿어 의심치 않는 기술의 진보는 에너지와 부를 생산하는 방식을 변화시킬 수 있을 것이다.

이 책은 세계의 반反역사를 담고 있다. 그토록 많은 것을 약속했던 기술 오디세이의 이면, 고결하고 야심만만한 패기로 시작했지만 스스로 해결하겠다고 큰소리쳤던 문제만큼이나 심각한 위험을 몰고 온 거대 프로젝트의 숨겨진 이야기를 들려주고자 한다.

1.

희귀 금속의 저주

검은색 아우디 한 대가 우리 연구팀 곁에 멈춰 섰다. "이곳까지 왜 온 겁니까? 여기에 당신들 볼일이라곤 없어요." 차에서 내린 남자가 기분 나쁜 눈초리로 우리를 바라보며 말했다. 곧 그의 동료와 오토바이를 탄 남자까지 나타났다. "여기서 당장 나가요. 이곳은 위험합니다. 우린 문제 생기는 걸 원치 않아요!" 세 명의 남자는 대놓고 불쾌함을 드러냈다. "빨리 나가라니까!" 아우디 운전대를 잡았던 남자가 고함을 꽥 질렀다. 그는 우리가 시간 끌기 작전을 펼치고 있음을 간파했다. 옥신각신이 시작될 때부터 우리는 연신 언덕 위에 생뚱맞게 서 있는 천막에 거듭 눈길을 보내던 터였다.

"이곳엔 아직도 작업 중인 인력이 있어요." 우리의 척후병 역할을 맡은 왕징이 속삭였다. "이 채석장들은 벌써 오래전에 폐쇄된 것으로 알려져 있었지만요." 여기저기에 말끔한 상태의 장비와 배수관이 눈에 띄었다. 천막은 우리가 있는 곳에서 200미터쯤 떨어진 곳에 있었는데, 천막 아래로는 연못과 속살을 드러낸 암석 들이 보였다. 이곳은 희귀 금속 제련 작업을 위한 장소임이 분명했다. 이들은 어디에서 광물을 채굴한 걸까? "우리를 둘러싸고 있는 광산들과 언덕 반대편에 있는 엄청난 규모의 노천 광산에서 채굴한 거죠." 왕징이 설명했다.

나와 연구팀은 2016년 7월 중국 장시성 간저우의 작은 공항에 도착했다. 간저우는 베이징에서 1,700킬로미터 떨어진 곳이다. 비행기에서 내린 우리는 자동차를 타고 남쪽으로 여러 시간을 달려 장시성 광산에 이르렀다. 논 사이로 난 오래된 고속도로는 끊어질 듯 이어졌다. 고속도로를 벗어난 뒤로는 인력거와 자갈을 잔뜩 실은 트럭, 뾰족한 전통 모자 카오마오를 쓴 인파를 헤쳐 가며 누덕누덕 기운 아스팔트 도로를 수십 킬로미터 더 달렸다. 난강산맥의 지맥들이 연 숲이며 종려나무 숲을 품으며 내달리고 있었다. 풍성하게 흐드러진 숲의 나무들이 하늘에 닿을 듯 잔가지를 뻗어 올렸다.

이윽고 우리는 지구상에서 가장 중요한 희귀 금속 채굴 장소에 도착했다.

희귀 금속은 무엇인가

자연은 놀라울 정도로 너그럽기도 하고, 반대로 몹시 인색하기도 하다. 포플러나무나 소나무처럼 대중적인 수목 자원이 존재하는가 하면 마다가스카르의 장미목이나 모잠비크의 흑단처럼 희귀한 수종도 있다. 튤립은 네덜란드의 온 들판을 뒤덮지만, 나도풍란 같은 난초는 꽃집에서조차 거의 볼 수 없다. 청둥오리는 세계 어디서나 쉽게 볼 수 있는 새다. 그렇지만 노르망디의 큰고니는 좀처럼 만나기 힘들다.

금속 또한 마찬가지다. 철, 구리, 아연, 알루미늄, 납처럼 쉽게 구할 수 있는 것들도 있지만, 좀처럼 구하기 어려운 약 30여 종의 희귀 금속도 있다.[1] 미국 지질조사국과 유럽연합 위원회에서는 이 금속들의 목록을 작성했다.[2] 희귀 금속은 모두 낯설기 짝이 없는 이름을 갖고 있다. 가벼운 희토류, 무거운 희토류, 게르마늄, 텅스텐, 안티몬, 니오븀, 베릴륨, 갈륨, 코발트, 바나듐, 탄탈 등. 그렇다면 희귀 금속이란 무엇이며 어떤 특성을 갖는 걸까.[3]

희귀 금속은 흔한 금속과 결합해 있거나, 지표면에 형성되어 있으나 대부분 그 비중이 아주 미미하다. 예를 들어 토양에 함유된 네오디뮴과 갈륨의 양은 철보다 각각 평균 1,200배, 2,650배나 적다.

그러므로 당연히 시장에서도 확연한 차이를 느낄 수 있다. 희귀 금속의 연간 생산량은 아주 적은 편이다. 철의 1년 생산량은 20억 톤이지만, 희귀 금속 생산량은 13만 톤에 불과하다. 다시 말해 철 생산량의 1만 5,000분의 1에 지나지 않는다는 말이다. 갈륨 또한 마찬가지다. 구리는 연간 1500만 톤이 생산되지만, 갈륨은 이것이 2만 5,000분의 1에 해당하는 600톤만 생산된다(유럽연합이 공급 부족 위험이 있다고 분류한 금속 목록을 보려면 부록 13을 참고하라).

사정이 이러하니 희귀 금속의 값은 비쌀 수밖에 없다. 갈륨 1킬로그램의 가격은 150달러 정도인데, 이는 철 가격의 거의 9,000배다. 게르마늄은 갈륨보다 10배나 더 비싸다. 그러나 무엇보다 가장 중요한 특징은 이것이다. 희귀 금속이 녹색 기술 산업에 종사하는 모든 이들이 절실히 원하는 특별한 성질을 지닌 원료라는 점이다.

에너지 대전환과 기술 혁명의 간략한 역사

태곳적부터 인간 사회는 풍력, 화력, 태양력 등 천연 에너지 자원을 기계 에너지로 전환하려 끝없이 노력해 왔다. 가령 풍차는 바람의 힘으로 물레를 돌게 하여 기계식 절구를 움직여 올리브 열매나 곡식 낟알들을 빻도록 고안된 도구다. 증기 기관은 수증기에서 전달된 열에너지를 피스톤 운동을 통해 기관차를 움직일 수 있는 기계 에너지로 변환시키는 동력 장치다. 내연 기관 또한 연료의 연소로 열에너지를 만들어 피스톤을 움직이게 한다. 피스톤이 움직인다는 것은 곧 자동차가 앞으로 나아간다는 말이다. 이렇게 본다면 우리는 벌써 몇 세기 동안 줄곧 움직임을 만드는 기계를 제작해 왔다고 할 수 있다.[4] 움직임, 즉 운동 가능성을 증가시킬수록 우리는 더 신속하게 이동하고, 더 빨리 물건을 사고팔 수 있으며, 엔진과 로봇을 활용하여 생산성을 높일 수 있다. 다시 말해 더 많은 돈을 벌 수 있다.

기계 성능의 최적화를 이루고 이를 통해 경제 성장 목표를 달성하려면, 무엇보다 값싼 에너지를 풍부하게 공급해야 한다. 우리는 거의 3세기 전부터 쉴 새 없이 새로운 엔진을 개발해 왔다. 크기는 더 작고 에너지는 더 적게 소비하는 엔진을.

바로 이 대목에서 희귀 금속이 등장한다. 18세기 광물학자들은 이미 희귀 금속의 존재를 알고 있었으나, 이들 대부분은 희귀 금속에 전혀 관심을 보이지 않았다. 희귀 금속의 산업적인 쓰임새를 알지 못했기 때문이다. 1970년대가 되자 사람들은 일부 희귀 금속이 지닌 유별난 자성을 탐구하기 시작했으며, 이를 이용해 초강력 자석을 제작했다.

전하가 두 개의 자석으로 이루어진 자장을 만나면 힘이 발생한다. 이 힘으로 두 개의 자석은 서로에 의해 뱅그르르 돌게 된다. 한 마디로 자석이 움직이는 것이다. 제일 작은 자석의 크기는 나사 머리만 한 정도지만, 세계에서 제일 큰 전기 자석은 높이 4미터에 무게는 무려 132톤까지 나간다. 이 자석은 프랑스의 한 원자력 연구소에 있다.[5] 크기가 작건 크건, 오늘날 자석과 전기 엔진과의 관계는 과거 피스톤과 증기기관, 내연 기관과의 관계와 다르지 않다. 자석 덕분에 우리는 우리를 대신하여 똑같은 움직임을 반복하는 수십억 개의 크고 작은 엔진들을 만들 수 있다. 자전거를 굴러가게 하고, 기관차를 달리게 하고, 전동칫솔이나 휴대폰을 작동하고, 우리가 매일 타고 다니는 자동차의 차창을 여닫고, 고층 건물의 엘리베이터를 움직이는 바로 그 엔진을 자석을 활용해 제작한다.

그러므로 우리 사회는 현재 자석 없이는 굴러가지 않게 되었다. 희귀 금속 자석이 없다면 세계의 움직임은 지금보다 훨씬 느려질 것이다.[6] 다음에 냉장고에 잔뜩 붙여둔 각양각색의 알록달록한 자석들을 볼 때면 잊지 말고 이 사실을 떠올려 보길 바란다.

전기 모터는 인류의 무한한 번영을 보장했을 뿐 아니라, 무엇보다 에너지 전환을 그럴듯한 가설로 만들었다. 전기 모터 덕분에 우리는 석탄이나 석유 없이도 최대치의 역학 에너지와 부를 생산해낼 능력을 갖추게 되었다. 전기 모터는 이전 세대 엔진을 대체하기 위해 프로그래밍 되었다. 우리는 이미 전기 모터를 여러 부문에 활용하고 있다. 선박을 추진할 때도, 태양광 비행기 솔라 임펄스를 하늘 높이 띄울 때도, 우주 관측 장치나 위성을 쏘아 올릴 때도, 자동차 시장의 판도를 바꿀 전기차를 굴러 가게 할 때도 전기 모터를 사용한다.[7] 물론 전기 모터는 전기 배터리로 움직인다. 전기 배터리가 자석을 회전하는 데 필요한 전류를 공급하는 것이다. 그런데 희귀 금속은 깨끗한 전기를 생산하는 데 일조한다. 이 금속은 몇몇 풍력 발전기의 전동기를 돌리고,[8] 태양광 패널을 통해 태양 광선을 전류로 바꾼다.[9] 희귀 금속은 에너지가 생산되어 최종 소비되기까지 순환 과정에서 발생하는 오염을 상당히 줄여 준다. 덕분에 우리는 에너지 전환과 핵 발전소나 화력 발전소가 없는 세상을 꿈꿀 수 있다.

이 정도는 시작에 불과하다.[10] 희귀 금속은 이 외에도 많은 화학적, 광학적 특성들을 지니고 있고 촉매 역할도 하기 때문에 무수히 많은 녹색 기술에 필수 원료로 쓰인다. 희귀 금속의 모든 특성을 세세하게 설명하려면 책 한 권으로는 부족할 것이다. 조금만 더 설명하자면, 희귀 금속을 사용하면 자동차의 배기가스를 변환기에 붙잡아 둘 수 있고, 작은 전력 소비량으로도 전등에 불을 켤 수 있으며,[11] 더 가볍고 견고한 산업용 신소재를 개발할 수 있고, 궁극적으로 자동차나 비행기 등의 에너지 효율을 향상할 수 있다. 지금으로부터 2000년 전 히브리 사람들은 하늘에서 쏟아진 신성한 양식 '만나manna' 덕분에 시나이 사막을 무사히 가로질렀다. 오늘날엔 또 다른 풍요의 뿔*이 우리의 친환

* 고대 그리스에서 풍요를 상징했던 장식물. 뿔의 소유자가 그 안에 손을 넣으면 원하는

경 상차림에 올랐다. 이번엔 하늘에서 떨어지는 것이 아니라 땅속에 묻혀 있다는 것이 다른 점이다. 녹색 기술이 적용되었다고 하는 모든 것에는 희귀 금속이 있다고 짐작하면 된다.

희귀 금속은 정보 통신 분야의 신기술에도 없어서는 안 될 원료다. 이 물질이 가진 반도체적 특성 때문에 희귀 금속을 사용하면 각종 디지털 기기 속을 흐르는 전류의 속도까지 조절할 수 있다. 전에는 녹색 기술과 디지털 기술이 각기 별개의 것으로 여겨졌지만, 오늘날엔 하나로 통합되고 있다. 한층 정밀해진 소프트웨어로 만든 '스마트' 연결망 내에서 생산자와 소비자 사이를 오가는 에너지의 속도를 유연하게 조절할 수 있게 된 덕분이다. 점점 더 많은 가정이 설치하고 있는 린키 Linky 계량기*와 가스파Gazpar 계량기**도 바로 이 점에 착안하여 제작한 것이다. 미래의 스마트 도시에서는 길 곳곳에 센서를 장착해 행인들이 지나다니는 빈도에 따라 거리 조명을 조절하고, 그에 따라 전력 소비량을 절약할 수 있을 것이다. 마찬가지로 더욱 진화한 날씨 예보 소프트웨어 덕분에 태양광 전지의 성능을 30퍼센트 이상 향상할 수 있을 것이다.

이렇듯, 에너지와 정보 통신 분야는 대전환을 성취하기 위해 서로를 필요로 한다.[12] 디지털이 녹색 기술의 효과를 배가시키기 때문이다. 두 분야의 통합은 에너지를 풍성하게 생산하고 소비할 수 있는 풍요로

음식과 재물을 무한히 꺼낼 수 있었기에 이런 이름이 붙었다.

* 프랑스 전력회사 EDF에서 설치하는 전기 계량기. 실제 사용한 전력량을 원거리에서 실시간으로 파악할 수 있어서 검침원이 필요 없다.

** 프랑스 가스회사 GDF에서 설치하는 가스 계량기. 작동 원리는 린키와 같다.

운 시대의 초석이자 새로운 다운스트림 단계 산업의 형성을 촉진할 열쇠다. 이미 전 세계에서 1000만 개의 새로운 일자리가 창출됐다.[13] 우리의 정치 지도자들은 이 기회를 붙잡아야 한다는 걸 잘 알고 있었다. 유럽연합은 이 새로운 시장의 만개를 가속하기 위해서 회원국에 지금부터 2030년까지 이산화탄소 발생량을 1990년 발생량 기준 40퍼센트 감축하고, 전체 에너지 소비량 가운데 재생 에너지가 차지하는 비율을 27퍼센트까지 끌어올리라고 지시했다. 그런데 이 수준에서 멈춰야 할 이유는 뭐란 말인가? 그 속도로 쭉 밀고 나갈 수도 있을 텐데 말이다. 프랑스의 시민단체 네가와트는 2050년까지 프랑스가 사용하는 에너지 전체를 재생 에너지로 충당하는 것도 가능하리라고 내다보았다.[14]

폭주하는 희귀 금속 소비

인류는 고대부터 르네상스에 이르는 동안 총 7개 금속을 활용했다.[15] 20세기에 들어서는 10개, 1970년대엔 20개를 활용했고, 요즘엔 멘델레예프 원소 주기율표에 등장하는 86개 금속(부록 1을 참조하라)을 거의 모두 사용한다. 신기술 개발이 늘어남에 따라 활용하는 금속 또한 다양해진 것이다.

종류도 늘어났지만, 특히 소비량은 문자 그대로 폭발적으로 증가했다. 현재 3대 주요 에너지 자원(석탄, 석유, 천연가스)의 세계 소비량은 그 수준을 유지하거나, 감소하는 경향을 보이거나, 증가한다 해도 아주 미미한 정도에 그치고 있다.[16] 반면 희귀 금속 수요는 어마어마하게 증가하는 추세다. 우리는 해마다 각종 금속을 20억 톤 이상 소비하는데, 이는 하루에 에펠탑 500개를 쌓을 수 있는 양이다(전 세계 금속 생산량 변화 추이를 보려면 부록 2를 참고하라).[17] 연구 자료에 따르면, 2035년이면 게르마늄 수요는 2배, 디스프로슘과 탄탈 수요는 4배, 팔라듐 수요는 5배 증가할 것으로 예측된다. 또한, 스칸듐 시장은 9배, 코발트 시장은 24배 더 커질 것으로 전망했다.[18] 자본주의의 탄력성은 이제 녹색 기술과 디지털 기술에 전적으로 기대게 될 것이다. 지난 두 차례의 산업혁명을 이끈 연료에 점점 덜 의존하는 만큼, 에너지 전환의 핵심이 되는 금속에는 점점 더 의존하게 될 것이다.

미국 지질조사국과 유럽연합 집행위원회의 천연자원 담당 분과는 희귀 금속이 생산되는 지역을 표시한 세계지도를 제작했다. 지도를 보면 남아프리카 공화국은 백금과 로듐, 러시아는 팔라듐, 미국은 베릴륨, 브라질은 니오븀, 터키는 붕산염, 루안다는 탄탈, 콩고 민주 공화국은 코발트의 주요 산지인 것을 알 수 있다. 그러나 대다수 희귀 금속의 산지는 다름 아닌 중국이다. 중국은 안티몬, 게르마늄, 인듐, 갈륨, 비스무트, 텅스텐은 물론, 녹색 금속의 왕으로 불리는 희토류를 거의 독점 생산한다. 희토류는 경이로운 전자기적, 광학적, 화학적 특성을 가진 물질로, 명성이나 성능에서 다른 모든 금속을 능가한다. 희토류는 스칸듐, 이트륨, 란탄, 세륨, 프라세오디뮴, 네오디뮴, 사마륨, 유로퓸, 가돌리늄, 테르븀, 디스프로슘, 홀뮴, 에르븀, 툴륨, 이테르븀, 루테튬, 프로메튬(부록 3에 수록된 주요 희귀 금속 생산국 지도를 참조하라) 등 이국적인 이름을 가진 17개 금속을 하나로 묶어 지칭하는 용어다.

장시성 희토류 암시장의 실체

희토류 대부분은 장시성 광산에서 채굴된다. 왕징은 누구보다도 이곳을 환히 꿰고 있다. 우리는 싱칭Xing Quang에서 이 젊은이를 만났다. 더벅머리를 한 그는 24살이지만, 나이보다 훨씬 어려 보였다. 왕징은 인근 산악 지역을 굽이굽이 잘 알고 있어서 막힘 없이 길을 안내했다. 그는 유칼립투스 나무들이 장막처럼 둘러싸고 있는 은밀한 이 광산에서 몇 년 동안 실제로 일하기도 했다. 그는 광산에서 다른 광부들과 함께 얼굴에 시커멓게 검댕을 묻혀가며 일하는 동안 붉은빛의 암석을 얼마나 많이 쪼갰는지, 그렇게 얻은 귀한 물질을 또 어떻게 잘게 빻았는지 상세히 들려주었다.

장시성 광산은 하루 24시간, 연중무휴로 명맥을 이어 갔다. 한 달에 몇백 달러 정도를 받는 광부들은 기계 삽과 곡괭이로 난도질한 땅바닥에서 새우잠을 잤다. 조금도 쉬지 않고 돌아가는 리듬 덕분에 이곳에서는 수십만 톤의 광물이 채굴되었다. 그런데 2년 전, 중국 당국은 이처럼 야만적인 행태를 단속하기 시작했다. 불법으로 광산을 운영하는 업자에게는 막대한 금액의 벌금을 물렸고, 해외 시장으로 보낼 예정이던 금속들은 산지로부터 몇백 킬로미터 떨어진 광둥 항구에서 모두 압수했다. 밀무역업자 수십 명은 투옥되었다.

하지만 그러거나 말거나, 일부는 단속을 피해 접근이 어려운 후미진 구석에서 암시장 활동을 이어갔다. 이들은 지역 경찰의 사심 충만한 공모 덕분에 성업을 이루고 있다. 경찰을 등에 업은 밀매업자들은 중국의 거대한 광석 암시장에 물건을 대고, 제련 과정을 거친 광석을 전 세계로 수출한다.

우리가 장시성을 방문한 것은 바로 그 현장을 확인하려는 목적에서였다. 우리를 막아선 세 사람도 그 사실을 모르지 않을 터였다. 오토바이를 탄 남자가 다시 우리를 위협했다. 천막에서 멀어지는 게 좋을 것 같았다. 우리는 결국 보고자 했던 것, 희토류 채굴로 인해 야기되는 엄청난 오염의 증거를 우리 눈으로 확인할 수 없었다.

"독약이 따로 없죠." 왕징이 확신에 차서 말했다. "광석을 제련하고 나면, 그때까지 사용한 화학 약품은 바로 토양에 부어 버립니다. 황산과 염산이 주변의 물을 오염시켰기 때문에 그곳에서는 그 어떤 식물도 자라지 못해요." 왕징은 설명을 이어갔다. 야시Yaxi의 산들은 마을 사람들의 거처와는 멀리 떨어져 있으므로 아직 오염된 물로 인한 피해가 드러나지 않았지만, 다른 광산은 민가와 훨씬 가까이 있었다.

중국 전역에 산재한 약 1만 개의 광산은[19] 이 나라의 환경을 망치는 가장 큰 주범이다. 미디어에서는 석탄 채굴이 얼마나 환경 오염을 일으키는지 요란스럽게 떠들지만, 희토류 채굴 또한 오염의 막대한 원인이다. 금속 채굴과 관련한 중국의 환경 오염 사례는 일일이 열거할 수도 없이 많다. 2006년, 태양광 전지판 제작에 쓰이는 희귀 금속인 인듐을 생산하는 중국의 60여 개 기업은 화학 물질 수 톤을 중국 남부 후난성의 샹강에 마구 쏟아부었다.[20] 이는 강 주변에 거주하는 주민들의 식수 공급을 위태롭게 만들었다. 2011년에는 갈륨이 매장되어 있는 광산에서 채굴 작업을 벌어진 이후, 해안 지역에 있는 푸젠성의 진 강 유역 생태계가 크게 오염되었다는 기사가 보도됐다.[21] 갈륨은 전력 소모가 적은 전구 제작을 담당하는, 전도양양한 희귀 금속이다. 우리 연구팀이 방문했던 란저우에서는 텅스텐 제조업체가 산더미처럼 쌓아놓은 독성 폐기물 때문에 양쯔강 지류의 물줄기가 막혔다는 소식을 전해 들었다.

"제련 공장 주변에는 온통 땅속에서 지표면 밖으로 끄집어내 진 것들로 만들어진 시커먼 산더미들뿐입니다. 공장 안에서는 노동자들이 꺼먼 분진과 강한 황산, 염산으로 가득 찬 곳에서 얇은 마스크로 코와 입만 가린 채 일합니다. 거기가 바로 지옥입니다." 익명을 요청한 한 중국 기자는 중국 북동쪽 끝에 있는 둥베이의 흑연(전기차 제조에 사용되는 광물) 광산 내부에서는 19세기에나 볼법한 근로 환경이 여전히 만연해 있다며 제련 공장을 이렇게 묘사했다. 여기에 공장에서 나온 독성 폐기물로 오염된 우물과 독성 물질이 스며든 밭에서 자라는 옥수수 등 작물을 생각해 보라. "지역 당국이 환경 관련 범죄를 막아보려 했지만, 그러기엔 자동차업계의 압력이 너무 거셌습니다." 기자는 씁쓸한 표정으로 덧붙였다.

빵 = 바위, 소금 = 희귀 금속

깨끗한 세상을 만드는 데 필요한 금속이 생산 과정에서 어마어마한 환경 오염을 동반한다. 이 아이러니한 사실을 어떻게 이해해야 할까. 대부분의 독자는 지구과학, 물리, 화학 수업에서 배운 내용을 다 잊어버렸을 테니, 쉽게 예를 들어보겠다.

당신 앞에 빵 한 덩어리가 있다고 상상해 보라. 빵을 만드는데 들어가는 재료 정도는 누구나 다 알 것이다. 상당한 양의 밀가루, 물, 효모, 약간의 소금 등. 광산에서 캐내는 암석도 크게 다르지 않다. 여러 성분이 혼합되어 빵이 되는 것처럼, 암석에도 여러 가지 광물이 서로 뒤엉킨 채 들어 있다.

비유하자면 이렇다. 밀가루에 해당하는 바위는 찌꺼기나 다름없다. 물은 밀가루보다 흥미롭다. 물은 말하자면 철과 같다고 볼 수 있다. 왜냐하면 지표면 어디든 풍부하게 함유되어 있기 때문이다. 효모는 물보다 훨씬 적은 양이 함유되어 있다. 따라서 효모는 철보다는 훨씬 '덜 풍부한 금속'인 니켈에 비유할 수 있겠다. 마지막 남은 재료인 소금이 희귀 금속에 해당한다. 지표면에 있는 소금의 밀도는 너무 미미하여 거의 티가 나지 않을 정도다. 바위 속에 든 희귀 금속은 잘 해야 빵 덩어리에 든 소량의 소금 정도나 될까 말까 하다고 할 수 있다.

바위는 수십억 년 전에 엉겨 붙은 여러 광물로 이루어져 있으므로, 희귀 금속 역시 다른 광물과 구분하기 힘들 정도로 한 몸을 이루고 있다. 화덕에서 반죽을 구워 만든 빵에서 거기에 든 소량의 소금을 따로 분리하기 힘든 것과 같은 이치다. 한마디로 희귀 금속을 바위에서 분리하는 작업은 완전히 미친 짓이라고 할 수 있다. 그러나 수십 년의 연구 끝에 희귀 금속을 바위에서 분리하는 화학 처리법을 알게 됐으며, 덕분에 이제는 그 미친 짓이 가능해졌다. 중국의 장시성은 물론 다른 지역의 오지에서도 이 일에 기를 쓰고 덤벼들고 있다. 큰 바윗덩어리에서 아주 작은 희귀 금속 조각들을 골라내고 있다는 말이다.

정제 혹은 제련이라고 불리는 이 작업은 사실 사전적 의미의 정제와는 거리가 멀다. 우선 돌을 빻고, 그다음엔 황산이나 질산 같은 일련의 지독한 화학적 시약을 사용해야 한다. 프랑스의 한 전문가는 이를 '매우 길고도 반복적인 작업'이라고 설명했다. 이 과정을 수십 번씩 반복해야 순도 100퍼센트에 가까운 희토류 농축액을 얻을 수 있기 때문이다.

여기서 끝이 아니다. 불순물을 제거하는 제련 작업을 통해 희토류 1톤을 얻기까지 최소 20만 리터의 물이 쓰인다.[22] 제련에 사용된 물은 각종 산과 중금속으로 범벅되는데, 이 물은 어떻게 될까? 정수장을 거쳐 강으로, 토양으로, 지하수층으로 가게 될까? 이런 경우는 드물다. 중국은 희귀 금속 생산의 전 과정을 통틀어 어느 한 부분에서도 가장 기본적인 환경과 위생 기준을 지키지 않았다. 희귀 금속은 녹색 기술과 디지털 기술에 빠져서는 안 되는 감초로 쓰이지만, 동시에 물과 흙, 대기, 심지어 용광로의 불길(생명을 구성하는데 필요한 4가지 원소)마저 오염시키는 맹독성 찌꺼기를 남긴다. 그 결과 희귀 금속 산업은 중국에서 가장 지독한 오염원이자 가장 비밀스러운 산업이 되어 버렸다. 우리는 이 은밀한 산업의 정황을 좀 더 정확하게 파악하고자 애를 써볼 작정이었다.

우리는 왕징과 함께 방문했던 희귀 금속 광산과 수십 킬로미터 떨어진 한장Hanjiang으로 이동했다. 이 작은 마을은 광산 끝자락에 자리 잡고 있었는데, 주민의 90퍼센트는 이미 모두 떠난 상태였다. 주민들은 전혀 통제되지 않는 광산 채굴 작업을 견디지 못했다. "농작물들이 전혀 자라지 못해요, 논들이 불모지가 되어버렸다고요!" 주민들은 절규했다. 아직도 떠나지 못한 채 남아있는 주민들은 체념한 상태였다. "우리가 뭘 할 수 있겠소?" 무겁게 내려앉는 끈끈한 대기에 녹초가 된 노인이 반문했다. "불평해도 다 소용없어." 지역 관계 당국은 오염에 대해 알고 있을까? "물론이지! 당신들도 우리가 아무것도 말하지 않았는데 다 알고 있지 않은가?"

바오터우의 암 환자 마을

그런데 한장 마을에서 북쪽으로 2천 킬로미터 떨어진 내몽골 자치구의 중심도시 바오터우의 상황은 훨씬 더 심각했다. 바오터우는 희귀 금속 사냥꾼들에게는 잘 알려진 도시다. 이유는 단 하나다. 바오터우가 지구상에서 가장 중요한 희토류 생산지(장시성은 상대도 되지 않는다)이기 때문이다. 도시와 인근 교외 전역의 도로 위로 자갈을 잔뜩 실은 세미트레일러 떼가 꼬리에 꼬리를 물고 지나간다. 광업계의 거인 격인 바오강 회사가 해마다 채굴하는 희토류 10만 톤(전 세계 생산량의 75퍼센트)은 인구 300만을 바라보는 이 도시의 든든한 버팀목이다.

바오터우에 도착해서 가장 먼저 눈에 띈 것은 건물 지붕 위에서 펄럭이는 수많은 중국 국기와 도심과 산업 지대를 오가는 수많은 자전거의 물결이었다. 전반적으로 상당히 쾌적한 인상을 주는 도시였다. 게다가 중국에서 두 번째로 긴 황허강의 넘실거리는 힘찬 물줄기는 도시로 들어서는 관문에 운치를 더했다. 공원 입구를 장식한 수백 장의 포스터도 인상적이었다. 포스터에는 굳건히 단합한 것처럼 보이는 커플이 한 아이를 감싸고 있고, 그 뒤로 아름다운 시골 풍경이 병풍처럼 펼쳐지는 그림이 실려 있었다. 그림 아래로는 '조국을 위해 깨끗한 도시를 건설합시다'라는 표어가 도드라져 보였다.

도시의 호의적인 첫인상과는 달리, 도심에서 100킬로미터쯤 떨어진 바오강 광산에 접근하는 것은 불가능했다. 우리는 전날 벌써 두 명의 열성적인 경찰과 함께 서까지 연행된 처지였으므로, 또 그런 경험을 되풀이하고 싶진 않았다. 그럼에도 불구하고 우리의 중국인 '동행'은 도시에서 서쪽으로 10킬로미터쯤만 더 가면 광산업체의 이면을 슬쩍 곁눈질할 수 있을 거라고 조언했다.

바오터우의 변두리를 지나자 4차선 고속도로 아래쪽으로 사람들에게 오래전에 잊힌 듯한 오솔길이 나왔다. 길은 우뚝 솟은 고압선 철탑들이 둑처럼 길게 늘어서 있는 곳으로 이어졌다. 철탑마다 부착된 감시 카메라가 지나다니는 사람들의 일거수일투족을 감시 중이었다. 우리 눈앞에 형체를 드러낸 그곳은 바로 광미(광물을 채굴하는 과정에서 생기는 광물 찌꺼기)댐, 즉 인근 제련소의 수십 개의 금속관이 토해낸 시커먼 물을 가둬두는 거대한 인공 호수였다. 넓이 10제곱킬로미터에 이르는 공간을 가득 채운 뒤에도 남은 유독성 액체는 간헐적으로 황허로 흘러 들어갔다. 이곳이야말로 에너지 전환, 디지털 전환의 심장이 쉴 새 없이 뛰는 곳이었다.

엄청난 광경 앞에서 제대로 충격을 받은 우리는 한 시간가량 그 기기괴괴한 모습을 묵묵히 관찰했다. 하지만 곳곳에는 감시 카메라가 설치되어 있었다. 무언가 알아차린 경비대가 출동하기 전에 그곳을 뜨는 편이 현명할 터였다. 우리는 다시 차를 몰았다.

몇 분 후 우리는 인공 호수의 반대쪽으로 돌아가 다라해Dalahai 마을에 도착했다. 붉은 벽돌집으로 이루어진 이 마을은 토양에 함유된 토륨의 비율이 (장소에 따라 다르긴 하지만) 바오터우보다 36배나 높다. 지금까지도 마을을 떠나지 못한 1,000여 명의 주민은 인공 호수에 쌓인 독성 물질을 호흡하고 먹고 마시는 셈이다. 우리는 이곳에서 오랫동안 살아왔다는 54세의 리신샤를 만났다. 그는 초점 잃은 시선으로 우리를 바라보다가 입을 열었다. "마을엔 아픈 사람들이 많아요. 암 환자, 심혈관 질환자, 고혈압 환자. 거의 모두가 비슷한 처지죠. 이곳 상황은 아주 심각해요. 그동안 여러 조사가 이루어졌는데, 우리 마을은 '암 환자 마을'이라는 별명을 얻었어요. 사람들은 우리가 매일 독성 가스를 마시고 있고, 그래서 오래 살지 못할 거라는 사실도 잘 알고 있어요."

리신샤와 그의 이웃들에게는 탈출구가 있을까? 지역 당국은 마을 주민들에게 토지 1무 당 6만 위안*의 보상금을 제안했다. 그 돈으로 근처 다른 마을에 지은 대규모 공동 주택 단지로 거처를 옮기라는 거였다. 한 해 수입이 1,500유로에 불과한 농촌 마을에서는 이것이 엄청난 액수일 수 있지만, 농부들에게 이 돈은 결코 충분한 액수가 아니었다. 불모지가 된 땅에서 농사로 먹고살 수 없게 된 이들에게 아파트 가격이 터무니없이 비쌌기 때문이다.

마을 공동체는 희토류 때문에 너무 큰 대가를 치른 셈이다. 30살도 채 안 된 사람들의 머리가 갑자기 온통 희어지는가 하면, 아이들은 몸집만 자라나고 치아는 하나도 나지 않는다. 2010년, 중국의 각종 언론 매체들은 다라해 마을에서 벌써 66명의 주민이 암으로 사망했다고 보도했다. 희귀 금속 분야의 전문가인 비비안 우는 "중국 인민들이 희토류로 지구 전체를 먹여 살리기 위해 그들의 환경을 희생했다"라며 심

* 약 200평 당 1000만 원

각한 어조로 시인했다. 산업 발전을 위해 너무 값비싼 대가를 치른 것이다. 베이징 정부는 어쩌다 이 같은 재앙을 낳고 만 걸까?

경제 덤핑과 환경 덤핑

이 질문에 답하려면 시간을 조금 거슬러 올라가야 한다. 중국의 19세기와 20세기는 국력 쇠퇴와 수모의 시기였다. 중국의 루이 14세라고 할 수 있는 건륭제가 1799년 사망했을 때만 해도 중국은 세계 최고의 강대국이었다. 당시 중국의 영토는 몽골과 티베트, 미얀마와 국경을 맞댈 정도로 넓었으며, 가벼운 기후 온난화 현상과 풍작으로 인구도 폭증한 상태였다. 청 왕조의 치세가 절정에 도달해 정치 체제는 안정적이었으며, 경제적 생산력 또한 세계 국민총생산의 3분의 1을 중국이 감당할 정도로 앞서갔다. 중국은 유럽에서도 인기 만점이었다. 볼테르는 만주 자치국의 장점을 치켜세웠고, 사람들은 중국풍 물건을 수집했으며, 영국인들은 중국 차에 열광했다.

그렇지만 풍요는 오래가지 못했다. 중국에는 아편전쟁,[23] 불평등 조약 체결, 1919년 베르사유 강화 조약 체결의 수모(중국은 제1차 세계대전의 승전국임에도 이러한 수모를 당했다),[24] 국민당의 패배,[25] 마오쩌둥주의의 피폐화 등 각종 비극이 잇달았다. 1976년 마오쩌둥이 사망했을 때, 중국이 세계 경제에서 차지하는 비중은 18세기 말보다 10배나 줄어 있었다. 중국은 여러 차례의 내전을 겪었으며, 유혈 낭자했던 문화대혁명 때 많은 사람이 무시무시한 사회주의 세뇌 교육을 받거나 억 울하게 목숨을 잃기도 했다.[26] 그러나 놀라운 회복 탄력성을 지닌 중국 민족은 잃어버린 예전의 영화를 되찾겠다는 갈망을 품었다. 과연 중국은 서기 960년부터 거의 9세기 동안 세계 최강국 지위를 유지해오지 않았던가? 현재 중국은 어떤 대가를 치르더라도 과거의 지위를 되찾겠다는 결의로 똘똘 뭉친 것처럼 보인다.

19세기와 20세기의 치욕을 최대한 빠르게 지워버리겠다는 일념으로 중국은 유럽이 3세기에 걸쳐 이룩한 것을 불과 30년 만에 성취해가며 브레이크 없는 경주에 뛰어들었다. 덩샤오핑의 지휘 아래 중국 공산당은 1976년부터 자본주의와 세계 무역에 문호를 개방했다. 중국은 서양 국가들과의 경쟁에서 이기기 위해 경제 덤핑과 환경 덤핑을 적당히 혼합한 경제 정책을 밀고 나갔다. 덕분에 중국은 세계의 공장이자 저가 소비재를 서구에 제공하는 공급자로 부상했다. 그리고 무엇보다 중국은 전 지구의 경제 성장 기조 유지에 필요한 모든 광물의 주요 생산자가 되었다. 중국은 오늘날 우리 경제에 없어서는 안 될 28개 자원의 최대 생산국일 뿐 아니라, 이 자원들의 전 세계 생산량의 50퍼센트 이상을 차지한다.[27] 중국은 모든 광물을 적어도 15퍼센트 이상 생산하는데, 백금과 니켈만이 예외다(2011년 세계 광물과 금속 생산량 가운데 중국이 차지하는 비중을 알기 위해서는 부록 4를 참고하라).[28]

이처럼 놀라운 성과의 이면엔 물론 반대급부가 따랐다. 경제 덤핑과 환경 덤핑이라는 임의적 선택이 생태계에 미치는 결과는 대부분 무시되었다. 기업가들은 눈치 보지 않고 대도시의 대기를 오염시켰고, 중금속으로 토양 침식을 가중했으며, 광업 폐기물을 하천에 그대로 흘려보냈다. 성장을 위해 모든 수단이 동원되었고 오로지 정글의 법칙만

이 판을 지배했다. 다시 말해, 닥치는 대로 행동한 것이다.

이로 인한 대가는 상상을 초월한다.[29] 세계 제1의 온실가스 발생국이 된 중국에서는(2015년 기준 전 세계 이산화탄소 발생량의 28퍼센트를 차지했다) 지금도 계속해서 걱정스러운 통계가 나오고 있다. 가령 중국 국토 가운데 경작 가능한 면적의 10퍼센트는 이미 중금속에 오염되었으며, 지하수의 80퍼센트는 사용할 수 없이 불결한 상태다. 중국 내 500대 도시 가운데 국제 기준에 부합하는 대기 질을 유지하는 곳은 다섯 손가락으로 꼽을 수 있을 정도이며, 대기 오염으로 인한 사망자 수는 해마다 300만 명에 이른다.[30] 베이징에서 만난 중국의 유명 환경 운동가 마준은 "이는 가히 기념비적인 실수"라고 설명했다.

지속 가능한 광산이란 존재하는가

물론 중국에서만 희귀 금속 채굴로 인한 환경 오염이 일어나는 것은 아니다. 모든 희귀 금속 생산국이 겪는 일이다. 예를 들어 세계 코발트 수요의 절반을 담당하는 콩고 민주 공화국의 사정도 중국과 별반 다르지 않다. 코발트는 전기차에 쓰이는 리튬 배터리 제조에 쓰이는 금속인데, 콩고 민주 공화국 남부에 있는 광산의 코발트 채굴 현장은 그야말로 중세적이다. 광부 10만 명이 삽과 곡괭이를 든 채 광물을 캐내기 위해 땅을 파고 들어간다. 광업을 규제하지 못한 이 나라의 광산 주변 하천의 오염과 생태계의 교란 사례는 손꼽을 수 없을 정도로 많다. 콩고 의사들의 연구에 따르면, 카탕가주 루붐바시시 광산 주변 주민들의

소변에서 검출된 코발트 농도는 대조군 표본보다 43배나 높았다.[31]

전 세계에서 소비되는 크롬(항공기 에너지 성능을 향상하는 데 중요한 역할을 하는 초합금 제조에 쓰이기 때문에 항공 산업계의 사랑을 한 몸에 받는 광물)의 14퍼센트를 생산하는 중앙아시아의 카자흐스탄도 사정은 비슷하다.[32] 2015년 카자흐스탄 남부 국립대학교의 연구진은 중앙아시아에서 가장 긴 강인 시르다리야강이 크롬 채굴 때문에 매우 심각하게 오염되었다고 발표했다. 연구진은 강 주변에 거주하는 수십만 명의 주민들이 이 강을 식수원으로 이용할 수 없다고 강조하면서, 작물 재배용으로도 강물을 사용하지 말 것을 권유했다.[33]

라틴 아메리카에도 비슷한 문제가 대두했다. 특히 백색 금속인 리튬을 채굴하는 볼리비아, 칠레, 그리고 아르헨티나의 소금 사막이 그렇다. 리튬은 희귀 금속으로 취급되지는 않지만, 미국은 리튬을 공급 부족 위험이 있는 중요 광물로 분류했다. 향후 전기차 시장의 괄목할 만한 성장과 더불어 이 금속의 세계 생산량 또한 폭증할 것으로 보이기 때문이다. 아르헨티나는 외국인 투자자들을 성공적으로 유치한다는 전제하에 지금부터 2025년까지 해마다 리튬을 16만 5,000톤씩 생산할 예정이다. 이는 전 세계 수요의 45퍼센트다.[34] 아르헨티나는 리튬 생산계의 거인으로 부상할 것이다.

2017년 5월, 라틴 아메리카의 광업 회사와 희귀 금속 제련 회사들은 모두 부에노스아이레스의 플라타강 주변으로 모여들었다. 대규모 광업 박람회 아르미네라Arminera에 참가하기 위해서였다. 굴착기와 화물 운반용 덤프트럭, 조명탑, 폐수 처리용 자재들이 전시장을 가득 메운 가운데, 아르헨티나의 광업부 장관 다니엘 메일란은 '현재 국내에서 진행 중인 수십여 건의 리튬 광산 개발 계획'을 자랑처럼 언급하며 국제 생태 기준을 준수하는 책임 있는 광산의 도래를 장담했다. 참석자들의 박수갈채 속에서 샴페인 축배를 들어 올리기에 앞서 아르헨티나 광업계의 모든 주역은 윤리 헌장에 서명하는 시간을 가졌다.

행사가 진행되는 동안 그린피스 시위대 30여 명이 광업계의 거짓말을 비난하는 내용이 적힌 플래카드를 앞세워 박람회장 입구를 막아섰다. "이 모든 감언이설은 순전히 그린워싱*에 불과하다!" 그린피스 회원 곤살로 스트라노가 소리치며 말을 이었다. "우리가 조사한 바에 따르면, 지속 가능한 광산이란 존재하지 않습니다. 광업의 본질적 목표는 결국 토양 속을 비우는 것입니다. 나아가 화학 물질을 사용하며 엄청나게 많은 양의 물을 소비하는 것 또한 중대한 문제가 아닐 수 없습니다."

라틴 아메리카에서 광업 산업은 늘 악마적이라는 평판을 들어 왔다. 최근 몇 년 사이에 멕시코에서 칠레, 콜롬비아에서 페루에 이르기까지 중남미 전역에 걸쳐 광업 산업에 반대하는 지역 공동체의 목소리가 커지고 있다. 캐나다 광업 기업인 바리크 골드가 칠레 산티아고 북부의 파스쿠아 라마에서 주민들의 반대로 금광석과 은광석 개발 프로젝트를 접은 사례는 광업에 대한 주민들의 뿌리 깊은 경계심을 잘 보여주는 사례다. 광물 채굴은 수원지를 오염시킬 터였다. 이에 주민들은 격렬하게 항의하며 시위를 벌였고 바리크 골드 측은 결국 2013년에 개발 작업을 중단했다.[35]

---

* 기업이 작업 과정에서 환경에 해를 끼치면서도 홍보나 마케팅 과정에서 친환경 제품인 것처럼 가장하며 소비자를 기만하는 술책

금과 은은 희귀 금속이 아니지만, 파스쿠아 라마와 바리크 골드 사례는 라틴 아메리카 광업 부문 전체에 무시할 수 없는 영향력을 행사했다. 예컨대 생태 운동가들은 대대적으로 리튬 채굴에 반기를 들고 나섰다. 모든 광업 활동이 그렇듯이, 리튬 채굴에는 어마어마한 양의 물이 사용된다. 이는 필연적으로 지역 주민 공동체가 활용 가능한 수자원의 고갈을 가져온다. 소금 사막은 이미 물 부족으로 엄청난 고통을 겪고 있는데 말이다. 전부터 아르헨티나의 옴브레 무에르토 소금 사막 인근 주민들은 리튬 채굴 때문에 주변 물길이 오염되었다는 불만을 토로하고 있었다.[36]

토양에서 광물을 채취하는 일은 본질적으로 깨끗할 수 없는 작업이다. 게다가 광업 산업을 추진하는 나라들이 너무도 무책임하고 비윤리적인 방식을 유지해 온 덕분에 많은 사람이 에너지 전환과 디지털 전환이라는 목표마저 의심의 눈으로 보게 됐다. 블랙스미스 연구소의 최근 보고에 따르면,[37] 광업은 세계에서 두 번째로 파급력이 강한 오염 산업이다.[38] 2013년 조사 때보다 한 단계 올라선 것이다. 참고로 모든 이들이 이구동성으로 몰아내고자 하는 화학 산업은 이 명단의 10위권에도 오르지 못했다. 희귀 금속 공급자로서 중국의 무시할 수 없는 역할을 고려할 때, 중국의 친환경 역량을 논의하지 않은 채 온난화 방지를 위한 세계의 투쟁이 얼마나 전진했는지를 제대로 판단하기란 불가능해 보인다. 그러나 중국 정부의 친환경 역량은 한 마디로 재난 수준이다.

우리는 희귀 금속 채굴이 환경에 미치는 영향과 그 결과 앞에서 녹색 기술을 회의적으로 보게 된다. 태양광 전지, 풍력 발전기, 전기차 또는 전력 소비량을 최소화한 전구 같은 이른바 녹색 기술의 산물들은 에너지와 환경 측면에서 태생적인 원죄를 떠안고 있기 때문이다. 아이러니하게도 녹색 기술은 제대로 자리를 잡기도 전에 지탄받는 처지에 놓이게 되었다. 우리는 미래 기술이라 불리는 녹색 기술의 생명 주기 전체를 두고 그것이 환경에 미치는 영향을 정확히 측정해 볼 필요가 있다.

2.

더러운 금속에 의존하는 친환경 세계

우리가 '녹색 기술'이라 부르는 것들은 어쩌면 우리가 기대하는 것만큼 친환경적이지 않을 수 있다. 녹색 기술이 생태계에 미치는 영향력은 대단히 크다. 우리는 2016년에 방문한 토론토의 한 콘퍼런스에서 이 사실을 깨달았다.

토론토 금융 지역 심장부에 있는 한 고급 호텔에서 '희귀 금속 수요 폭증'을 주제로 콘퍼런스가 열렸다.[1] 이곳에는 북아메리카 광산업계와 관련 있는 모든 개발 기업, 전문 감정가, 공공기관, 벤처 캐피털 기업, 컨설팅 기업, 대학교수 등이 모여들었다. 콘퍼런스에서는 투자, 재무, 순이익, 기금 모금, 비용 구조, 시가 총액, 연평균 생산량 등의 다양한 주제가 오갔다. 녹색 기술의 성장 전망은 경이로움 그 자체였다. 국제에너지기구IEA는 2040년이면 세계 전력 생산량에서 재생 에너지가 차지하는 비율이 33퍼센트까지 오를 것으로 전망했다. 2012년에 이 비율은 21퍼센트 밖에 되지 않았다.[2]

그런데 어디선가 이렇게 내로라하는 광산업계 인사들이 대거 참석한 회합의 흥을 깨는 두 명의 인물이 나타났다.

녹색 기술은 녹색이 아니다

첫 번째 인물은 태양광 사업에 필요한 자재를 생산하는 캐나다 기업 우라골드의 대표 베르나르 투리용이었다. 그는 태양 전지가 생태계에 미치는 영향을 꼼꼼히 계산해 보았다. 그의 주장에 따르면 하나의 태양 전지판을 제작할 때 70킬로그램 이상의 이산화탄소가 발생한다. 전지판에 많은 양의 규소(실리콘)가 쓰이기 때문이다. 태양 전지판이 앞으로 해마다 23퍼센트씩 증가한다면, 태양 전지의 전력 생산능력은 해마다 10기가와트씩 늘어난다. 다시 말해 27억 톤의 탄소가 대기 중에 배출된다는 뜻이다. 탄소 27억 톤은 거의 60만 대의 자동차가 해마다 대기에 내뿜는 양과 같다.[3]

태양열 에너지로 작동하는 전지판의 경우는 훨씬 더 심각하다.[4] 일부 태양열 에너지 전지판은 1메가와트시(MWh)당 3,500리터의 물을 소비한다. 이는 석탄을 쓰는 화력 발전소 한 곳이 쓰는 물보다 50퍼센트 더 많은 양이다.[5] 태양광 발전소들은 흔히 수자원이 빈약한 건조한 지대에 자리하고 있다는 현실을 고려하면 문제가 얼마나 심각한지 짐작할 수 있을 것이다.

화기애애한 콘퍼런스의 분위기를 망친 두 번째 인물은 텍사스 출신의 변호사 존 피터슨으로, 그는 전기 배터리 분야에서 잔뼈가 굵은 인물이었다. 온갖 통계의 숫자를 이 잡듯이 살펴보고, 학계의 수많은 연구 결과를 탐독하고, 독자적인 연구까지 마친 뒤 마침내 그는 어떤 결론을 내릴 수 있었다. 여기서 잠시 2012년으로 시간을 거슬러 가 보자. 캘리포니아 대학교 로스앤젤레스 캠퍼스의 연구팀은 가솔린차와 전기차의 탄소 발자국을 비교했다.[6] 첫 번째 결과는 이렇다. 전기차를 제작할 때는 가솔린차를 제작할 때보다 훨씬 더 많은 에너지가 소요된다. 이 결과를 설명하기 위해서는 두 차의 배터리를 비교해 보아야 한다. 일반적으로 리튬 이온 배터리는 무겁다. 무거워도 너무 무겁다. 테슬라 그룹에서 내놓은 전기차 모델 S에 사용된 배터리를 생각해 보자. 자동차 전체 무게의 25퍼센트를 차지하는 이 배터리 하나의 무게는 무려 544킬로그램으로, 르노가 생산하는 소형차 클리오의 절반 무게다(전기차에 쓰이는 희귀 금속을 보려면 부록 5를 참고하라).[7]

리튬 이온 배터리의 주원료는 대략 니켈(80퍼센트), 코발트(15퍼센트), 알루미늄(5퍼센트)이며, 여기에 리튬, 구리, 망간, 강철, 흑연 등이 소량 첨가된다.[8] 우리는 앞서 중국, 카자흐스탄, 콩고 민주 공화국 등에서 이러한 광물을 어떤 방식으로 채굴하는지 살펴보았다. 그런데 여기서 끝이 아니다. 채굴 후의 제련 과정과 제련이 끝난 광물을 운송하고 조립하는 데 들어가는 지원 체제도 더해서 생각해야 한다. 캘리포니아 대학교 연구팀의 결론은 명쾌했다. 전기차 제작 과정에는 가솔린차 제작 과정에서보다 4배 더 많은 에너지가 소모된다.

그러나 제품의 수명 주기 전 과정을 보면, 전기차가 더 효율적이라는 것을 알 수 있다. 운영 중에 석유를 쓰지 않고, 대기 중에 뿜어내는 탄소도 훨씬 적기 때문이다. 전기차는 제작 공장에서부터 폐차 후 폐차장에 버려질 때까지 총 32톤의 탄소를 발생시킨다. 반면 가솔린차는 전기차보다 2배가량 더 많은 탄소를 배출한다. 하지만 여기서 잠깐 주의할 대목이 있다. 캘리포니아 대학교는 1회 충전 주행가능거리 120킬로미터 정도의 중형 전기차를 대상으로 연구를 진행했다. 그런데 전기차가 어찌나 빠르게 진보를 거듭하는지, 요즘 판매되는 모델 중에는 1회 충전 주행가능거리 300킬로미터 미만은 찾아볼 수도 없다. 존 피터슨이 지적했듯이, 300킬로미터쯤은 문제없이 달릴 정도로 강력한 배터리를 장착한 전기차라면, 차가 제작되는 단계에서 이미 대학 연구 결과의 2배는 족히 넘는 탄소를 발생시킬 것이다. 그러니 1회 충전 주행가능거리 500킬로미터를 보장하는 차라면, 연구 결과보다 3배는 더 많은 탄소 발자국을 남길 것이다.

결과적으로 전기차의 탄소 배출량은 가솔린차의 4분의 3 정도라고 할 수 있다. 그러나 전기차의 역량이 향상될수록 제작 과정에 더 많은 에너지가 쓰일 것이며, 그에 따라 배출되는 온실가스의 양도 늘어날 것이다. 테슬라 그룹은 앞으로 출시될 모델 S에 주행거리 600킬로미터를 보장하는 배터리를 장착할 것이라고 예고했다.[9] 테슬라의 일론 머스크 대표는 머잖아 800킬로미터까지 거뜬히 주행할 수 있는 전기차를 내놓겠노라고 큰소리친다.[10]

존 피터슨의 결론은 다음과 같다. '전기차는 기술적으로 얼마든지 가능하다. 그러나 환경 관점에서 보자면 전기차의 생산을 절대 지지할 수 없다.'[11] 이 첨예한 주제를 다룬 다른 많은 연구에서도 이와 거의 유사한 결론을 내렸다. 가령 2016년 프랑스 환경에너지관리청ADEME에서는 "생산부터 폐기까지 제품 수명 주기의 전 과정을 본다면 전기차가 환경에 미치는 영향은 가솔린차가 환경에 미치는 영향과 별 차이가 없다"고 발표했다.[12] 게다가 전기차가 석탄을 연료로 쓰는 화력 발전소의 전력을 소비한다면 앞서 말한 통계치보다 훨씬 많은 이산화탄소를 발생시킬 수 있다.

이외에도 전기차와 관련하여 우리가 답해야 할 질문은 수두룩하다. 상당히 빨리 마모되는 전기차의 배터리 교체 문제는 어떻게 해결해야 하는가? 전기차에 설치되는 모든 전자 장치와 사물인터넷 장치의 생태학적 비용을 정확히 알고 있는가? 미래에 전기차를 재활용할 때 그것이 환경에 미칠 영향은 어떠한가? 마지막으로, 어떤 에너지를 사용하여 네트워크를 구축하고 발전소를 운영할 것인가?[13]

토론토에서 만난 한 미국 출신 희귀 금속 전문가는 이렇게 말했다. "녹색 에너지업계에서 그런 질문을 달가워할 사람은 없을 겁니다. 그들은 그들이 진보하고 있다고 믿길 원하니까요. 그렇지 않겠습니까?"

보이지 않는 것들의 물질성

녹색 기술은 디지털 기술과 점차 결합하고 있다. 기술 분야의 선구자들은 디지털 기술이 녹색 기술의 성능을 10배 이상 높일 것이라고 장담한다. 그러나 나는 여기서 터무니없다고 비난받을 만한 질문을 하나 해보려 한다. 혹시 디지털 기술이 녹색 기술이 일으킬 오염을 한층 더 심각하게 만들지는 않을까? 이것은 물론 에너지 전환의 예언자들이 말하는 담론과는 반대되는 주장이다. 이들은 오히려 디지털 기술로 에너지를 감축할 수 있다고 단언한다. 이것은 기술 분야에서 지배적으로 통용되는 수사修辭이기도 하다. 그러나 한 번 꼼꼼히 살펴보도록 하자. 디지털 기술을 활용하면 '스마트한' 전기 연결망, 그러니까 전기 소비를 최적화하는 연결망을 구축할 수 있다. 오염 물질을 발생시키지 않는 '탄소 제로' 자동차로 태양 전지판에서 생산한 깨끗한 에너지를 보내려면 연결망이 필요하다. 현재 전기는 석탄, 석유 또는 핵 발전 설비를 이용하는 발전소에서 생산되어 연결망으로 쉼 없이 배달된다. 따라서 우리는 정확히 언제 어디로 얼마만큼의 전기가 이송됐는지 알 수 있다. 우리가 발전소의 활동량을 결정하기 때문이다. 그런데 에너지 전환의 사정은 이와는 완전히 다르다. 재생 에너지는 이른바 간헐적인 에너지원에 토대를 두고 있기 때문이다. 아직 누구도 태양이나 바람을 통제할 방법을 찾지 못했으니 그럴 수밖에 없다. 태양 전지판이나 풍력 발전기에서 생산한 전기는 지금처럼 꾸준하게, 끊이지 않고 공급되는 것이 아니라 갑작스럽고 불규칙하게 공급된다. 그러므로 정확한 양의 전기를 알맞은 시간과 장소에 공급하는 것이야말로 전기 연결망 관리자의 중요한 임무가 되었다. 전기 공급량이 충분하지 못하면 재앙일 테고, 반대로 너무 많으면 남는 양은 고스란히 낭비될 것이다. 그러므로 에너지 공학자들은 점점 더 정교한 알고리즘을 통해 전기 수요를 적절히 맞추고 낭비를 제한하려 노력한다. 미묘한 전력량 조절을 최적화할 수 있는 새로운 세대의 전기 네트워크 구현을 위해 열을 올리는 것이다.

다음으로, 디지털 기술을 활용하면 우리는 우리의 여러 활동에서 발생하는 탄소 발자국을 줄일 수 있다. 이른바 신기술계의 교황으로 불리는 제러미 리프킨이 발표한 낙관적이고 사기충천한 글들을 읽어 보라. 2011년 미국의 학자 제러미 리프킨은 '3차 산업혁명'이라는 개념을 대중에게 각인시키면서 세계적인 명성을 떨치게 되었다.[14] 그는 디지털 기술과 녹색 에너지를 결합하면 모든 이가 깨끗하고 값싼 전기를 풍부하게 생산할 수 있을 거라는 가설을 내세웠다. 그로부터 몇 년 뒤, 이 예언자 같은 학자는 '한계비용 제로의 새로운 사회'라는 매력 만점의 개념을 들고 나와 또다시 주목을 받는다.[15] 인터넷 기술은 모든 것을 온라인으로 교환하는 새로운 세대, '협력적 공유사회'를 탄생시켰다. 이는 소유의 시대가 지나가고 접속의 시대가 도래했음을 뜻한다. 우리는 무엇이든 소유할 필요가 없다. 값만 치른다면 인터넷 서핑을 통해 어떤 상품이든 나눠 쓸 수 있기 때문이다. 이러한 문화혁명의 하나로 자동차 공유 서비스(블라블라카, 드라이비, 오토리브 등)를 예로 들 수 있다. 이 서비스는 이미 우리의 일상이 되었으며, 이는 자동차 산업에 엄청난 반향을 가져올 것이다. 리프킨에 따르면 자동차 공유 사이트 이용자의 80퍼센트는 소유하고 있던 자동차를 처분했다고 한다. 그러니 접속의 시대가 본격화되면 자동차 구매가 얼마나 현저히 줄어들지 생각해 보라. 그렇게 된다면 자연스럽게 원자재도 절약할 수 있고, 탄소 배출량도 감축할 수 있을 것이다.[16]

2013년 당시 구글 이사회 의장이던 에릭 슈미트와 미국 국무장관 힐러리 클린턴의 전 보좌관이자 디지털 외교의 아버지를 자처했던 제러드 코언은 함께 『새로운 디지털 시대』라는 책을 집필했다.[17] 세계적인 베스트셀러 반열에 오른 이 책에서 두 저자는 점점 더 커지는 가상 공간의 역할에 대해 이야기했다. 그들은 "인터넷이라는 축복 덕분에, 우리 중 절대다수는 동시에 두 세계에 살고, 일하게 될 것이다. 즉 두 세계의 통제를 받게 될 것"이라고 예고했다. 두 세계란 물론 물리적인 세계와 가상 세계를 말한다. 미래에는 더 많은 사이버 국가들이 더욱 강력한 컴퓨터 공격을 가하는 가상 범죄 네트워크와의 사이버 전쟁을 치르게 될 것이다.[18] 이러한 예언은 우리가 물질의 구속을 벗어난 경이로운 유토피아에서 살게 되리라는 가설을 전제로 한다. 우리는 이미 재택근무, 전자상거래, 원격 조정, 디지털 데이터 축적 등에 익숙하다. 비물질화가 우리의 일상이 된 것이다. 정보의 물리적 이동을 줄이고, 종이를 디지털로 대체함으로써 우리는 이제 자원을 소비하는 문명에 종지부를 찍고, 아마존강과 콩고강 유역 산림 벌채도 멈출 수 있을 것이다.[19] 다시 말해 에너지를 절제하는 현명한 시대로 진입하게 되었다는 말이다.

그러나 디지털 기술을 사용하기 위해서는 어마어마한 양의 금속이 필요하다. 해마다 전자 산업계는 금 320톤, 은 7,500톤, 수은 514톤(세계 소비량의 22퍼센트)을 소비한다. 납 사용량은 비교적 낮은 편으로, 세계 소비량의 2.5퍼센트를 소비한다. 전 세계 컴퓨터와 휴대폰 제조업계에서 소비하는 팔라듐은 세계 생산량의 19퍼센트에 달하며, 코발트 또한 이 두 물품의 제조에만 전체 생산량의 23퍼센트가 쓰인다. 이밖에도 휴대폰 제조에는 평균 40여 가지 다른 금속이 쓰이지만, 더 언급하진 않겠다(아이폰 한 대를 구성하는 희귀 금속 종류에 관해서는 부록 6을 참조하라). 디지털 기술의 이면에 관한 책을 집필했던 어떤 저자의 설명에 따르면, 소비자가 구매한 뒤 버리는 완제품은 제품의 수명 주기 동안 발생하는 총 폐기물의 2퍼센트에 불과하다고 한다.[20] 2그램짜리 반도체 칩 하나를 제조할 때마다 2킬로그램의 쓰레기가 발생하기 때문이다. 즉 완제품과 그 제품의 생산 과정에서 발생하는 폐기물의 비율이 무려 1 대 1,000이라는 의미다.[21]

게다가 지금까지는 디지털 기기의 생산 과정만을 살펴본 것이다. 이에 더해 전기 네트워크를 통한 디지털 활동과 그에 따른 공해도 살펴야 한다. 최근에는 디지털 공해에 관한 대중의 관심도가 차츰 높아지고 있고 관련 콘텐츠도 여럿 등장했다. 그중 2012년에 나온 〈인터넷: 숨겨진 오염〉이라는 제목의 다큐멘터리가 주목할만하다. 이 다큐멘터리는 한 통의 이메일이 전송되는 과정을 자세히 묘사하며 인터넷이 환경에 미치는 영향을 숨김없이 보여준다. 사용자의 컴퓨터에서 출발한 이메일은 모뎀을 통과한 뒤 건물 밖으로 빠져나가 기지국에 모인다. 개인 전화선에서 국가 단위 나들목으로, 이어서 국제 나들목으로 이송된 이메일은 메신저 서버(일반적으로 미국에 비치되어 있다)를 거쳐 구글, 마이크로소프트 또는 페이스북 등의 데이터베이스에서 처리되고 저장된 후 마침내 수신자에게 전달된다. 한 통의 이메일은 약 1만 5,000킬로미터를 빛의 속도로 주파하는 셈이다.[22] 이 모든 과정은 환경에 어떤 영향을 미칠까. 다큐멘터리 해설자는 다음과 같이 설명한다. "프랑스 환경에너지관리청의 계산에 따르면, 첨부 파일이 붙은 한 통의 이메일을 수신자에게 전달하는 데는 작은 전구 하나를 한 시간 동안 켜 놓을 수 있는 만큼의 전력이 필요합니다." 전 세계에서 매 시간 발송되는 이메일의 양은 무려 100억 통이다. 이는 곧 우리가 주고받는 이메일에만 시간당 50기가와트의 전력이 소모된다는 뜻이다. 50기가와트는 한 시간 동안 원자력 발전소 15개가 생산하는 전력과 같다. 그리고 단 한 개의 데이터 센터가 데이터 운반을 관리하고, 기기의 열을 내리는 냉각 장치를 가동하기 위해 매일 소비하는 에너지의 양은 인구 3만 명 규모의 소도시가 소비하는 에너지의 양과 같다.[23]

미국의 한 연구에서는 정보통신기술ICT 분야가 세계 전기 생산량의 10퍼센트를 소비하며, 해마다 항공업계가 배출하는 양의 절반이 넘는 온실가스를 배출한다고 밝혔다.[24] 환경 관련 시민단체 그린피스는 '클라우드가 하나의 국가였다면, 전력 수요 면에서 세계 5위에 올랐을 것'이라고 설명하기도 했다.[25] 이 정도는 시작에 불과하다. 에너지 전환과 디지털 전환을 위해서는 수많은 위성을 하늘 높이 띄워야 한다(실리콘 밸리의 거인들은 이미 지구 전체에 인터넷을 연결하겠다며 위성을 띄우기로 했다). 그러나 이를 위해서는 우주로 위성을 쏘아 올릴 발사체가 필요하며, 적정한 궤도를 확인하고 그에 맞는 파동을 송신하며 디지털 기기의 통신 내용을 암호화할 수 있는 막대한 수의 컴퓨터도 필요하다. 물론 폭주하는 데이터를 분석할 수 있는 슈퍼컴퓨터 사단도 동원되어야 한다. 정보를 실시간으로 전달하기 위해서는 전 지구적 차원의 해저 케이블 망, 거미줄처럼 촘촘하게 연결된 지상-지하 전기 망, 수백만 개의 정보 처리용 단말기, 무수히 많은 데이터 저장 센터, 수십억 개의 태블릿 PC, 스마트폰을 비롯한 온갖 사물인터넷과 배터리와 충전기 등을 갖춰야 한다. 비물질화를 이루기 위해서는 이토록 커다란 물리적 영향을 감수해야 한다.[26] 그러니 이른바 비물질화 시대로의 행복한 전진은 기만에 불과하다. 디지털 리바이어던이라는 이 거대한 괴수의 탄생을 위해 우리는 역설적으로 석탄과 석유, 천연가스를 태우는 발전소, 원자력 발전소, 풍력과 태양광 발전소가 필요하며, 지능형 네트워크도 갖춰야 한다. 그리고 이 모든 인프라를 구축하기 위해서는 희귀 금속이 필요하다.

그러나 제러미 리프킨은 이 문제에 관해서는 어떤 언급도 하지 않는다. 그는 보이지 않는 것의 물질성과 녹색 에너지의 역설에 관해 어떻게 생각할까? 우리는 이 세계적 저명인사와 이야기를 나눠 보고 싶었다. 우리는 여러 차례에 걸쳐 경제동향연구재단(제러미 리프킨은 이 기관을 통해 강연과 컨설팅 업무를 조정한다)에 연락을 취했다. 또한, 이야기하고자 하는 주제를 명료하게 요약하여 우편물(물론 전자우편!)도 보냈다. 답은 오지 않았다. 그렇지만 우리는 포기하지 않고 제러미 리프킨에게 프랑스에 오는 길에 잠시만이라도 만날 수 있는지, 그게 여의치 않다면 워싱턴 교외에 자리한 그의 사무실로 찾아갈 테니 짧은 인터뷰를 나누자는 제안 메시지를 보냈다. 하지만 아무런 답도 받지 못했다.

그도 아마 에너지 전환과 디지털 전환이 안고 있는 원초적인 오류를 알고 있을 것이다. 애초부터 에너지 전환과 디지털 전환이라는 아이디어는 우리가 발 딛고 서 있는 땅을 고려하지 않은 채 탄생했기 때문이다. 예컨대 이런 것이다. 어느 날 아침 기초 과학을 연구하는 한 연구원은 녹색 기술과 관련한 아이디어를 떠올린다. 녹색 기술의 장밋빛 전망을 알아본 기업인은 아이디어를 제품으로 탄생시킨다. 여기에 배짱 좋은 투자자까지 합세해 세제 혜택과 규제 완화의 덕을 보며 승승장구한다. 그러나 이 모든 과정의 가장 처음, 즉 에너지 전환과 디지털 전환의 가장 첫 단계는 땅에서 지하자원을 캐내는 것에서 시작한다. 결국, 우리는 석유에 대한 의존을 희귀 금속에 대한 의존으로 대체해야 하는 셈이다. 코카인 중독을 치료하기 위해서 헤로인으로 갈아타는 마약 중독자와 같다고나 할까. 우리는 인간 활동이 생태계에 미치는 영향을 줄여야 한다는 문제의 출발점에서 한 발짝도 앞으로 나아가지 못한 채, 하나의 문제를 다른 문제로 바꿔치기했을 뿐이다. 우리는 현재 직면한 환경 문제를 해결해 보겠다는 열정과 함께 또 다른 위기를 향해 돌진하는 딱한 상황에 놓이고 말았다.

친환경 순환 경제의 미래

지하자원을 사용할 수밖에 없다면, 다른 방향에서 돌파구를 찾을 수는 없을까? 예컨대 희귀 금속을 대규모로 재활용하면 자원 채굴에 따른 환경 파괴를 완화할 수 있지 않을까?

이 매력적인 가설을 실행에 옮겨본 일본으로 가보자. 2011년 가을의 어느 오후, 도쿄 북쪽 아다치 지역에서는 환경미화원 마사키 나카무라 씨가 푸른색 소형 트럭을 타고 동네를 바삐 돌아다니고 있었다. 나카무라 씨는 동네를 돌면서 낡은 오락기, 구형 휴대폰, 텔레비전 스크린 등 전자제품 폐기물을 모으는 중이었다. 동네 일주를 마친 나카무라 씨는 수집품과 함께 폐기물 수거 및 재활용 전문 기업 가나메 고교로 향했다. 그곳엔 때마침 짙은 빛깔 정장을 입고 마추라 요시다카 대표가 직원들이 꼼꼼하게 분류해놓은 폐기물 더미를 넘어 다니고 있었다. "요즘 사람들은 별생각 없이 전자 기기들을 버립니다." 직원들이 쇠붙이들을 덤프트럭으로 옮기는 와중에 요시다카 대표가 설명했다. "그런데 이 기기들 안엔 희귀 금속이 제법 많이 들어있거든요!"

현재 우리는 아주 근사한 세계화 시대를 살게 되었다. 세계화 덕분에 서양은 번성했고, 세계의 물자는 풍족해졌다. 심지어는 쓰레기마저도, 그것이 음식물 쓰레기건 산업폐기물이건 핵폐기물이건 두루두루 풍족해졌다. 우리는 조부모님 세대가 일상적인 결핍에서 벗어나려고 애쓰던 세상(사실 그다지 멀지 않은 과거)에서 어마어마한 잉여분을 감당하지 못하고 쩔쩔매는 새로운 문명 세상으로 옮겨왔다. 우리는 이제 생산된 상품을 관리하는 방법이 아니라 소비한 상품을 어디에 어떻게 쌓아둘 것인지 고민하고 있다.[27]

금속 쓰레기부터 보자. 해마다 프랑스 주민 한 명이 만드는 전자폐기물의 무게는 평균 23킬로그램에 달한다.[28] 전 세계적으로 전자 폐기물은 경악할 정도의 빠른 속도로 늘어나고 있으며, 지난 3년 동안에만 무려 20퍼센트나 증가했다.[29]

지금까지 제조업자들은 주요 금속들을 어느 정도 성공적으로 재활용 해왔다. 세계적으로 금, 은, 알루미늄 또는 구리 같은 금속은 50퍼센트 이상 재활용된다.[30] 하지만 이들보다 눈에 덜 띄는 금속의 재활용에 대해서는 아무도 관심을 두지 않았다. 그러므로 일본은 희귀 금속 재활용 문제에 관해 의미 있는 첫걸음을 뗐다고 할 수 있다. 어느 나라보다도 앞서서 열도 근처에 수천 개의 '도시 광산(전자제품 폐기물 집하장)'이 산재해 있으며, 그곳에 희귀 금속이 넘치도록 쌓여 있다는 걸 간파했으니 말이다.[31] 가령, 일본에 보급된 스마트폰은 약 2억 개 정도다. 하나의 스마트폰에는 1그램의 10분의 몇 정도에 해당하는 희귀 금속이 들어 있으며, 분리도 가능하다. 이 비율대로 계산하면 일본 전국에 30만 톤가량의 희귀 금속이 잠들어 있다고 추정할 수 있다. 이는 일본이 앞으로 30년 동안 사용할 수 있는 양이다.

일본은 전자 폐기물을 재활용하는 정책으로 혁신적인 순환 경제 모델을 촉진할 수 있다고 생각했다. 일본은 곧 대대적인 폐기물 수거 캠페인을 벌였고, 전국에서 버려지는 65만 톤의 소형 전자제품을 소비 경로를 통해 회수했다. 캠페인에 대한 호응이 어찌나 좋은지 캐릭터 스타들(일본에서는 이들에게 열렬한 사랑을 보낸다)까지 광고에 동원되었다. 가수로 활동하는 하츠네 미쿠 캐릭터는 캠페인 노래를 부르기도 했다. 그러나 폐기물 수거만으로는 충분하지 않았다. 도쿄시는 일부 희귀 금속을 다른 금속으로 대체하여[32] 자석에 함유된 희귀 금속의 양을 줄이는 과학 프로젝트에도 수억 달러를 투자했다.[33]

몇몇 서양 국가들도 일본을 따라 재활용 시스템을 받아들이고자 했다. 엄청나게 많은 희귀 금속을 소비하는 미국 군대를 예로 들어 보자. 애리조나주 투손시 부근에 즐비한 군용 창고에는 더는 사용하지 않는 수천 대의 항공기가 있다. 항공기 안에는 희귀 금속 자석이 그득하지만, 군대는 희귀 금속을 어떻게 분리해야 하는지, 또 분리한다 한들 어떻게 활용해야 하는지 알지 못한다.[34] 더욱 심각한 문제는 미군이 아프가니스탄에서 철수하면서 희귀 금속 자석이 잔뜩 들어 있는 60억 달러 상당의 군 장비를 그곳에 버려둘 거라는 사실이다.[35] 어떤 세력이 그들이 두고 간 장비를 손에 넣게 될지 모른다. 문제의 심각성을 파악한 미국인들은 미군이 철수하기 전에 장비에 들어 있는 희귀 금속을 분리하게끔 하라고 제안하기도 했다.

순환 경제는 재활용을 통해 자원을 절약하고 지속 가능한 발전을 추구하는 혁신적인 경제 모델이지만, 제조업계의 관점은 완전히 다르다. 이들에게 순환 경제란 전통적인 공급 사슬의 완전한 전복을 의미하기 때문이다. 순환 경제 체제에서는 생산자가 폐기물을 회수하여 재활용해야 할 의무가 있다. 따라서 생산자는 생산과 관련된 원자재 공급자의 정보는 물론, 제품 사용자의 위치까지 파악해야 한다. 애플이나 H&M 같은 기업을 예로 들어 보자. 이들은 그들이 쓰는 원자재인 희귀 금속 자원이나 면을 어디서 구매하는지 너무도 잘 알고 있다. 그러나 순환 경제 모델이 본격적으로 도입된다면, 전 세계로 퍼져 나간 무수히 많은 청바지와 수십억 대 아이폰의 경로까지 추적해야 한다. 다시 말해, 발송자와 수신자의 역할이 뒤바뀌는 것이다.[36]

이제까지와는 반대로 일을 하면서 원하는 결과를 얻어낼 수 있다니, 그야말로 코페르니쿠스적인 혁명이 아닐 수 없다. 그대로 실현되기만 한다면, 재활용 금속이 원자재 공급에서 차지하는 비율은 점점 더 커질 것이고, 어쩌면 우리는 희귀 금속의 밝은 미래를 꿈꿀 수 있을 것이다. 미래의 광업 강대국은 엄청난 매장량을 자랑하는 광산 소유국이 아니라 거대한 폐기물 집하장을 갖춘 나라가 될 수도 있다. 사람들은 쓰레기 산의 위치를 보여주는 보물 지도를 만들게 될 것이고, 지도 한 귀퉁이엔 '세계적인 규모'를 자랑하는 거대 쓰레기 산이 분류되어 있을 것이다.

일본은 금속 자원 순환 경제 모델을 활용하여 모두의 기선을 제압하고, 단 1그램의 희귀 금속도 채굴하지 않으면서 희귀 금속 수출국이 될 수도 있다(정말로 그렇게 될지 누가 알겠는가?). 다른 국가들은 일본이 개발한 재활용 시스템에 전적으로 의존할 것이고, 재활용의 지정학이 등장할 것이다. 광산 채굴을 줄여 환경이 피폐화되는 것을 제한하고 낡은 TV 수상기들을 가나나 나이지리아의 폐기물 하치장으로 수출하는 일도 줄어들 것이다. 이렇듯 우리는 새로운 생산 방식이 불러올 생태학적 진보를 쉽게 상상해 볼 수 있다.

이 야심만만한 계획은 이론상 그럴듯해 보이지만, 실행에 옮기기란 상당히 까다롭다. 희귀 금속과 희귀 금속이 아닌 금속(철이나 은, 알루미늄 같은) 사이에는 커다란 차이가 있다. 희귀 금속은 주로 단일 금속 상태가 아닌 다른 금속과 결합한 '합성재'로 사용된다. 에너지 전환과 디지털 전환의 일선에 있는 제조업자들은 합금을 점점 더 많이 활용하고 있다. 여러 가지 금속을 혼합하여 만드는 합성재는 단일 금속보다 훨씬 다양한 특성을 갖는다. 가령 철과 탄소를 합하면 강철을 만들 수 있다. 강철이 없다면 고층 건물을 지을 수 없을 것이다. 마찬가지로 알루미늄과 유리섬유를 결합하면 글레어GLARE 라는 자재를 만들 수 있다. 글레어는 내구성은 강하고 가벼우므로 에어버스 A380 모델의 기체 제작에 쓰인다. 풍력 발전기와 전기차 엔진 제조에는 철과 붕소, 희귀 금속의 합금으로 만든 자석을 사용한다. 이 자석은 엔진 성능을 최적화한다.

반투명 콘크리트부터 종이 벽돌, 단열 젤, 강화 목재까지. 신소재가 범람하는 시대에 살고 있다. 우리는 앞으로 점점 더 많은 합금을 개발하고 녹색 기술에 이를 사용하게 될 것이다. 그러나 합금을 재활용하기란 대단히 어렵다. 혼합된 금속에서 다시 원자재를 분리해야 하기 때문이다. 방법이 아예 없는 것은 아니다. 예를 들어 일본의 토오루 오카베 교수는 합금에서 희귀 금속을 분리할 수 있는 기술을 개발했다. 그는 볼리비아의 고원지대에서 채취한 소금을 활용하여 고온 가마를 만들었다. 우리 연구팀은 도쿄대학교의 연구실로 그를 찾아갔다. "고온 가마에 합금을 넣으면, 소금의 성분 덕분에 희귀 금속이 다른 금속들과 분리됩니다." 오카베 교수는 그의 발명품이 어떻게 작동하는지 설명해 주었다.

얼핏 생각해도 합금의 재활용은 전혀 간단할 것 같지 않다. 앞에서 언급한 빵의 비유로 돌아가 보자. 빵집 주인이 팔리지 않고 남은 빵을 버리지 않고 재활용하고 싶다면, 반죽에 섞인 재료들을 다시 분리해야 한다. 이는 엄청난 시간과 에너지가 소모되는 복잡다단한 작업이다. 풍력 발전기, 전기차 또는 스마트폰에 쓰인 희귀 금속으로 만든 자석을 분리하는 것 또한 빵에서 소금을 분리하는 일만큼이나 쉽지 않은 일이다. 다른 금속과 희귀 금속을 분리하는 데는 긴 시간이 걸릴뿐더러 비용 또한 비싸다. 이 과정에서 어마어마한 양의 화학 물질과 에너지가 쓰이기도 한다. 그것이 무엇이든 서로 다른 물질이 결합해 이미 한 몸이 되었다면 그것을 다시 조각내는 일은 간단치 않다. 토오루 오카베 교수는 이렇게 설명했다. "여러분에게 소개한 기술은 전도유망하긴 하지만, 사실 비용이 너무 비싸서 수익성은 전혀 없습니다." 그러므로 현시점에서 일본 폐기물 집하장에 쌓인 희귀 금속은 그림의 떡인 셈이다. 산업계의 가장 큰 고민 또한 희귀 금속 재활용에 드는 값비싼 비용이다. 새로 구매하는 것보다 재활용하는 것이 훨씬 비싸기 때문이다. 희귀 금속 원자재의 시세가 비싸다면 재활용 금속이 가격 경쟁력을 가질 수도 있다. 그런데 이를 어쩐다, 원자재 가격은 2014년 연말부터 줄곧 내림세였다.[37]

그러므로 현재 희귀 금속을 대량으로 재활용하겠다고 나서는 업체는 전혀 없는 상황이다. 전자제품 쓰레기 산에 달려드는 것보다 광산을 통해 구매하는 쪽이 훨씬 경제적이기 때문이다. 제조업계에서 가장 널리 사용되는 60개 금속 가운데 18개는 50퍼센트 이상 재활용된다.[38] 그 외 나머지 3종은 25퍼센트 이상,[39] 또 다른 3종은 10퍼센트 이상[40] 재활용된다. 나머지 36개 금속의 재활용률은 10퍼센트 미만이다.[41] 한편 인듐, 게르마늄, 탄탈, 갈륨 같은 희귀 금속, 그리고 일부 희토류의 재활용률은 각기 다르지만, 결코 3퍼센트를 넘지는 않는다(희귀 금속의 재활용률에 대해서는 부록 7의 표를 참조하라).[42] 일본의 히타치 그룹은 희토류 전체 사용량의 10퍼센트만 재활용할 수 있어도 비약적인 발전이라고 평가한다.[43] 그러나 그렇게 된다 한들 재활용 금속의 양은 수요에 비해 턱없이 부족하다. 예컨대 납은 100퍼센트 재활용할 수 있는데도 여전히 채굴한다. 수요가 지속해서 증가하기 때문이다.[44] 좋은 의도로 시작한 일이 결과까지 좋기란 어렵다.

폐기물 반송하기

그러나 모든 제조업자가 동의하는 하나의 사안이 있다. 폐기물을 꾸준히, 상당한 수준으로 축적하여 규모의 경제가 발생하면 비로소 희귀 금속 재활용으로 수익을 낼 수 있다는 것이다.

비록 희귀 금속 재활용은 어려울지라도, 모든 창구가 다 닫힌 것은 아니다. 뉴저지주 뉴와크만 건너편에는 맨해튼이 있다. 이 도시엔 하늘 높이 치솟은 마천루가 이어진다. 이곳엔 미국의 전자 폐기물 재활용 업체(폐기물 수출 업체라는 표현이 더 정확하다)들이 밀집해 있다. 미국의 시민단체 바젤 액션 네트워크의 로렌 로만은 이 업체들이 유독 항구가 있는 해안에 모여 있다는 사실에 주목했다. 여러 해 전부터 그는 뉴저지주를 종횡무진 누비며 컴퓨터 폐기물을 적재한 컨테이너에 매긴 화물 관리 번호를 촬영했다. 이 번호를 통해 세계 곳곳으로 이동하는 화물의 위치를 추적할 수 있기 때문이다.

거의 모든 재활용업체는 그들이 수거한 전자 기기 폐기물을 수거한 그 나라에서 처리해야 한다. 이것이 바로 바젤 협약의 관건이다.[45] 1989년에 체결된 바젤 협약은 선진국이 환경 규제가 상대적으로 느슨한 국가로 중금속이나 독성 물질을 함유한 유해 폐기물을 수출하는 것을 금지한다.[46] 현재 185개국이 이 협약에 가입했으나, 미국을 포함한 몇몇 국가들은 한사코 가입을 거부하고 있다. 그러므로 미국은 자국의 재활용업체들이 전자 폐기물을 수출하도록 장려하는 셈이다. 로렌 로만은 여러 해에 걸친 조사 끝에 미국에서 발생한 전자 폐기물의 80퍼센트는 아시아로 수출된다고 결론 내렸다.

유해 폐기물을 다른 나라로 수출하는 건 미국뿐만이 아니다. 일본 재활용업체들 또한 자국에서 수거한 전자 폐기물을 중국으로 보낸다. 미국과 달리 일본은 바젤 협약에 가입했는데도 말이다. 일본에선 이른바 '고물 수거 무역'이라는 심란한 사업이 성업 중이다. 고물 수거 무역 업자들은 컨테이너에 '인도주의 지원 물품'이라고 적힌 도장을 찍고 국제 규정을 기만하는 편법을 쓴다.

유럽이라고 해서 다를 것도 없다. 희토류를 잔뜩 함유한 셀 수 없이 많은 낡은 자동차들이 '중고차' 딱지를 달고 암스테르담 부두를 떠난다. 폐기물로 유출되는 건 자동차뿐만이 아니다. 사용 불가능한 어마어마한 양의 풍력 발전기용 배터리 전극 촉매의 50퍼센트, 오래 사용하여 못 쓰게 된 전자 카드의 50퍼센트 이상, 그 외에 해마다 구리 100만 톤이 불법으로 반출된다. 유로폴은 2013년 폐기물 불법 거래를 주요 환경 유해 업종으로 분류했으나,[47] 그래 봤자 달라지는 건 아무것도 없었다. 유럽 당국은 유럽 대륙에서 해마다 130만 톤의 전자 폐기물이 아프리카와 아시아로 수출된다고 추정한다.[48]

중국은 이렇게 수출된 전자 폐기물의 주요 도착지다. 중국의 저렴한 인건비 덕분에, 재활용에 드는 비용은 다른 선진국의 최대 10분의 1밖에 되지 않는다.[49] 중국은 재활용에 너무 큰 비용이 드는 특정 자석들은 새로운 경제 모델이 출현하여 재활용이 가능할 때까지 안전한 곳에 저장해 두겠다고 주장한다. 그러나 그들의 말을 확인할 길은 없다.

새로운 풍요의 시대라는 환상

그렇다면 결론은 무엇인가. 이른바 '청정에너지'를 얻기 위해서는 반드시 희귀 금속이 필요하다. 그러나 희귀 금속을 채굴하는 일은 청정과는 거리가 멀다. 거리가 먼 정도가 아니라, 중금속 찌꺼기, 산성비, 오염된 폐수 등을 모두 수반하는 환경 파괴 종합 세트에 가깝다. 친환경 세계를 구축하기 위해서 우리는 더러운 희귀 금속에 의존한다. 그러나 우리는 애써 그 사실을 모르는 척한다. 우리는 풍력 발전기와 태양 전지가 어떻게 제조되는지 제대로 알고자 하지 않는다. "친환경적이고, 위생적이고, 오염이 없는 최종 결과물에만 만족해서는 안 된다. 그 결과물이 만들어지기까지의 채굴 과정, 공장에서 제조되는 과정 또한 친환경적이었는지 두루 꼼꼼히 살펴야 한다." 중국의 환경운동가 마쥔의 말이다.

태양광, 바람, 조수를 활용해 만든 에너지는 우리가 무한히 누릴 수 있는 자원으로 만들었다고 해서 재생 에너지로 불린다. 그러나 재생 에너지를 생산하기 위해서는 재생할 수 없는 자원을 소비해야 한다. 지하자원은 유한하다. 게다가 지하자원이 형성되는 데는 몇십억 년이라는 어마어마한 시간이 든다. 반면 우리의 수요는 기하급수적으로 증가하고 있다.

'녹색' 또는 '탈탄소' 에너지는 사실 온실가스를 발생시키는 활동들에 토대를 두고 있다. 광산에서 광물을 채굴하고 제련하여 이것을 풍력 발전기나 태양 전지로 제조하는 데는 어마어마한 양의 에너지가 필요하다. 전기차 덕분에 대도시에서는 대기 오염이 발생하지 않는다. 그러나 전기차 제작에 필요한 자원을 채굴하는 광산 지대는 오염으로 고통받는다. 오염의 총량은 줄지 않고, 단순히 자리만 이동했을 뿐이다. 기막힌 아이러니가 아닌가? 이런 관점에서 보면, 에너지 전환과 디지털 전환은 상대적으로 부유한 계층만을 위한 것이라고 할 수 있다. 부자들이 모여 사는 도심의 오염을 없애는 대신, 도심보다 열악하고, 보는 눈이 많지 않은 지역으로 그 부작용을 전가하는 것이다.

그러나 문제의 존재를 알지도 못하는데, 어떻게 문제를 해결할 수 있겠는가? 탄소 경제의 주역들은 그들이 오염을 발생시킨다는 사실을 부인할 수 없었다. 반면, 우리가 구상한 새로운 녹색 경제는 오염을 발생시키면서도 '미래 세대를 향한 책임감' 같은 번지르르한 담론을 앞세워 뒤에 암울한 실상을 숨기고 있다. 따라서 우리가 새롭게 구상한 에너지 모델은 참담하리만치 위험하다.

생태학자들이 미래 기술이라 추켜세우는 몇몇 기술들은 비록 운영 중에는 핵을 사용하지 않지만, 개발 과정에서 방사능을 발생시키는 원료(희토류와 탄탈)를 활용한다. 희귀 금속은 그 자체로 방사능을 지니고 있진 않으나 희귀 금속을 다른 광물(지표면에서 형성될 때부터 자연스럽게 엉겨 붙어 있는 토륨, 우라늄 같은 광물들)과 분리하는 과정에서 무시할 수 없을 정도의 방사능이 방출된다. 전문가들의 말에 따르면, 바오터우의 독성 물질 저수장이나 바얀 오보 광산 주변의 방사능 오염도는 현재 체르노빌에서 측정된 방사능 농도보다 2배나 높다.[50] 만약 상식적인 규정에 따라 채굴을 진행했다면, 채굴 과정에서 발생한 찌꺼기들은 수백 년 동안 격리했을 것이다.[51]

에너지 전환과 디지털 전환을 지지하는 몇몇 연구자들은 가입자 회선 개념*을 활용하려 한다. '솔라 시티'로 불리는 독일 프라이부르크 시의 보방을 예로 들 수 있다. 이 마을의 사람들은 그들의 마을에서 생산하는 청정에너지만을 소비하려 노력하고 그것에 자부심을 느낀다. 그러나 친환경 마을은 희귀 금속 없이는 애초에 존재할 수 없다. 어디선가 누군가는 희귀 금속을 채굴하고 제련해야 하며 상품으로 가공된 금속은 다시 수천 킬로미터 떨어진 곳으로 옮겨질 것이다. 누가 상상이나 했을까? "친환경 마을은 이론상으로는 얼마든지 가능합니다. 하지만 실제로는 이상과 완전히 다른, 기괴한 결과에 도달하고 맙니다."

---

* 전화국의 교환기와 가입자의 기기를 유선으로 연결하는 것을 뜻한다.

프랑스의 한 전문가는 설명했다.

이상적 에너지 절감을 가능하게 하는 몇몇 녹색 기술에는 전통적인 기술에 쓰이는 것보다 훨씬 많은 원자재가 든다. 세계은행은 보고서를 통해 다음과 같이 지적했다. '앞으로는 녹색 기술을 활용하기 위해서는 더 많은 원자재가 필요할 것이다. 자원을 적절히 관리하지 않는다면 지속 가능한 발전이라는 목표는 무너질 것이다.'[52] 다시 말해 문제를 직면하지 않는다면, 우리는 파리기후변화협약을 통해 달성하려던 목표와는 반대되는 결말을 맞닥뜨리게 될 것이다. 심지어는 자원이 고갈되는 처지에 놓일 수도 있다. 지구에 거주하는 75억 명의 주민이 앞으로 30년 동안 소비하게 될 금속의 총량이 과거 2,500세대에 걸쳐 우리의 조상들이 사용한 총량보다 훨씬 더 많기 때문이다.

마지막으로, 희귀 금속의 재활용과 순환 경제에 관해 정리해 보자. 친환경 세계의 핵심 자원인 희귀 금속의 재활용 과정은 전혀 친환경적이지 않다. 게다가 우리는 점점 더 많은 원료를 혼합하여 다양한 합금을 개발하고 있고, 이런 경향은 희귀 금속 재활용을 한층 더 어렵게 만든다. 그러므로 에너지 전환과 디지털업계는 근본적인 모순에 봉착하게 될 것이다. 그들이 추구해 온 지속 가능한 세계라는 것이 친환경 순환 경제의 출현을 막는 결과를 불러온 셈이기 때문이다. 어쩌면 우리 후손들은 우리에 대해 이렇게 말할지도 모른다. "21세기에 살았던 우리 조상들? 아, 그분들은 희귀 금속을 한 구멍에서 꺼내 다른 구멍으로 집어넣은 어리석은 사람들이었지."

원자재를 조금이라도 아는 사람이라면 이 같은 결과에 놀라지 않을 것이다. 그러나 사람들 대부분은 원자재를 알지 못하고 관심도 적은 편이다. 따라서 직관과 너무도 어긋나 보이는 위와 같은 이야기를 들으면 이해하고 인정하기보단 믿지 않고 부정하려 들 수 있다. 사람들을 설득하기까지 몇 년이 걸릴 수도 있을 것이다. 그러나 너무 늦어진다면 우리는 우리가 수십 년 동안 품어 왔던 이상이 환상이었으며 집단 기만이었음을 깨닫게 될 것이다. 2017년 9월 프랑크푸르트 모터쇼에서 PSA(프랑스 자동차 그룹)의 대표 카를로스 타바레스가 전기차가 환경에 미치는 영향에 대해 경고한 바 있다. 그는 이렇게 말했다. "정부가 기업에 전기차를 만들라는 지시를 내릴 거라면 정부는 그 지시에 따르는 환경적 결과까지 책임져야 한다. 나는 앞으로 30년 후에도 배터리 재활용이며 희귀 자원 사용, 충전 중인 배터리의 전자파 발생 같은 것들로 고통받고 싶진 않기 때문이다."[53]

미래엔 어쩌면 디젤게이트 때처럼 일종의 '전기게이트'가 터지고 전 세계에서 줄소송이 잇따를지 모른다. 우리는 이토록 명백한 사실들 앞에서 어떻게 이토록 오랜 시간 맹목적일 수 있었는지 자문하게 될 것이고, 정 · 재계는 물론 수많은 환경단체가 지지해 온 합의가 오히려 모순을 제대로 보지 못하게 가리고 있었음을 알게 될 것이다. 우리는 차라리 핵에너지가 이것을 대체하기 위해 고안한 신기술보다 덜 해로우며, 우리의 에너지 믹스*에서 핵에너지를 배제하긴 곤란하다고 실토하게 될지도 모른다. 그리고 이런 날이 오면, 친환경 세상을 만들겠다는 막연한 일념이 빚어낸 엄청난 문제들을 바로잡기 위해 우리는 또다시 새로운 기적의 기술을 개발하려 안간힘을 쓸 것이다.

그런데 중국과 콩고, 카자흐스탄이 무책임한 광업으로 환경을 피

* 전력 발생원의 구성비

폐화하는 동안 미국과 유럽 등 서양 국가는 무얼 한 걸까? 일이 이렇게까지 된 것은 과연 중국과 콩고, 카자흐스탄만의 잘못일까? 아니, 다시 질문해야겠다. 미국과 유럽이 중국이나 콩고, 카자흐스탄을 비판할 자격이 있을까? 이들 국가가 열악한 환경에서 금속을 채굴하고, 환경을 파괴할 줄 뻔히 알면서도 그들 손에 일을 맡긴 것은 누구였을까?

3.

흠잡을 데 없는 비윤리적 경제 논리

희귀 금속 문제에 당면한 서양은 리더십을 발휘하기보단 희귀 금속의 생산과 그에 따르는 오염을 가난한 국가로 옮기는 쪽을 택했다.

2011년 어느 여름날 아침 우리 연구팀은 활기 넘치는 라스베이거스를 떠나 주간고속도로 15번을 타고 남서쪽으로 달렸다. 이 고속도로는 광대한 네바다주와 캘리포니아주를 관통하는 직선 포장도로다. 2시간 후 우리는 잔뜩 부식된 시설물들을 거느린 채석장 앞에 도착했다. 시설물 위로는 빛바랜 성조기가 펄럭이고 있었다. 이곳은 1990년대까지 미국의 광산그룹 몰리코프가 마운틴 패스 광산을 운영하던 곳이었다. 한때 마운틴 패스 광산은 세계에서 가장 큰 규모의 희토류 생산지였다.

미국이 희토류 시장을 지배하던 시절

통념과는 달리, 희귀 금속은 일부 광업 국가(중국, 카자흐스탄, 인도네시아, 남아프리카 공화국 등)에만 매장되어 있지 않다.[1] 세계에 산재해 있지만, 더러 밀집도가 높은 지역이 있을 뿐이다. 말하자면 희귀 금속은 희귀하면서 동시에 희귀하지 않은 셈이다. 수십여 개국이 희귀 금속 중에서도 가장 귀중한 희토류를 생산하는 광산을 가지고 있다.[2] 프랑스 의회 보고서에 따르면 1965년 이전엔 남아프리카 공화국, 브라질, 인도 등지에서 희토류를 채굴했으나, 그 총량이 한 해 1만 톤에도 미치지 않을 정도로 미미했다.[3] 그러다 1965년부터 1985년 사이, 미국은 희토류 채굴의 세계적인 리더로 부상했다. 독점국까지는 아니더라도 미국의 우위는 두드러졌고, 총생산량도 연간 5만 톤 정도로 크게 앞섰다.[4] 마운틴 패스 광산은 자원을 공급하며 미국의 지위가 바뀌는 데 결정적 역할을 했다.

그러나 몰리코프의 광산 개발은 환경 오염을 불러왔고, 주변 생태계에 심각한 악영향을 끼쳤다. 경영진들은 이 곤혹스러운 문제를 어떻게 감당해야 할지 모르는 듯했다. 우리는 몰리코프 측에 채석장 방문 허가를 요청했으나 방문 불가라는 답변이 돌아왔다. 우리는 낙담했으나 포기하지는 않았다. 대신 우리는 쌍발기(엔진이 두 개인 비행기)를 대여했다. 그리고 몰리코프 쪽에 '광산을 방문할 수 없다니 내일 오후 2시경 상공에서 채석장을 둘러보겠다'고 알렸다. 그 지역에서 적극적으로 활동하는 환경 단체인 그레이트 베이슨 리소스 워치의 존 해더 대표가 우리와 동행하기로 했다.

우리는 자줏빛 산에 둘러싸인 라스베이거스의 소규모 계류장에서 만나 쌍발기에 올랐다. 활주로에 들어선 쌍발기는 금세 고도를 올렸다. 불과 몇 분 만에 몰리코프의 설비들이 시야에 들어왔다. 주변에는 광물이 가득했다.

우리를 태운 비행기는 이윽고 나선형으로 홈이 파인 나사가 물구덩이에 박힌 듯한 형태의 암석들 쪽으로 접근했다. 곧이어 우리의 눈길을 잡아끈 시설은 채굴지에서 20여 킬로미터쯤 떨어진 사막에 있는 원형 경사 분지였다. 분지의 지름은 수백 미터에 달했다. “광산 작업이 한창일 때는 폐수가 저 분지로 흘러들었습니다.” 존 해더가 설명했다. “폐광 상태인 지금도 여전히 지하수층은 광산에서 흘러나오는 오염된 물을 빨아들이고 있죠.”

비행기에서 내린 후 존 해더는 활주로에서 멀찌감치 떨어진 창고 아래 그늘에서 대단히 중요한 자료를 펼쳤다. 그것은 그레이트 베이슨 리소스 워치가 1984년부터 1998년까지 미국 환경보호청EPA이 수집한 정보를 토대로 제작한 마운틴 패스의 광산 지도였다. 이 지도는 마운틴 패스 광산이 모하비 사막에 가져온 생태계 파괴를 단계별로 보여주었다. 그레이트 베이슨 리소스 워치가 미국 환경보호청에서 기밀로 분류하던 자료까지 얻어내 만든 지도였다.

지도에서 가장 놀라웠던 것은 채굴지부터 경사 분지까지 표시된 숫자들이었다. “광물을 처리하느라 오염된 물은 펌프로 퍼 올린 다음 채석장에서 이 거대한 저수지로 옮겨졌습니다.” 존 해더는 설명을 이어갔다. 두 장소를 연결하는 송수관을 통해 폐수 수십억 리터가 운반된 것이었다. “파이프를 따라가며 적힌 숫자들은 파이프에 구멍이 뚫

려서 폐수가 새어 나온 지점을 가리킵니다." 15년 동안 이런 종류의 사고는 보고된 것만 60여 건이었다. "제일 심각한 사고는 1992년에 일어났습니다. 150만 리터의 오염수가 새어 나왔으니까요! 사막에 흘러 들어간 모든 폐수를 합하면 거의 400만 리터쯤 됩니다."

이 같은 사고로 인근 주민들은 직격탄을 맞았다. 파이프에서 새어 나온 폐수엔 우라늄, 망간, 스트론튬, 세륨, 바륨, 탈륨, 비소, 납 등이 뒤섞여 있었다.[5] 오염된 모래폭풍과 지하수층 오염으로 모하비 사막은 반경 수 킬로미터까지 더럽혀졌다. 일련의 사법 소송이 이어졌고 회사 측은 책임을 물게 되었다. 미국 법원은 몰리코프 측에 거액의 벌금을 내게 했다.

소송이 끝난 뒤로도 몰리코프에는 방패와 방탄복으로 단단히 무장한 연방 경찰들이 자주 방문했다. 캘리포니아 정부 측의 환경 규정 위반을 통고하러 온 것이었다. 이들은 거의 매일같이 찾아왔다. 캘리포니아 정부는 인근 거북이 서식지를 보호해야 한다며 광산 직원 300명에게 사막 거북이의 습성에 관한 강의를 듣게 하기도 하고, 등껍질이 딱딱한 동물이라면 그게 무엇이든 그 동물의 반경 30미터 이내로 접근하지 말라는 금지령을 내리기도 했다. 몰리코프는 또다시 파이프 누수가 발생할까 두려웠다. 게다가 광산 설비 현대화에 천문학적인 비용이 든다는 계산까지 나오자 그들은 마운틴 패스 광산 경영을 지속하는 것이 과연 이득일지 의문을 갖기 시작했다. 1990년대 말 즈음이었다.

같은 시기, 경제 성장에 목이 마른 중국은 서양 광산업계의 어려움을 기회로 삼으려 했다. 중국은 점진적으로 희귀 금속 시장의 주역으로 입지를 굳혔다. 그들에겐 야심을 실현할 여력이 충분했다. 전 세계 희토류의 40퍼센트가 바오터우 광산(우리 연구팀이 앞 장에서 방문한 바로 그 광산들)에 매장되어 있기 때문이었다. 중국 정부는 광업 생산의 중심축을 서양에서 동양으로 이동시키려는 어마어마한 무역 계책을 꺼내 들었으며, 오늘날도 이를 활용하고 있다. 중국의 전략을 한마디로 요약하면 바로 '덤핑'이다.

생산 비용을 무지막지하게 낮추었으니 경제 덤핑이고, 오염 방지 비용을 부담하지 않았으니 환경 덤핑이다. 환경운동가 마퀀은 "생태계가 입은 피해 복구 비용은 생산 비용에 포함되지 않았다"고 지적했다.

이러한 이중 덤핑 전략은 희토류 가격에도 반영되었다. 2002년 중국에서 생산된 희토류 1킬로그램의 값은 평균 2.8달러로, 미국보다 2배나 낮은 가격이다.[6] 중국이 인정사정 없이 저렴한 가격으로 시장을 장악하자 몰리코프는 얼마 지나지 않아 벼랑 끝에 몰렸다. 결국 마운틴 패스 광산은 활동을 중단했으며 재고만 소진한 뒤 2002년 2월에 시설을 폐쇄했다. 이들이 환경적 책임을 조금이라도 생각했더라면 상황이 이렇게까지 악화하진 않았을 것이다. 서양 국가들은 수익만 좇는 것이 아니라 자국 내에서 희귀 금속 채굴에 나섰어야 했다. 손해를 감수하더라도 책임 있는 광산 개발이 자리 잡을 수 있도록 지원해야 했다.

그런가 하면 2001년 오스트레일리아의 재벌 사업가 니콜라스 커티스는 마운트 웰드 광산을 사들였다. 오스트레일리아 서부에 있는 마운트 웰드는 지구상에서 가장 거대한 희토류 광산 가운데 하나다. "커티스는 희토류가 전략 자원이 되리라고 확신했고, 마운트 웰드에서 세륨, 란타늄, 네오디뮴 같은 희토류를 채굴하기 위해 광업회사 리나스를 설립했습니다." 리나스의 전 대표였던 에릭 누아레는 이렇게 설명했다.[7] 하지만 커티스는 곧 리나스가 승산이 없다는 사실을 깨달았다. 중국의 가격 경쟁력이 너무나 강력했기 때문이다. 게다가 2008년 금융위기가 닥치면서 광산을 여는 계획엔 차질이 생길 수밖에 없었다.[8]

서양이 이렇게 손 놓고 있는 사이 중국은 희귀 금속 시장을 휩쓸었다. "유럽과 미국은 환경을 오염시키지 않고 희토류를 얻는 데 드는 비용이 얼마나 큰지 잘 알고 있었습니다." 프랑스의 한 전문가는 단언한다. "그리고 중국이 그들의 환경을 파괴하면서 희토류를 채굴한다는 것도 알고 있었죠. 그렇지만 모른 척하는 편을 택한 겁니다."

프랑스는 왜 광업을 포기했는가

프랑스는 3차 산업혁명을 이끄는 자원의 리더인가? 나이가 어느 정도 있는 프랑스의 독자들은 1980년대에 인기 있던 TV 방송 〈우수아이아Ushuaïa〉를 기억할 것이다. 우수아이아에서는 세상 끝에 사는 부족들, 러디어드 키플링*도 눈이 휘둥그레질 다양한 야생동물들, 그리고 헬륨으로 빵빵하게 부풀린 열기구 아래로 펼쳐지는 아름다운 풍광 등을 보여 주었다. 그리고 TV 화면 하단에는 언제나 TF1 방송사의 공식 후원사인 프랑스 화학 그룹 론풀랑의 로고가 선명히 자리하고 있었다. 그 옆으로는 "인간의 모험과 성과, 위업의 세계에 오신 것을 환영합니다!"라는 선전 문구까지 적혀 있었다.

론풀랑 그룹의 화학 분야 사업부는 1998년 로디아라는 이름으로

* 『정글북』의 작가

기업 분리를 한다. 그리고 2011년 로디아가 벨기에의 솔베이 그룹에 합병되기 전까지, 론풀랑은 세계에서 1, 2위를 다투는 희귀 금속 생산 기업이었다.[9] 론풀랑은 1980년대에 샤랑트-마리팀 지역의 라로셸에 있는 그들의 공장에서 연간 8,000에서 1만 톤의 희토류를 정련했다. 이는 당시 세계 시장 거래량의 50퍼센트에 달했다. 독자들은 내가 이 사실을 너무 강조한다며 불평할지도 모르겠다. 그러나 프랑스는 희귀 금속 중에서도 가장 귀중한 희토류를, 에너지 전환과 디지털 전환의 향방을 좌우할 전략 자원을 자기 땅에서 제련했다. 프랑스는 고도의 화학 기술을 갖췄을 뿐 아니라 그에 버금가는 상업적 역량도 겸비하고 있었다. 현재 프랑스 국내안보총국DGSI의 전신인 국토감시청DST이 혹시라도 러시아나 중국에서 출장 오는 파트너들이 산업 스파이 노릇을 하지는 않는지 염려하며 공장을 드나드는 자들을 철저히 감시할 정도였다.

론플랑은 도심 서쪽 바닷가에 라로셸 공장을 세웠다. 공장 부지 면적은 40헥타르에 달했다. 우리 연구팀은 지금도 가동 중인 이 공장을 방문했고, 커다란 창고에 들어가 작업 과정도 살펴볼 수 있었다. 창고 안에서는 희토류를 종류별로 구분하는 작업과 희토류를 용광로에 넣어 발생한 분말 상태의 산화물을 판매용으로 포장하는 작업이 한창이었다. 공장 보관소에는 세륨, 디스프로슘, 네오디뮴, 테르븀 등 이제는 우리 귀에 조금 익숙해진 이름이 찍힌 보따리들이 초대형 선반에 다닥다닥 붙어 있었다. 공장 안에 있는 연구소에서는 연구개발 활동도 이루어지고 있었다. 그러나 작업이 한창이던 25년 전과 비교하면 작업량은 미미한 수준이었다.

희토류 채굴과 제련 과정에서 엄청난 오염이 발생한다는 건 이제 독자 여러분도 잘 알고 있을 것이다. 희토류는 광물 속에 토륨이나 우라늄 같은 방사성 물질과 혼합된 상태로 존재한다. 따라서 희토류를 분리하는 과정에서 소량의 라돈이 발생한다. 라로셸 공장에서도 마찬가지다. 라돈은 아주 약한 방사성 기체다. 론플랑 측은 직원들이 이 가스를 조금 들이마셨다고 해서 심각한 의료 사고가 난 적은 한 번도 없었다고 장담했다. 그러나 론플랑에서 일했던 직원은 이렇게 얘기했다. "희토류 광물 중 방사성이 없는 건 하나도 없었습니다."[10]

론플랑은 해마다 그들이 분리한 수십 톤의 우라늄을 프랑스 전기기업 EDF에 팔았고 EDF는 이를 원자력 발전소를 돌리는 데 사용했다. 토륨은 예나 지금이나 공장에 수천 톤씩 쌓여 있다. 언젠가 새로운 세대의 원자력 발전소, 즉 오염이 훨씬 덜한 원자력 발전소를 세우면 이 토륨을 연료로 사용할 수도 있을 것이다. 그렇다면 광물 분리 과정에서 발생한 액체 폐기물은 어떻게 처리하는 걸까. 라로셸 공장에서 나온 액체 폐기물은 정화조를 거친 다음 라로셸만灣의 제일 끄트머리인 포르뇌프만灣 모래밭에 설치된 배수로를 통해 바다로 흘러 들어간다.[11] 이 액체에는 철, 지르코늄, 알루미늄, 규소, 마그네슘 등의 찌꺼기를 비롯하여 여러 가지의 불순물이 함유되어 있다. 1980년대엔 제대로 정화를 거치지 않은 액체 폐기물이 정화조에서 '새어 나와' 곧장 바다로 흘러 들어가는 일이 여러 차례 반복되었다.

이 폐기물에 방사성 물질인 토륨이 포함되어 있었을까? 전에 론풀랑에서 일했던 한 직원은 그렇지 않다고 단언했다. 그는 론풀랑이 토륨을 액체 폐기물과 따로 처리했다고 설명했다. 만에 하나 폐기물에서 방사능 성분이 나왔다면, 그건 토륨과 우라늄의 방사성 붕괴로 만들어진 라듐에서 유래한 것이라고 했다. 이 시점에서 우리 연구팀은 론풀랑 그룹이 환경 오염을 방지하기 위해 어느 정도 노력을 기울였음을 알 수 있었다. 그러나 각종 시민단체는 1947년 이래 론풀랑이 바다로 흘려보낸 방사능 찌꺼기가 1만 톤에 이를 것으로 추정하고 있다.

1985년 프랑스 지방 행정부에서는 환경 규제를 강화한 법을 제정했다. 이에 따라 론풀랑은 포르뇌프만 모래톱의 배수관이 바다에 잠겨 있을 때만 액체 폐기물을 처리할 수 있었다. 액체 폐기물을 조류에 실어 먼바다로 보내려는 조치였다. 게다가 행정부는 방출할 수 있는 액체 폐기물의 양도 제한했다. 그러나 이런 조치에도 불구하고 방사능독립연구정보위원회CRIRAD는 1987년 푸아투-샤랑트 지역 녹색연합의 요청에 따라 론풀랑 기업을 조사했다. 방사능독립연구정보위원회 측은 론풀랑의 공식 보고서 내용을 부인했고, 기업의 배수로가 밀물 때와 썰물 때 모두 열려 있었다고 주장했다. 더불어 배수 수조 주변에서 표본을 채취하여 조사한 결과, 오물의 불법 투기가 광범위하게 진행됐으며 바다에 토륨과 그 파생물이 축적된 것을 확인했다고 전했다. 이러한 조사 결과는 시민단체가 라로셸의 시장이자 국회의원 미셸 크레포에게 지적했던 바와 같았다. 배수로 주변 방사능 배출 정도는 1천 시피에스cps로, 지역 평균보다 100배나 높았다. 우리와 만났던 방사능독립연구정보위원회의 한 공학자는 당시 오염 수준이 상당히 심각했다고 회상했다.[12]

그러나 공공기관은 전혀 문제를 해결하려 하지 않았다. 당시 라로셸에서 사건을 취재했던 《리베라시옹》의 엘렌 크리에 기자는 이렇게 보도했다. '미셸 크레포 시장을 포함한 모두가 방사능 방출의 심각성을 알고 있었다. 지역 언론은 그 문제를 거의 정기적으로 언급했지만,[13] 달라지는 건 아무것도 없었다.'[14] 피에르 펠르랭 교수는 다음과 같이 논평하기도 했다.[15] "라로셸의 방사능 사건은 정기적으로 수면 위에 오른다. 계속 아무것도 달라지지 않는다면, 모두가 근거 없는 헛소리에 혼비백산하게 될 것이다."[16] 펠르랭 교수는 보건부 장관 직속 중앙 방사선방호서비스의 책임자였다. 그러나 훗날 그에 대한 평가는 엇갈리게 된다. 그가 체르노빌의 재앙이 만든 방사능 구름이 프랑스에 미칠 영향을 과소평가했고, 사람들이 그런 그를 거세게 비난했기 때문이다.

1980년대 프랑스 사람들은 환경 문제를 심각하게 인식하지 않았다. 하지만 당시 사건의 당사자였던 바닷가 인근 주민들 사이에는 긴장감이 고조되고 있었다. 당시 발행된 《리베라시옹》에는 이런 기사가 실렸다. '해양 활동 관련 협회 사람들은 모래톱 근처에서 서핑을 즐기는 어린이들이 많은 것에 우려를 표했다. 만일 아이들이 서핑 중에 바닷물을 마시거나, 오염된 곳으로 떠내려가다가 다치기라도 한다면? 모래톱을 제외한 다른 곳에서는 안심해도 괜찮은 상황인가? 오염된 물이 항구에 유입되면 해류를 타고 다시 빠져나가기까지 3주는 족히 걸린다.'[17] 분위기가 심상치 않자 여러 위원회가 신속히 발족했고, 공개 회의장에서는 "론풀랑은 원자 폭탄 공장이다!"라거나 "곧 큰 비극이 생길 거야!" 하는 고성이 자주 들려왔다.[18]

국회의원 장 이브 르데오는 상황을 파악하기 위해 회의장에 몇 번 방문했는데, 그때마다 300명의 시위대가 확성기를 든 채 그를 맞았다.

장 이브 르데오는 그의 보고서에 이렇게 썼다. '시위대와 직접 만나보았다. 그중 어떤 남자는 내게 다가와 이렇게 따졌다. "의원님, 이곳에서 조용히 살아가는 우리에게 그자들이 방사능 범벅을 안겨 주고 있어요. 이게 말이 됩니까?" (…) 사람들이 두려워하기 시작했다.'[19]

우리 팀은 론풀랑 기업과 로디아 희토류 기업에서 원자재 책임자로 일했던 장-폴 토네를 만나 그때 이야기를 들려 달라고 요청했다. "언론은 론풀랑을 거세게 압박했죠. 그래서 경영진은 모든 걸 완전히 중단해야 하나 고민했습니다. 결국 라로셸 공장은 이 문제 때문에 공장을 거의 폐쇄하다시피 했고요."[20] 그는 당시를 회상하며 설명했다.

1986년부터 1998년까지 론풀랑 기업을 지휘한 건 장-르네 푸르투였다. 그는 1994년에 전격적인 기업 전략 변경을 선언했다. "나는 방사능 얘기라면 더는 듣고 싶지 않습니다. 필요한 건 무엇이든 다 사십시오, 하지만 방사능 상품은 절대로 안 됩니다."[21] 판도라의 상자가 열린 것이다. 그리하여 론풀랑(현재 로디아로 이름을 바꾼)은 그들 대신 광물 제련 작업을 책임지고 맡아줄 해외 거래처를 찾아 나섰다. 그리고 노르웨이, 인도, 중국 등지의 협력사를 찾아가 라로셸 공장을 위해 방사능이 없는 제품을 만들어 줄 수 있는지 의중을 떠보고 다녔다.

론풀랑은 광물 처리 과정에서 사회적 환경적 책임을 저버렸고, 그것을 숨기려 했는가? 아니면 라로셸 주민들이 공연히 방사성 물질 노출 문제를 과장한 것인가? 관계 당국은 일부 정보를 은폐하며 의심만 더 키운 것은 아닌가? 모두에게 조금씩 책임이 있을 것이다. 이렇게 프랑스가 내부 갈등을 겪는 사이, 다른 나라들도 바통을 이어받았다. "1990년대 초에 노르웨이는 우리에게 원료를 공급해 주겠다고 제안했습니다. 그러나 값이 너무 비쌌죠." 장-폴 토네가 말을 이었다. "공급처를 다양하게 유지했어야 했는데, 우리는 노르웨이와의 거래를 끊어버렸습니다. 중국보다 가격 경쟁력이 떨어진다는 이유에서였죠. 그 후엔 중국과 장기적인 협력 관계를 맺었습니다."

론풀랑은 중국에서 원자재를 싼값에 구매해 경제적 이득을 남겼다. 최소한의 비용으로 희토류를 제련하고 싶은 다른 모든 기업도 중국과 거래했다. 왜 아니겠는가? 당시 미국의 화학 기업 사이텍의 영업책임자로 일했던 장-이브 뒤무소의 설명도 다르지 않았다. "중국의 희토류 거래가는 상대적으로 엄청 저렴했습니다. 다른 곳의 4분의 1 수준이었어요. 중국의 가격 경쟁력은 비단 희토류뿐만 아니라 전자제품이며 청바지에도 적용됐죠. 모든 것에 말이죠. 유감스럽지만 일은 그런 식으로 진행되었어요."[22]

얼마 지나지 않아 중국은 연간 10만 톤의 희토류를 생산하며 독점 생산자로 등극했다. 중국은 근로 환경 따위는 전혀 신경 쓰지 않았다. "중국의 광물 분리 작업반은 아무런 감시도, 안전 보호 장치도 없이 일했습니다. 광물 제련 공장 근로자들은 안전모도 쓰지 않고, 반바지에 슬리퍼 차림으로 700도가 넘는 고온의 전기 분해 작업을 했죠! 그야말로 무법천지였어요."[23] 장-이브 뒤무소가 증언했다. 그는 한마디로 상황을 요약했다. "요컨대 우리 중 누구도 하려 하지 않은 궂은일을 그들이 도맡아 한 겁니다."

흠잡을 데 없는 경제 논리

지금까지 우리는 론풀랑과 희토류에 관한 간략한 역사를 살펴보았다. 세상은 우리가 이해할 수 없는 방식으로 돌아간다. 전문가들은 주로 강력한 두 세력의 대립으로 세계의 혼돈을 해석해 왔다. 남반구와 북반구, 베를린 장벽으로 분리된 동구와 서구, 신흥국과 선진국, 동양과 서양, 자유 세계와 악의 축, 구대륙 유럽과 신대륙 아메리카 등. 그러나 30년 전쯤 우리가 살아가는 세계를 재편할 가장 강력하고 근본적인 대립 구도가 만들어졌다. 이것은 베르사유 조약이나 빈 회의, 얄타 회담 같은 곳에서 결정된 것이 아니다. 거칠게 요약하자면, 이것은 중국과 서양 사이의 산업 질서에 관한 대립이다.

1991년 세계은행의 수석 경제학자였던 로렌스 서머스가 그해 작성한 '서머스 메모'를 보면 이러한 대립이 공공연한 것이었음을 알 수 있다. 서머스는 이 내부 문서에서 '경제 선진국은 공해를 일으키는 산업을 가난한 국가로, 특히 인구 밀도가 낮고 오염이 심각하지 않은 아프리카 국가로 수출할 것'을 제안했다. 그는 이것을 '흠잡을 데 없는 경제 논리'라고 설명했다.[24] 문서가 유출되자 서머스는 다급히 해명하며 자신의 글이 다분히 풍자적이었다고 주장했다. 풍자는 현실을 과장하여 부조리를 드러낸다. 그러나 그의 글은 현실과 너무도 완벽히 일치했다. 실제로 프랑스를 포함한 서양 전체가 공해 산업을 줄이기 위해 안간힘을 썼고, 거의 모든 공업 활동을 점진적으로 금지하는 경향을 보였기 때문이다.[25]

유럽 신화학물질 관리 제도REACH를 예로 들어보자. 유럽 신화학물질 관리 제도는 소비재에 함유된 3만 종 이상의 화학 물질과 관련한 보건 위생 위험을 최소화하기 위한 규정이다.[26] 이러한 규제는 5억 명의 유럽 시민들(특히 관련 업계 종사자들)의 삶의 질을 높이는 조치였다. 그러나 이는 동시에 유럽 제조업계의 역동성에 치명타를 입혔다. 규제에 발목이 잡힌 업체들은 무수히 많은 불법 물질 제조를 중단해야 했기 때문이다.[27] 그렇다고 제품 생산까지 멈출 수는 없었다. 결국 유럽은 규제가 없는 나라의 업체들이 생산한 화학 물질을 구매해 사용했다.

녹색 기술도 이와 똑같은 맥락이다. 이를테면 20세기의 마지막 20년 동안 중국과 서양은 에너지 전환과 디지털 전환을 위해 그동안 맡아온 역할을 서로 바꾸었다. 중국인들은 녹색 기술에 필요한 부품을 생산하기 위해 기꺼이 손을 더럽혔고, 서양은 중국이 생산한 부품을 사들여 친환경을 실천할 수 있게 되었다. 로렌스 서머스가 말했듯 세계는 더러운 자들과 깨끗한 척하는 자들로 양분되어 재편성됐다.

마운틴 패스 광산과 라로셸 공장 이야기가 우리에게 시사하는 바를 한 문장으로 요약하면 이것이다. 서양은 희귀 금속 광산과 제련 공장을 중국으로 옮겼고 동시에 환경 오염의 짐까지 옮겼다.[28] 미국과 유럽은 자신들이 싼 똥을 최대한 먼 곳으로 치워버리기 위해 끈기 있게 시스템을 갈고 닦았다. 그리고 중국은 서양의 전략을 두 팔 벌려 환영했다. 희귀 금속 분야에 종사하는 한 캐나다 출신 사업가는 "우리는 중국이 우리 대신 희귀 금속을 생산하며 생태계 파괴를 겪은 데 감사해야 한다"라고 말하며 통 큰 도량을 보였다.[29]

지금 우리가 주목하는 국가들은 철저히 자본주의적 논리와 자유의사에 따랐다. 이모저모를 모두 따져본 뒤 자국의 경제 체제를 전문화한 것이다. 그리고 그에 따라 기대했던 막대한 이익을 챙겼다. 시장의 세계화는 많은 이들에게 이득이었으며 진일보였다. 그런데 중국은 이제 와 다른 이야기를 늘어놓는다. 예컨대 지금 소개하려는 이 중국인 학자처럼. "사람들은 중국이 당시 서양이 주도하던 세계 질서를 따랐던 게 좋은 선택이었다며 추켜세우죠. 그런데 중국은 고통도 겪었습니다. 비용 대비 이득을 분석해보면, 중국이 정녕 이득을 보는 거래를 한 건지 확실치 않습니다."[30] 서양 국가들과 맺은 협약에 따라 중국 정부는 말 그대로 더러운 광물을 깨끗하게 세탁했다. 금속 자원의 출처를 슬쩍 숨겨둔 덕분에 녹색 기술과 디지털 기술은 긍정적인 명성을 얻었다. 이는 확실히 역사상 가장 거대한 규모의 그린워싱 작전이다.

물론 서양의 제조업자들도 이 세계적 음모에 가담했다. "미국이나 유럽 제조업체는 광물 채굴이나 제련 근로 환경 따위는 신경 쓰지 않습니다." 한 프랑스 업자의 말이다. "그들의 유일한 관심사는 조금이라도 싸게 사들이는 거죠." 서양의 제조업체들이 신경 쓰는 부분은 따로 있다. 바로 사람들이 에너지 전환과 디지털 전환의 이면에 대해 알 수 없도록 하는 일이다. 예를 들어 미국 기업 애플이 작성한 최근 연례 리포트엔 희토류, 광물, 심지어 금속이라는 단어조차 단 한 번도 등장하지 않는다.[31] 애플은 물론 희귀 금속을 소비하는 주요 업체다. 세계 1위 전기차 기업인 테슬라의 보고서엔 금속이라는 단어가 딱 두 번 등장한다. 그러나 전기차를 만들 때 대거 사용되는 희토류는 한 번도 언급되지 않는다.[32]

소비자들의 저항을 기대해볼 수도 있지 않을까. 상품을 구매하고, 혹은 불매함으로써 시장의 방향을 잡고 새로운 관례를 만드는 힘이 소비자에게 있으니 말이다. 소비자들이 접하는 정보의 양은 절대 부족하지 않다. 이미 전자제품이 생태계에 미치는 참담한 영향에 관한 여러 편의 책과 다큐멘터리를 쉽게 볼 수 있으며, 다양한 시민단체들이 작성한 보고서 또한 엄청나게 많다.[33] 소비자들은 제조업체에 좀 더 친환경적인 제품을 생산하라는 압력을 가할 수도 있다. 예컨대 페어폰 기업은 소비자가 직접 부품을 교체할 수 있는 휴대폰을 만들었다.[34] 소비자들은 유권자이기도 하므로, 정부에 합리적인 요구를 할 수도 있다. 이를테면 전자 기기의 수명을 일부러 단축하여 계속해서 새 기기를 사도록 하는 기업의 행태를 규제하라고 압력을 넣는 것이다. 그러나 소비자들은 이런 일에는 그닥 관심이 없다. 사람들은 깨끗한 지구보다는 인터넷을 통해 촘촘히 연결된 세계를 훨씬 좋아하는 듯하다. 그러나 희망적인 소식도 있다. 2015년에는 제조업자가 소비자에게 소비재와 부품 관련 정보를 공개해야 하는 아몽loi Hamon법이 제정되었다. 또한, 시민들이 나서서 요구해준 덕분에 최근 직접 수리가 가능한 소형 가전제품들이 출시되기 시작했다.

유럽연합은 한 발짝 더 나아가 '에너지-기후 패키지 2030'이라는 야심 찬 프로젝트를 제안했다.[35] 유럽이 유럽 대륙 바깥으로 공해 산업을 밀어내지 않았다면 과연 이 같은 목표를 내걸 수나 있었을까? 아마 꿈도 꾸지 못했을 것이다. 그러나 환경 문제에 관한 책임 전가는 이미 이루어졌고, 당분간은 이를 번복할 수 없다.[36] 이런 상황에서 서양이 지구 온난화 방지 대책 마련과 협상을 이끄는 것은 정당한 일일까. 2015년 파리에서 열린 제21차 유엔기후변화협약 당사국총회는 파리가 아니라 베이징이나 킨샤사 또는 아스타나에서 열리는 게 마땅하지 않았을까. 마크롱 대통령은 "지구를 다시 한번 위대하게 만들자"라고 외쳤지만, 서양은 과연 저런 말을 할 자격이 있는 걸까.

서양은 마치 카리브해의 작은 섬에 숨겨둔 자회사에 빚을 몽땅 달아둔 다음, 주주들에게는 화려한 매출만 보여주는 기업처럼 행동한다. 미국과 유럽 국가들은 생태계 보호 관련법을 제정하고 이에 대해 자부심을 느끼지만, 등 뒤로 숨긴 손으로는 자신들이 만들어 낸 전자 쓰레기들을 가나의 유독성 폐기물 하치장으로 슬그머니 옮기고 있다. 자국에서 발생한 방사능 찌꺼기는 머나먼 시베리아의 동토로 수출하고, 공해 산업은 다른 나라에 떠밀면서, 서양은 그들의 순손실을 순이익으로 그럴듯하게 포장하고 있다.

낙관적 전망의 배신

세계 각국의 역할 재분배는 1990년대에 이루어졌다. 1990년대 초반, 조지 부시 미국 대통령과 마거릿 대처 영국 총리는 '평화 배당금'이라는 단어를 유행시켰다. 이는 냉전의 종식으로 무기 구매비가 줄어들고 새롭게 도래할 평화와 경제 번영의 시대를 뜻하는 표어였다. 이 말을 제대로 이해하려면 그 시대의 낙관주의와 행복에 도취한 사회 분위기를 이해할 필요가 있다. 당시는 핵무장 과열 시대가 막을 내리고 비무장 시대가 시작되던 참이었다.[37] 무장 갈등에 대비하여 무기 제작에 필요한 희귀 금속을 저장해온 세계 각국은 이 전략 물자를 계속 비축해둘 것인지 고민하기 시작했다.

전략적 비축 물자란 비상금과 같다. 우리는 전망이 좋지 않으면 열심히 돈을 저축한다. 그러다 상황이 좋아지면 저금을 헐어 즐긴다. 1990년대의 세계 전망은 밝았다. 따라서 많은 국가가 그들의 저축을 끝내기로, 즉 비축해둔 전략 자원을 처분하기로 결정했다.[38] 먼저 프랑스의 사례를 보자. 1990년대 이후 프랑스 정부는 (우파, 좌파 정부 가릴 것도 없이) 중앙은행의 금고에 보관 중이던 백금과 팔라듐 비축분을 꾸준히 처분했다. 미국 또한 수백억 달러에 달하는 희토류, 리튬, 베릴륨 비축분을 고스란히 처분했다.[39]

이 매물의 상당 부분을 사들인 건 구소련과 구소련의 위성 국가들이었다. 취리히에서는 역사상 보기 드문 어마어마한 양의 팔라듐이 은밀하게 거래되었다. 우리 팀이 만났던 한 기금 운영자는 이렇게 말했다. "스위스의 UBS 은행과 크레딧스위스 은행을 통해 시작된 거래는 보석업계 등 최종 소비자에게 도착하는 것으로 마무리됩니다. 글렌코어나 트라피규라 같은 대기업들에서도 팔라듐을 사들였죠."[40] 여기서 특히 주목해야 할 것은 중국의 행보다. 중국은 서양과 정반대의 전략을 구사했다. 중국은 원자재 처분이 아닌 비축을 결정했고, 서양 국가들이 팔아치우는 매물의 적잖은 양을 사들였다.

갑작스럽게 과도한 양이 시장에 풀리자 원자재 가격은 계속 하락했다. 그러자 사람들은 언제까지나 물자가 풍족한 세상에서 살 수 있을 거라고 믿게 됐고 낙관적 전망에는 더욱 힘이 실렸다. 새로운 풍요의 시대가 도래했다는 착각은 원자재 국제 거래와 관련한 족쇄가 폐지되면서 한층 더 강화되었다.

상상 속의 풍요로 말미암아 각 분야의 제조업자들은 자원의 산지를 파악하고 공급 과정을 통제하는 일을 느슨하게 하기 시작했다. 프랑스의 2차 가공업자들은 원자재가 어디에서 왔는지 모르는 경우가 비일비재하다. 이 같은 현상은 목재업계에서도 나타난다. 생산 사슬이 해체되고 원목이 산지에서 이동하는 거리가 점점 더 길어지면서 마루판 제조업자나 목수들은 원자재에 대한 정보를 알 수 없게 되었다. 만약 중국이 돌연 프랑스 참나무를 몽땅 사들인다면 프랑스인들은 어디서 목재를 공급받아야 할지 몰라 쩔쩔매게 될 것이다.[41]

향수업계도 비슷한 양상을 보인다. 향수 제조업자들은 1950년대부터 세계화와 저임금 노동력에 눈이 멀어 남프랑스 프로방스 지방의 꽃이 아닌 보다 질이 떨어지는 이집트, 인도, 불가리아산 꽃을 사용해왔다. "향수 판매는 원료의 질이 아닌 제품 콘셉트로 좌우된다."라고 한 전문가는 설명했다.[42] 최근 이런 판매 철학은 대세가 된듯하다.

희귀 금속을 사용하는 제조업계도 마찬가지다. 언제나 원하는 만큼의 자원을 얻을 수 있다는 전제는 이 분야에서도 통용된다. 이 유토피아를 부추기는 건 '적정 시기just in time' 그리고 '재고 제로zero stock'라는 도그마다. 전 세계 모든 MBA 과정에서 배우는 이 경영 원리는 곧 모든 대기업의 목표이자 신조이기도 하다. 일본 도요타 그룹의 공학자 다이치 오노는 1962년부터 이것을 기업 운영의 주요 방침으로 정했다(이것이 '도요티즘'이다). '적정 시기' 원칙은 제품 제작에서 판매까지 걸리는 시간을 최대한 줄이는 것을 목표로 한다. 그래야 낭비를 줄일 수 있기 때문이다. 이는 곧 생산 설비에서 발생하는 재고를 최소화하는 걸 뜻한다. 따라서 '재고 제로' 원칙이 필연적으로 등장할 수밖에 없다. 여분의 구성품이나 부속품 관리는 수많은 외부 업체에 맡긴다.

그러므로 사실상 대기업들은 원료 공급과 관련한 모든 위험을 그들의 하도급 업체로 떠넘겼다고 볼 수 있다. 생산 관련 물자 보급체계가 복잡해지면서 공급 회로의 끝과 끝에 있는 이들은 소통이 거의 불가능해졌다. 자신이 맡은 업무의 바로 직전과 직후를 제외한 단계는 전혀 알지 못하는 것이다. 예컨대 군수, 항공 전자장비를 생산하는 프랑스 기업 탈레스는 최근 발표한 연례 보고서에서 이렇게 밝혔다. '탈레스 그룹이 직접 소비하는 원자재는 얼마 되지 않는다. 탈레스 그룹이 원자재 관련한 위험에 노출될 가능성은 그러므로 매우 낮다.'[43] 이는 위선일까, 무지일까? 제조업체들은 그들이 직면한 금속 자원 문제를 회피해왔으며, 도요티즘은 그것을 부추겼다고 볼 수 있다.

21세기의 화물 숭배

책임 회피에 급급했던 건 제조업체들뿐만이 아니다. 선견지명이 부족했던 프랑스 정부는 경솔하게도 점차 광물에 관한 모든 전략을 은폐했다. 공산권이 붕괴할 때까지만 해도 프랑스 정부는 딱히 나무랄 데라곤 없었다. 프랑스의 지질자원연구원은 광업 탐사 전문 감정 분야에서 세계적으로 그 명성을 인정받는 공공기관이었다. 지질자원연구원은 심지어 1973년과 1979년 석유 파동이 일어났을 때도 프랑스 정치인들이 이 사건을 통해 천연자원의 희소성과 그에 관한 쟁점들에 관해 무언가 배우도록 했다. 당시 산업부 장관이던 앙드레 지로의 제안에 따라 프랑스 정부는 1978년 대대적으로 프랑스 광물자원을 조사했다. 이에 따라 지질자원연구원은 '금속 계획'이라는 이름이 붙은 조사 활동으로 바쁜 시기를 보냈다. 당시 이 업무를 담당했던 사람들은 향수를 담아 '지질자원연구원의 전성기'를 회상한다. 단단하게 뭉친 조직이 국가의 적극적인 지원을 받아 프랑스 국내외의 광물 탐사를 벌였던, 말하자면 프랑스 광업계의 황금기였다.[44] 탐사 분과에만 250명의 전문가를 고용했던 프랑스 지질자원연구원은 프랑스어권 아프리카와 포르투갈, 그리고 캐나다 퀘벡 지역에도 수준 높은 사업을 제안했다.[45]

1990년대에 들어와 프랑스 국내 광업 자원에 대한 면밀한 조사가 끝나면서 연구소의 역동적인 활동도 하강 곡선을 그렸다. 그러다 2000년 즈음 탐사 활동은 완전히 막을 내렸다.[46] 이후로는 이른바 '프랑스 광업계의 겨울'이라 불리는 시기가 찾아온다. "프랑스에는 적어도 금과 아연, 텅스텐, 안티몬, 은이 있었습니다! 하지만 투자자는 극히 드물었죠."[47] 지질자원연구원에서 일했던 한 공무원은 이렇게 회상했다. 2000년 이후에도 폐쇄되지 않고 남은 광산들은 그대로 방치됐고, 그에 따라 각종 사회 문제들이 발생했다. "광업이 프랑스 국민총생산에서 중요한 비중을 차지했던 적은 단 한 번도 없습니다." 전직 공무원은 말을 이어갔다. "그렇긴 해도, 광산마다 고용되어 있던 수백 명의 일꾼을 모두 더하면 그 수가 적지 않았습니다. 결과적으로, 우리는 광업이라는 산업 전체를 잃은 겁니다. 광업 주권의 상실이죠. 우리가 일구는 산업에 필요한 금속을 제련하는 기술을 개발할 기회를 잃은 건 두말할 필요도 없고요."

프랑스 정부가 1971년과 1994년 그리고 2008년에 발표한 '국방과 치안에 관한 백서'에는 희귀 금속 공급에 대한 언급은 단 한 차례도 없다. 금속 자원이 군사 기술 역량에 필수적임을 생각하면 의아한 지점이 아닐 수 없다. 희귀 금속이란 용어는 2013년이 되어서야 백서에 처음 등장한다.[48] 정보기관도 희귀 금속에 거의 관심을 두지 않았다. "국가는 그런 쪽으로는 그 어떤 행동도 요구하지 않았습니다. 내 생각에 프랑스 대외안보총국DGSE은 희귀 금속에 관한 문제와 몇 광년은 떨어져 있는 것 같습니다." 우리와 인터뷰를 했던 전직 정보기관 책임자 알랭 쥐예가 시인하듯 말했다. 몇몇 소식통에 따르면 1970년대 프랑스의 첩보 명장으로 불리던 알랭 드 마롤이 당시 정보기관의 수장이던 알렉상드르 드 마랑슈에게 8개의 광물자원을 공급 부족 위험 목록에 올리자고 건의했다고 했다. 그러나 알랙상드르 드 마랑슈가 그 자리를 떠나게 되면서 알랭 드 마롤도 해고되었고, 두 사람의 후임들은 광물자원에 특별한 관심을 보이지 않았다.[49]

영원히 변하지 않을 것 같던 단 하나의 법칙이나 관념도 30년 정도의 세월이 흐른 뒤에는 그 가치가 완전히 달라질 수 있다. 30년 전까지만 해도 각국은 국력 강화를 위해 자국 내에서 필수 자원을 개발하거나, 그게 불가능하다면 다른 국가와의 거래를 통해 자원 수급이 차질 없이 이루어지게 하려 애썼다. 가령 석유를 예로 들어 보자. 20세기 초, 영국의 윈스턴 처칠 총리는 영국 해군이 석탄 대신 중유를 사용하도록 전략을 바꾼 뒤 지중해 동부 연안에서 충분한 석유를 공급받을 곳을 찾아다녔다. 영국 정부는 그리하여 앵글로-페르시안 석유 기업의 대주주가 되었으며, 페르시아 지역에 선박의 항로와 연결되는 거대한 송유관을 촘촘히 세웠다.

제2차 세계 대전 이후, 미국은 자국의 석유 비축량으로는 늘어나는 에너지 수요를 충족시키기 어렵다는 사실을 깨달았다. 미국은 엄청난 양의 원유를 보유한 사우디아라비아 왕국 쪽을 타진했고, 1945년 2월 14일 루스벨트 미국 대통령과 이븐 사우드 사우디아라비아 왕은 퀸시 협약을 체결했다. 이로써 워싱턴은 리야드에 군사적 보호를 제공하는 대신 리야드의 석유를 합리적인 가격으로 공급받는 특권을 누리게 되었다. 마찬가지로 프랑스는 자원 확보를 위해 알제리와 가봉에 특별히 공을 들였다.

자국 내에서 자원을 개발하기, 또는 타국에서 자원 조달을 보장받기. 이것이 지난 수천 년 동안 각국이 실천해 온 에너지 독립 전략이었다. 그러나 희귀 금속 자원에 대해서는 두 전략 중 어느 것도 활용하지 않고 있다. 희귀 금속이 다른 금속보다 상대적으로 소량만 필요하기 때문이 아니냐고 반문할 수 있다. 그러나 앞에서 보았듯 희귀 금속은 눈에 잘 띄지는 않지만 없어서는 안 되는 소금과 같다. 전 세계 시민들이 한 해에 각자 소비하는 희토류의 양은 고작 17그램이다. 그렇지만 이 소량의 원소가 없다면 세계의 흐름은 크게 늦춰질 것이다. 서양은 1970년대부터 디지털 기술 발전을 추구해 왔다. 그러나 정작 기술의 핵심이 되는 희귀 금속의 중요성을 아는 사람은 굉장히 드물다.

타국에 완전히 의존하면서 요구하기. 거의 자멸적 정책처럼 보이는 이것이 오늘날 가장 많은 나라가 채택하는 전략이다. 이러한 변화는 즉각적 이득을 추구하는 시장 논리가 영향력을 발휘하면서 시작됐다. 미국의 한 전문가는 이렇게 지적했다. "서양은 이제 장기 전략 따위는 세우지 않는다. 희귀 금속도 예외는 아니다."[50] 특히 프랑스는 타국 의존 문제에 둔감한 편이다. 광산을 보유하고 있고 농업과 어로 자원도 풍부하여 자원 공급망을 마련하기 위해 협상 문화를 갈고 닦을 필요가 없었기 때문이다. 프랑스는 뛰어난 협상 기술도 없으면서 희귀금속 시장에 특화된 경제 지능을 개발하려는 노력도 기울이지 않았다. 한 전문가는 이렇게 말했다. "프랑스는 결핍에 속수무책인 DNA를 가졌다."[51]

현재 서양 국가들은 '화물 숭배cargo culte'에 빠져 있다고 할 수 있다. 19세기 말에서 1940년대까지 멜라네시아(뉴칼레도니아, 피지 등지를 일컫는다)의 많은 원주민은 갑작스럽게 백인들과 맞닥뜨리게 되었다. 정복과 이익 창출에만 혈안이 된 프랑스와 영국의 식민주의자들이었다. 그 뒤로는 태평양 전쟁에 참전 중인 미국 군대와도 만났다. 그들이 차례로 만나본 백인들에게는 공통의 관심사가 있었으니, 바로 정기적인 식량과 장비의 공급이었다. 백인들은 원주민을 동원해 섬에 비행장을 짓고 보급망을 구축했다. 원주민들은 짐칸에 물건을 가득 싣고 도착하는 선박과 비행기를 놀란 눈으로 바라 보았다. 무전기 마이크에 대고 필요한 것을 말했을 뿐인데 마치 마법처럼 약품이며 식량, 무기가 바닷가 모래밭에 도착하거나 하늘에서 내려왔다. 원주민들은 이러한 마법 뒤에 촘촘하게 엮인 공급망이 있다는 사실은 알지 못했다. 그러나 따라는 할 수 있었으므로, 그들은 백인을 흉내 냈다. 진짜처럼 꾸민 무전 시설을 만들어 거기에 대고 주문을 했으며, 비행장과 관제탑을 세웠다. 화물 숭배는 아주 오랫동안 계속되었다.[52]

그러나 합리적이고 유물론적인 21세기 사회를 살아가는 우리도 화물 숭배에 빠져 있다. 우리 조상들은 7만 년 동안이나 결핍의 두려움을 안고 살았지만, 우리는 이런 두려움을 모르는 세대다. 우리는 산더

미같이 쌓인 물건들을 보면서 그것들이 어디서 왔는지 알려고 하지 않는다. 그러나 모든 일엔 대가가 따른다. 공급망의 세계화로 우리는 구매력을 얻었지만 동시에 산지에 관한 지식은 잃었다. 1억 6000만 명의 미국인(성인들)이 초콜릿 우유는 초콜릿 빛깔 암소에서 나온다고 철석같이 믿는다니 더 무슨 말을 하겠는가.[53]

서양은 희귀 금속 생산을 타국으로 이전했고, 이는 후대에 21세기의 석유라는 짐을 물려주는 것 이상의 결과를 가져왔다. 서양은 잠재적 경쟁 상대의 품에 귀중한 독점권까지 안겨 주었다.

4. 세계 무역 전쟁

축제는 절정에 이르렀다. 서양인들이 그들의 새로운 친환경 정책을 찬양하는 동안, 중국인들은 에너지 전환과 디지털 전환의 충실한 역군으로서 장시성의 첩첩산중에서 힘들게 광물을 캤다. 단순 노동 일자리들은 중국으로 옮겨 갔고 서양은 높은 부가가치를 생산하는 산업에 집중했다. 서양은 자신이 만든 게임의 승자였다.

그러던 어느 날, 서양의 지질학자들(이들은 거의 멸종위기에 처해 있다)이 숫자가 잔뜩 적힌 보고서를 들고 나타나 축제에 찬물을 끼얹었다. 그들은 이내 불편한 사실을 서양인들의 코앞에 들이밀었다. 중국이 일부 희귀 금속의 압도적인 생산국이 되었으며, 그로써 전략 자원의 수출을 통제할 수 있는 절대 권한을 갖게 되었다는 사실이었다.

희귀 금속의 새로운 주인, 베이징

미국 지질조사국USGS은 광물자원을 연구하는 내무부 산하 기관이다. 이들은 해마다 광물자원 보유 현황 보고서를 발간한다. 분석가들은 현대 경제에 없어서는 안 될 90종의 원자재를 평가해 200쪽이 넘는 보고서를 발표한다. 보고서에는 사용 가능한 자원, 세계 매장량, 그리고 해당 자원의 전 세계 분포 현황과 관련한 각종 통계가 빼곡하다.

우려되는 지점은 바로 자원 분포 현황이다. 미국 지질조사국에 따르면, 전 세계에서 소비되는 인듐의 44퍼센트, 바나듐의 55퍼센트, 형석과 흑연의 65퍼센트, 게르마늄의 71퍼센트, 안티몬의 77퍼센트를 한 나라가 생산한다.[1] 바로 중국이다. 유럽연합 집행위원회도 중국이 전 세계 규소 생산량의 61퍼센트, 게르마늄의 67퍼센트를 차지한다고 발표했다. 이는 미국 지질조사국의 보고서 내용과 거의 같다. 또한, 중국은 전 세계 텅스텐 생산량의 84퍼센트, 희토류는 무려 95퍼센트를 차지한다. 브뤼셀 정부는 담담하게 결론지었다. "중국은 주요 원자재 공급에 있어 세계에서 가장 영향력 있는 나라다."[2]

중국을 따라 광물자원 특화 논리를 충실히 따른 무수한 국가들이 독점적 지위를 획득했다. 가령 콩고 민주 공화국은 전 세계에 공급되는 코발트의 64퍼센트를 생산하고, 남아프리카 공화국은 백금, 이리듐, 루테늄의 83퍼센트를, 브라질은 니오븀의 90퍼센트를 생산한다. 유럽은 미국에도 의존한다. 베릴륨의 90퍼센트를 미국이 생산하기 때문이다. 위에서 언급하지 않은 나라 외에도 전 세계에 일시적 품귀 현상과 가격 변동을 일으킬 수 있을 만큼 독점적으로 자원을 생산하는 나라가 많다. 예컨대 러시아는 전 세계에 공급되는 팔라듐의 46퍼센트를 생산하고, 터키는 붕산염의 38퍼센트를 생산한다.

미국과 더불어 중국은 원료의 안정적인 공급에 신경을 가장 곤두세우는 나라라고 할 수 있다.[3] 중국은 세계에서 제일가는 광물 생산국이자 광물 소비국이다.[4] 자국 내 수요만으로 중국은 전 세계 산업용 금속 생산량의 45퍼센트를 거뜬히 소화한다.[5] 중국은 금속뿐 아니라 농업 원료, 석유, 분유, 심지어 보르도 와인에도 똑같이 왕성한 식욕을 보인다.[6]

중국의 역대 전략가들은 모두 광물 주권이라는 과제에 관심이 많았다. 이를테면 덩샤오핑은 프랑스 유학 시절 크뢰조의 한 제련소에서 일했다.[7] "법률가였던 리커창 총리를 빼면, 덩샤오핑의 뒤를 이은 다섯 명의 주석과 총리는 모두 공학도 출신입니다. 각각 전기, 수력 발전, 지질학, 화학공학을 전공했죠."[8] 중국의 한 천연자원 전문가는 이렇게 설명했다. 후진타오 주석 시절 2003년부터 2013년까지 총리를 역임한 원자바오 또한 지질학 전문가였다. 덩샤오핑과 그의 후계자들은 끈기와 일관성을 중시하는 권위적이고 안정적인 정치 시스템을 발판 삼아 원자재 공급 보장이라는 야심만만한 정책의 토대를 만들었다.

중국은 강하게 밀어붙이는 방식을 썼다. 몇십 년 동안 꾸준히 자국 내 광산을 개발했으며, 아프리카에서 들여오는 자원의 공급로를 확보하기 위해 육로와 해로를 아우르는 제2의 실크로드 건설에 착수했다. 원자재 기업들의 인수합병도 적극적으로 진행했다. 중국이 영향권을 확장함에 따라 세계 시장과 지정학 균형은 요동을 쳤다. 중국은 단순히 희귀 금속 시장에 개입하는 데 만족하지 않았고, 시장을 쥐락펴락하는 주역으로 자리를 잡았다.

중국의 우위가 어찌나 뚜렷해졌는지, 이제 베이징에서 내리는 모든 결정은 세계 곳곳에 영향을 미친다. 중국의 국내 수요가 갑작스럽게 치솟으면 세계적으로 심각한 공급 부족이 초래될 수도 있다. 중국은 전 세계 티타늄의 50퍼센트를 생산하는데, 2006년에서 2008년 사이 중국의 티타늄 소비가 급격히 늘면서 광물 가격은 10배나 뛰어올랐다.[9] 이때 많은 프랑스 항공 그룹이 티타늄 공급에 심각한 어려움을 겪었다.[10]

에너지 전환의 발목을 잡은 최초의 금수 조치

베이징은 희귀 금속 독점 지배에 따라오는 막강한 권력을 재빨리 깨달았다. 석유수출국기구OPEC의 14개 회원국이 생산하는 원유의 양은 세계 총생산량의 41퍼센트에 그친다. 그럼에도 이들은 앞으로 수십 년 동안 원유 가격에 강력한 영향을 미칠 것이다. 그런데 중국은 세계 희토류 생산의 95퍼센트를 책임진다. "말하자면 중국은 스테로이드 주사를 맞은 석유수출국기구 격"이라고 오스트레일리아의 한 전문가는 비유했다.[11] 독점권을 가진 나라가 그 우위를 의식하면 어떤 일이 벌어질까. 당연히 전보다 훨씬 공격적인 전략을 펼칠 것이다. 중국도 예외는 아니었다. 덩샤오핑은 1992년 적대적인 희귀 금속 무역 정책을 천명했다. 중국 사람들이 흐뭇한 미소와 함께 사업 미팅이나 원자재 관련 정상회담에서 자주 인용하는 덩샤오핑의 말이 있다. 1992년 봄, 바얀 오보의 희토류 광산을 시찰하던 중 덩샤오핑은 다음과 같은 예언자적인 경구를 남겼다고 한다. "중동엔 석유가 있고, 중국엔 희토류가 있다." 이 한마디에 모든 게 함축되어 있다.

2000년대가 끝나갈 무렵, 희귀 금속 시장에 정통한 논평가들은 일이 수상쩍게 돌아가고 있음을 알아차렸다. 2005년에 6만 5,000톤으로 정해졌던 중국의 희토류 수출 한도량은 이듬해부터 6만 2,000톤 미만으로 줄어들었고, 2009년에는 5만 톤으로, 2010년에는 3만 톤으로 줄었다.[12] 중국은 희토류뿐 아니라 그들이 생산하는 모든 희귀 금속의 수출량을 줄였다. 가령 2001년 8월 중국은 유럽연합에 수출하는 몰리브덴의 수출 한도량을 설정했다. 게다가 중국은 2007년부터 2008년까지는 터무니없이 높은 수출 관세까지 징수했다.[13] 세계무역기구에는 중국의 무역 관행에 피해를 본 각국의 불만이 쇄도했다. 지난 20년 동안 중국은 형석, 코크스, 보크사이트, 마그네슘, 망간, 황인, 탄화규소, 아연 등 다양한 희귀 광물의 수출을 제한하는 정책을 체계적이고 일관되게 운용해 왔다.[14]

자카르타부터 로스앤젤레스, 요하네스버그, 스톡홀름까지 전 세계가 중국의 압력이 점점 커지고 있음을 체감했다. "달이 바뀔 때마다 우리는 이번엔 또 어떤 새로운 쿼터가 제정될지 불안에 떨어야 했어요." 당시 중국에서 일했던 장-이브 뒤무소는 이렇게 털어놓았다.[15] 일본 또한 중국으로부터 대단히 직설적인 통고를 받았다. "저는 2004년에 일본 산업부와 중국 대표들의 회동에 여러 차례 참석했습니다." 도쿄에서 만난 일본 외교관은 실명을 밝히지 말아 달라면서 지난 일을 들려주었다. "우리는 특히 희토류 문제에 대해 논의했는데, 그때마다 중국 사람들은 에둘러 말할 것도 없이 언제든 '공급 수도꼭지'를 잠가버릴 수 있다고 거듭 강조했습니다."

그러나 20세기는 각 나라가 자국의 상업적, 외교적, 군사적 이익을 위해 내린 금수 조치로 가득 차 있지 않은가? 전략 자원을 많이 가진 국가가 우위를 지키기 위해 수출을 통제하는 일은 전부터 비일비재하지 않았던가?

1930년대에 미국은 독일에 헬륨(미국이 유일한 생산국) 수출 금지령을 내렸다. 당시 나치들이 헬륨가스를 이용해 비행선 제플린을 띄우는 데 성공한 터라, 언젠가 독일이 다시 이 가스를 군사 목적으로 이용하지 않을까 하는 우려에서 내린 결정이었다. 석유수출국기구는 1973년 욤 키푸르 전쟁에 대한 반발로 이스라엘과 친이스라엘 국가들에 원유 수출을 금지했다. 이는 인류 역사상 최초의 석유 파동을 불러왔다. 1979년, 미국의 지미 카터 대통령은 경쟁국인 구소련이 아프가니스탄을 침공하자 구소련으로 가려던 곡물 1700만 톤의 수출을 막았다.[16] 좀 더 최근 사례로는 러시아가 그들과 외교 갈등 중인 폴란드와 우크라이나에 천연가스 수출을 중단시킨 사건이 있다.[17] 가스의 무기화, 석유의 무기화, 그리고 곡물의 무기화를 지나, 다음 차례가 도래했다. 중국이 금속의 무기화를 선언한 것이다. 2010년 9월, 베이징은 충격적인 희토류 수출 금지령을 내렸다.

에너지 전환과 디지털 전환의 발목을 잡는 최초의 금수 조치였다.

센카쿠 열도를 둘러싼 해묵은 갈등

이 청천벽력 같은 조치의 이면엔 센카쿠 열도(중국명으로는 댜오위다오라고 부른다)를 둘러싼 일본과 중국의 해묵은 갈등이 자리 잡고 있었다. 센카쿠 열도는 타이완 북동쪽 동중국해에 떠 있는 5개의 작은 섬과 3개의 암석을 말한다. 겨우 이게 다냐고? 그렇다, 그러나 문제는 이 열도에 어마어마한 양의 탄화수소가 매장되어 있다는 것이다. 바로 이 때문에 아시아의 두 열강은 19세기 말부터 센카쿠 열도를 호시탐탐 노려 왔다.

일본은 1895년 제1차 청일전쟁에서 승리하면서 중국으로부터 센카쿠 열도를 빼앗았다. 그 후 이 섬들은 2차 세계 대전의 종전과 더불어 미국의 통제를 받다가 1972년 다시금 일본령이 됐다. 그런데도 중국은 줄기차게 영토에 대한 주권을 주장하며 일본의 심기를 불편하게 했다. 2010년 9월 7일, 중국 트롤선 한 척이 무심코 센카쿠 열도에서 그물을 던졌을 때, 일본 해양 경찰은 이 영해 침입을 고의적인 도발로 간주하고 중국 배를 잡으러 나섰다. 그러나 일본 해경의 지시에 따를 마음이 없던 중국 선장은 자기 배가 일본 정찰선과 충돌하도록 내버려 두었다(인터넷에서 영상을 찾아볼 수 있다). 결국 일본 해양 경찰은 중국 선장을 체포했고, 이 소식이 중국에 전해지자 온 나라가 들끓었다. 기회만 있으면 민족주의 정서에 불을 붙이려 안달이 난 중국 언론 매체들도 관련 보도를 쏟아냈다.

그로부터 2주일이 지난 2010년 9월 22일, 묘하게도 일본으로 갈 예정이던 중국산 희토류 수출이 모두 정지된다. 그러나 중국 정부는 공식적인 수출 금지령을 내리지 않은 상태였다. "트롤선 사건은 우리의 민족주의적 감정을 건드렸습니다." 베이징에서 만난 중국 희토류협회 부회장 첸잔헝은 운을 뗐다. "그래서 많은 중국 기업들이 자발적으로 일본 수출을 중단시켰죠!" 첸잔헝은 중국이 세계무역기구의 눈치를 보느라 하지 못한 일을 중국 사람들이 대신했던 거라며 자기 기만적인 발언을 이어갔다. 중국의 공식적인 수출 금지령은 없었다는 거였다. 그러나 이 사건이 있고 1년 후 우리 연구팀이 만난 일본 기업인들은 전혀 다른 얘기를 했다. 그들은 첸잔헝이 했던 말에는 손톱만큼의 진실도 없다고 주장했다.

우리 팀은 오사카에서 희귀 금속을 수입하며 공장을 운영하는 구니히로 후주지타 씨를 만나기 위해 신칸센 열차에 올랐다. 자금성에서 2,000킬로미터 떨어진 일본 도쿄 역에서 출발한 신칸센 열차는 후지산을 길게 우회하며 달렸다. 원뿔 모양의 후지산 봉우리가 가을 하늘을 배경 삼아 또렷하게 드러났다. 4시간 뒤 우리 연구팀은 일본에서 세 번째로 큰 도시 오사카에 도착했다. 구니히로 후주지타 씨는 우리에게 그가 생각하는 2010년 희토류 수출금지 사건의 전모를 들려주었다. "중국은 항상 자국이 보유한 천연자원을 정치적 압력 수단으로 이용해왔습니다." 그가 단언했다. 짙은 빛깔 정장을 입고 머리엔 작업모를 쓴 그는 이트륨 저장고 앞으로 다가갔다. 이트륨은 정밀 전자제품에 사용되는 희토류로, 2010년 중국과의 소동 이후 주문이 갑자기 취소된 상태였다. "일본 산업계는 거의 패닉 상태였습니다." 후주지타 씨가 한숨을 쉬며 말했다. 희토류는 그가 생산하는 첨단 기술 제품에 빠져서는 안 되는 비타민과 같다. 바다에서의 사소한 마찰은 이렇게 해서 일본의 재앙으로 변했다.

그리고 위기는 세계로 뻗어 나가며 증폭되었다. 중국과 일본의 갈등이 있고 며칠 지나지 않아 중국은 유럽과 미국에 대한 희귀 금속 수출 한도량도 큰 폭으로 줄였다. 유럽과 미국의 희귀 금속 수입업자들은 크게 동요했고, 그때까지 희귀 금속에 전혀 관심이 없던 서양 언론들은 비로소 이 주제를 파고들기 시작했다. 논평가들은 '국제적 긴장감'이니 '중국과 일본의 기 싸움', '희귀 금속 확보를 위한 전쟁' 같은 표현을 쏟아냈다. 희귀 금속이 첨단 산업에 필수적이며, 금보다도 더 귀하다는 설명도 잊지 않았다.[18] 유럽연합 집행위원회의 무역 담당 위원은 희토류가 유럽연합에 얼마나 중대한 문제인지 강조하면서, 중국 측에 '시장이 제한 없이 순리대로 기능하도록 해줄 것'을 요청했다.[19] 당시 미국 국무장관이던 힐러리 클린턴은 하와이에서 기자회견을 열고 위기를 해결하기 위해 중국을 방문하겠다고 발표했다.[20] 그로부터 몇 주 후, 프랑수아 피용 정부의 환경부 장관 장-루이 보를로는 필수 희귀 금속의 공급 차질이 프랑스 산업에 미칠 위험을 평가하는 전략금속 위원회COMES 구성에 관한 법령을 공포했다. 백악관 앞에 선 버락 오바마 미국 대통령은 중국을 세계무역기구에 제소하겠다고 선언했다. 희토류 전쟁은 이렇게 막이 올랐다.

후주지타 씨는 일본에서 중국 어선이 나포된 이후 중국의 비공식적인 수출 금지가 6개월 동안이나 계속됐다고 얘기했다. 중국이 계속 수출을 금지하면 일본은 부품 부족으로 생산을 할 수 없게 되고, 그렇게 되면 중국은 '메이드 인 재팬' 스티커가 붙은 첨단 기술 소비재를 수입할 수 없게 된다. 중국이 6개월 동안 수출을 금지했다는 건 그들이 이 사실을 깨닫기까지 6개월이 걸렸다는 뜻이다.[21] 게다가 그사이 희귀 금속 시장은 공황 상태에 빠졌다. 공급 차단 가능성에 대한 급작스러운 인식, 중국의 공작이 빚어낸 불안감, 그리고 몇몇 중국 거간꾼들의 투기 행태는 가격 폭등을 불러왔고,[22] 이에 따른 파급 효과로 다른 희귀 금속의 가격도 큰 폭으로 올랐다. 세계 전역의 중개인과 수입업자는 중국 측 공급자로부터 언제 바뀔지 모르는 배송 일정 확약을 받아내느라 분주했고, 이제껏 겪어보지 못한 심각한 위기가 미칠 영향을 계약서에 반영하느라 진땀을 뺐다.[23] 구니히로 후주지타 씨는 이렇게 요약했다. "한마디로 미친 거였죠! 수요와 공급의 밀고 당기기는 들어설 여지가 없었으니까요."

바포켕 왕국의 백금 여왕을 찾아서

새로운 '희귀 금속 전쟁'에 뛰어든 건 중국만이 아니었다. 아시아, 아프리카, 라틴 아메리카 등지에서 매우 강력한 광업 자원 민족주의 현상이 퍼져 나갔고, 서양의 입지는 점점 더 좁아졌다.

우리 연구팀은 이러한 세계적 대격변을 목격하기 위해 아프리카의 어느 외딴 왕국으로 향했다. 남아프리카 공화국의 경제 수도 요하네스버그에 도착한 우리는 광대한 사바나 초지를 가로질러 세 시간 정도를 더 달렸다. 그리고 바포켕 왕국의 포켕 마을에 도착했다. 왕국의 면적은 2,000제곱킬로미터 정도 된다. 부슈벨트* 안에 자리한 포켕 마을에

* 남아프리카 공화국의 삼림지대

는 1만 5,000명의 주민이 살고 있다. 포켕은 모든 게 평범해 보이는 마을이지만, 실은 굉장히 특별한 곳이다. 마을에 들어서자 하늘을 향해 치솟은 웅장한 토템과 다채로운 색상의 깃발이 눈에 들어왔다. 토템과 깃발은 그들의 상징인 악어로 장식돼 있었다. 파란색 단체복을 입은 왕립 바포켕 경찰대가 무리 지어 다니며 깔끔한 거리를 순찰하는 모습도 보였다. 포켕에는 세관도 국경 경비초소도 없었다. 보이지 않는 경계를 넘어 바포켕 왕국 안에 들어왔음을 알리는 어떤 표지판도 없었다.

'무지개 나라Rainbow nation'*의 일원이기도 한 바포켕 왕국은 그들만의 특별한 행정체계를 운영하며 행정 구획, 씨족 구성, 독자적인 예산, 원주민 법 등을 지키고 있다. 그러나 이곳을 정말 특별하게 만들어 주는 것은 바로 왕국의 땅 아래에 있었다. 바포켕 왕국의 지하엔 어마어마한 양의 루테늄, 로듐, 이리듐, 백금 등 백금 계열의 희귀 금속이 매장되어 있다. 이 귀한 금속들은 쓰임새가 무척 다양하여 보석, 실험실 장비 또는 자동차 촉매 변환기 등에 두루 쓰인다.

우리 팀은 포켕 마을의 북쪽에 있는 라시모네 광산으로 향했다. 광산의 땅은 지하에서 캐낸 바위들을 이리저리 옮기느라 울퉁불퉁 부풀어 올라 있었다. 숲 한가운데 우뚝 세워진 백금 제련 공장은 거대한 철제 괴물 같은 모습으로 몸을 곧추세우고 있었고, 공장까지 연결된 기관차들은 촘촘하게 뒤엉킨 철로 위로 돌덩어리를 가득 실은 채 이동하고 있었다.

"제가 처음 이곳에 도착했을 때만 해도, 우리는 지하 1층 정도 내

---

* 데스몬드 투투 대주교가 1994년 남아프리카 공화국의 첫 완전한 민주 선거 이후, 아파르트헤이트 이후의 남아프리카를 묘사하기 위해 만든 용어

려간 상태였습니다. 그런데 지금은 지하 10층까지 내려갔죠." 광부 반장 더크 스와네포엑이 새삼 감탄스러워하며 말했다. 남아프리카 출신 백인인 그는 앵글로 플래티넘 채굴회사 소속이었다. 그의 사무실에서 몇 발짝 떨어진 곳에서는 단체복을 입고 헬멧을 쓴 수십 명의 광부가 바위 틈새에 난 깊은 구멍에서 솟아올라 이동식 벨트에 내려서고 있었다. 신기한 광경이었다. 광부들은 드릴로 바위에 구멍을 낸 다음 폭약을 사용해 그 구멍의 크기를 키우는 작업을 마친 참이었다. 그들은 지표면 위로 광물이 올라오면 잘게 부숴서 플라티노이드를 함유한 암석 입자 상태로 만들었다. 그런 다음 특수한 시약을 탄 물에 그 입자를 가라앉힌다. 이어서 맑은 윗물을 따라내고 입자를 건조한 뒤 용광로에서 녹여내는 제련 과정을 거치면 백금을 얻을 수 있었다. "우리는 매달 바위 20만 톤을 캐냅니다." 스와네포엑이 설명한다. "바위 1톤 당 4~7그램 정도의 백금을 얻을 수 있어요."

바포켕 주민들은 풍부한 백금 저장고 위에서 살고 있는 셈이다. 이슬의 부족*은 15세기에 비옥한 토양에 이끌려 이곳에 정착했지만 땅 아래 보물의 존재는 알지 못했다. 1870년 이들의 왕 크고시 모크가틀은 백성들이 킴벌리 근처의 다이아몬드 광산에서 벌어온 돈으로 현재 바포켕 왕국의 영토 900헥타르를 사들였다. 왕국 지하에 매장된 금속이 처음 발견된 건 1924년의 일이다.

남아프리카 민주 공화국이 탄생한 후, 아파르트헤이트에 따른 분리 규정(특히 원주민들에게 토지 소유를 금지하는 조항)에 분노했던 바포켕 주민들은 임팔라 플래티넘 광산 기업을 상대로 기나긴 소송에 들어갔

* 바포켕을 부르는 다른 말, 바포켕은 '이슬의 사람들'이라는 뜻이다.

다. 임팔라 플래티넘은 그때까지 광물 채굴에 따른 모든 이익을 독식하고 있었다. 그러나 바포켕 사람들의 끈기는 성공을 거두었다. 현재 임팔라 플래티넘은 바포켕에 광산 자본에 대한 지분 13퍼센트를 넘겨주었으며 22퍼센트의 광산 사용료도 내고 있다.[24] 남아프리카의 소규모 부족 공동체가 광산 기업을 상대로 승리를 거둔 건 처음 있는 일이었다.

바포켕 왕국의 36대 왕 레루오 몰로틀레기는 2000년부터 이곳을 통치해 왔다. 그는 모후의 섭정을 받고 있으나, 대비의 역할은 상징적이다. 대비 세마네 몰로틀레기는 아프리카 대륙에 몇 명 되지 않는 마지막 여왕이다. 언론에 거의 모습을 드러내는 일이 없는 대비를 외국 기자가 알현하는 건 매우 드문 일이다. 그렇지만 우리 팀은 운 좋게도 기회를 얻었다.

우리는 제일 단정한 옷을 꺼내 입었다. 여왕은 우아한 원색 전통 의상을 입고 신중한 어조로 말을 건넸다. 우리는 그를 음메모골로 Mmemogolo(세츠와나어로 '할머니'라는 뜻)라는 존칭으로 부르면서 그가 전 세계를 순방했던 일을 화제로 꺼냈다. 여왕은 세계를 돌며 바포켕 사람들이 거둔 성공을 들려주었다.

바포켕 사람들은 이른바 '원자재의 저주'에서 보란 듯이 풀려났다. 원자재의 저주란 서양 국가들이 원자재가 풍부한 땅에 몰려가 자원을 독식하고 바닥내 버리는 일을 가리킨다. 현재 바포켕왕국은 아프리카 대륙에서 가장 부유한 집단이 되었으며, 이제는 광업 경제 너머를 구상 중이다.[25] 바포켕 주민들은 구매자보다 생산자의 우위를 주장했으며, 그들이 소유한 자원과 전 세계 고객들에 대한 권리를 주장했다. 국가도 아닌 아프리카의 한 왕국이 다국적 기업의 콧대를 제대로 꺾어놓은 것이다.

바포켕 사람들은 자원 민족주의 같은 거창한 용어를 좋아하지 않는다. 그러나 이것은 균형의 회복이자, 전통적인 역학 관계를 전복한 사례임이 분명하다. 그동안 대체로 서양 소비자들의 구미에 맞춰 자신들이 만든 규칙을 강요해 온 광산업체들은 하루빨리 이러한 변화에 적응해야 할 것이다. 새로운 역사를 만들어낸 바포켕 왕국에 세계의 관심이 쏠린다. 세계은행, 세계경제포럼, 유엔의 여러 국제기구와 미국의 많은 학계 인사 들이 포켕을 찾고 있다.[26]

날로 기승을 부리는 자원 민족주의

바포켕 왕국의 사례는 특수한 것이 아니다. 오히려 전 세계를 휩쓸고 있는 격변을 그대로 반영한다고 볼 수 있다. 오늘날 각국은 자국 내 광업 지역에 외국 기업들이 접근하지 못하도록 제한하고 있다. 이를테면 2013년 몽골 정부는 리오 틴토 기업이 경영하던 오유 톨고이Oyu Tolgoï 구리 광산의 채굴 활동을 중단하게 했다.[27] 또는 광업 기업이 외국인의 손에 넘어가지 않도록 정부가 나서서 차단하기도 한다. 예컨대 2010년 영국-오스트레일리아계 광업 기업인 BHP 빌리튼이 가성 칼륨 생산율 세계 1위 기업인 캐나다의 포타슈코프를 사들이려 하자, 서스캐처원주가 직접 나서서 그 시도를 무산시켰다. 국가가 민간 광업 기업의 주주로 있는 경우도 비일비재하다. 이를테면 카타르가 공기업인 카타르 마이닝을 통해 금속 자원을 생산하는 다국적 기업 엑스스트라타의 지분을 늘리고,[28] 말리 공화국이나 부르키나파소의 수많은 광산 채굴권을 확보한 건 무슨 꿍꿍이였을까?[29] 걸프만의 이 작은 나라는 금속이 필요한 것 같지도 않은데 말이다.[30]

주목할 만한 현상이 하나 더 있다. 금속 무역의 금수 조치가 꾸준히 늘어나고 있다는 사실이다. 예컨대 2009년 자원 강국 인도네시아는 자국에서 생산되는 거의 모든 원광석의 수출을 금지했다. 그리고 2014년에는 니켈, 주석, 보크사이트, 크롬, 금, 은의 수출 금지령을 내렸다. "우리는 원자재 주권을 지켜야 합니다." 자카르타에서 만난 한 고위 관리는 힘주어 말했다. "우리 광물자원과 관련한 모든 정치적 결정은 다른 나라가 아닌 우리 정부가 주도해야 하는 거죠."[31]

경제협력개발기구OECD의 조사를 살펴보면 이와 비슷한 사례가 아주 많다. 경제협력개발기구가 최근 실시한 천연자원 무역에 관한 연구 자료에는 각국이 발표한 수출 제한 조치가 총망라되어 있다. 2009년부터 2012년 사이 집계된 자유 무역 제한 조치는 900건이 넘는다.[32] 제한 규정의 수가 얼마나 큰 폭으로 증가했는지 한 눈에 보여주는 그래프도 있다. 이 그래프의 곡선은 2005년까지는 상대적으로 매우 낮은 지점에 머물렀지만, 2006년에 갑자기 치솟은 뒤로는 현재까지 내려오지 않았다.

사실 거의 모든 광석과 금속이 이러한 제한 조치의 대상이다. 아르헨티나는 37개 광물자원을 대상으로 수출을 제한했고, 남아프리카 공화국 또한 구리, 몰리브덴, 플라티노이드, 다이아몬드 등의 수출을 제한했으며, 인도는 크롬, 망간, 철, 강철을, 카자흐스탄은 알루미늄을, 러시아는 텅스텐, 보크사이트, 구리, 주석을 수출 제한 품목에 포함했다. 이처럼 광범위한 현상을 어떻게 해석할 수 있을까?

대부분의 광물 생산 국가들은 이른바 신흥국에 속한다. 신흥국의 소득수준이 전반적으로 향상됨에 따라 자원을 왕성하게 소비하는 중산층은 확대된다. 중산층은 국가가 반드시 고려해야 하는 변수다. 자국 내에서 개발한 광물자원을 외국에 수출하기보다 국내 공급을 맞추는 데 먼저 쓰려는 이유가 여기에 있다. 더불어 서양 기업들이 지역 광업 개발 사업을 독식하지 못하게 목소리를 내는 시민운동이 점진적으로 늘어나고 있다. 국가는 시민들의 요구에 따라 기업에 사회적, 환경적 책임과 규제를 강화하게 되고, 그렇게 되면 자연히 광산 개발 활동 허가를 받는 것도 어려워진다.

자카르타에도, 울란바토르에도, 부에노스아이레스와 프레토리아에도 일종의 저항 문화가 확산해 가고 있다. 교육 수준이 높은 신중산층은 이른바 '국가 자원 덤핑'에 민감하게 반응한다. 이러한 시민들을 이끄는 신흥국의 정치 지도자들은 대체로 정체의 늪에서 헤어나지 못하는 선진국들과 역동적인 신흥국들 사이에서 경제 균형 회복을 노린다. 보호무역 정책은 그러므로 탈서양화 되어 가는 세계에서 권력을 확인하는 방식인 것이다. 그러나 이것은 전혀 새로운 현상이 아니다. 1960년대 제삼세계에서는 혁명과 독립이 연달아 일어났고, 그와 더불어 자원 주권에 대한 바람도 불어 왔다.[33] 가나는 1958년에 영국 소유였던 아샨티 금광을 국유화했다. 콩고 민주 공화국은 1965년에, 탄자니아는 1967년에, 짐바브웨는 1980년대에 각각 그 뒤를 이어 자원 주권을 되찾았다. 자유주의의 물결이 세계를 휩쓰는 듯 보였다. 그러나 중국이 희귀 금속 수출 한도량을 설정하면서 상황은 급변했다. 잠자고 있던 자원 민족주의 현상은 6대륙 전체에서 다시금 고개를 들었고, 과거보다 훨씬 공격적인 양상을 보였다. "중국이 자원 민족주의에 불을 지폈다." 한 미국 전문가는 이렇게 논평했다. 중국 땅에서만이 아니라 세계 곳곳에서 자원 민족주의의 깃발을 높이 세웠다는 설명이었다.[34]

이 맥락에서 새로운 무역 위기가 찾아올 것인지 묻는 사람은 없었다. 무역 위기의 도래는 시간문제였기 때문이다. 중국 희귀 금속업계의 거물인 비비안 우는 상하이의 한 호화로운 호텔 바에서 차를 마시며 이렇게 말했다. "나는 '수출 금지령'이라는 표현보다는 '도약 수단'이라는 표현을 더 선호합니다. 금수 조치는 중국이 일본을 비롯한 다른 국가를 상대하는 방법이니까요. 중국 정부는 국가의 권위와 이미지를 회복하려는 의도에서 이러한 정책을 폈죠. 따라서 중국 정부는 앞으로 희귀 금속뿐만 아니라 다른 금속의 수출 한도량도 설정할 가능성이 크다고 봅니다."[35]

은밀한 희귀 금속 시장

희귀 금속 시장의 몇 가지 특수성은 문제를 한층 심각하게 만든다.

희귀 금속 시장은 대단히 제한적이다. 철이나 구리, 알루미늄, 납 같은 주요 광물에 비하면 희귀 금속의 생산량은 터무니없이 적다. 전 세계 희토류 생산량은 강철 생산량의 0.01퍼센트도 되지 않는다.[36]

게다가 이 시장은 지극히 은밀하다. 소수의 구매자와 판매자만이 시장에 관여하므로, 희귀 금속 시장은 비밀스러울 수밖에 없다. 시장은 수요와 공급에 따라 움직이기 때문에, 참여자가 적을수록 환경은 불안정해진다. 한두 명의 참여자가 시장 전체를 교란할 수도 있다. 공급자가 한 명만 줄어도 수요자 측에서는 순식간에 공황 현상이 나타날 수 있다. 이를테면 희귀 금속을 소비하는 아주 작은 신기술이 하나만 출현해도 돌연 공급에 차질이 생길 수 있다는 얘기다.

희귀 금속 시장의 또 다른 특징은 바로 불투명성이다. 이곳에서는 재량권이 원칙이고 규칙이 없는 게 게임의 규칙이다. 따라서 런던 금속거래소LME에 상장된 소수의 금속을 제외하면 공식적인 가격 고시는 없다. 모든 건 그때그때 상황에 따라 달라진다. 구매자는 대개 전문 잡지나 웨이보(중국의 마이크로 블로그 서비스)에 의존한다. 중간 브로커들이 웨이보를 통해서 찔끔찔끔 그들이 최근 거래한 가격을 흘리기 때문이다.

희귀 금속 시장은 광업국에 매우 유리하다. 중국은 일부 희귀 금속 생산 정보를 국가 비밀로 간주하며, 노골적으로 제공을 꺼린다.[37] 아직 드러나지 않은 비축분이나 지정학적 요인, 외교 전략 등 불확실한 요인들 때문에 가장 뛰어난 전문가들조차 희귀 금속 시장을 판독하기 어려워한다.

이기적인 이익 창출에만 골몰한 민간 투자자들의 개입도 희귀 금속 시장의 자유로운 수요와 공급 작용을 망치는 요인으로 꼽을 수 있다. 한 전문가는 "민간 투자자들은 오늘날 10년 전보다 60배나 커진 원자재 시장을 주무른다"고 귀띔했다.[38] 그러다 보니 당연히 이들로 인한 가격 불안정성도 커졌다. 과거에는 주요 금속만이 투기 대상이었지만, 점점 희귀 금속도 그 대상에 포함되고 있다.[39] 한 금융분석가는 민간 투자 신탁인 미국의 튜더 펀드, 네덜란드의 PGGM 같은 투자사 그리고 하버드나 프린스턴 같은 미국 유수 사립대학의 금융 담당자들이야말로 희귀 금속 시장의 투기 주역이라고 설명하기도 했다. 지나친 투기는 당연히 엄청난 가격 상승을 불러온다.[40] 예컨대 2017년 민간 투자자들은 코발트 수천 톤가량을 사들였다. 이는 세계 코발트 생산량의 17퍼센트에 달하는 양이었다. 코발트 가격은 곧 천정부지로 솟구쳤다.[41]

희귀 금속 시장에서 예견이란 불가능하다. 비비안 우는 "희토류 시장은 안정적이지도, 예측이 가능하지도 않다"고 강조했다. 그러므로 국가 혹은 업계가 희귀 금속과 관련한 먼 미래 전략을 세우거나 가격을 예측하려 드는 건 완전히 무의미한 일이다. 프랑스 지질자원연구원의 한 전문가가 말했듯 "희귀 금속은 위기의 금속이다."

5.

첨단 기술 전쟁

중국 정부는 광산을 독점하면서 분명한 1차 승리를 거뒀다. 그러나 이들은 사실 훨씬 더 먼 곳을 보고 있었다. 중국은 광업의 종착지, 즉 희토류를 직접 활용하는 첨단 기술 산업에 눈독을 들이기 시작했다.

우선 자석 분야부터 살펴보자. 2011년 7월, 우리 연구팀은 자석 제조업체인 일렉트론 에너지 코퍼레이션의 대표 피터 덴트를 만나러 미국 펜실베이니아주 랜디스빌로 향했다. 피터 덴트는 우리를 창고와 멀리 떨어진 곳에 있는 한 저장고로 데려갔다. 그가 스위치를 누르자 창백한 형광등이 켜지며 저장고 내부를 밝혔다. 그는 큰 소리로 말했다. "자, 이것이 희토류입니다!" 초록빛 통들이 유광 콘크리트 바닥 위에 흩어져 있었다. 통 속엔 형태가 일정하지 않은 무거운 회색 조각들이 들어 있었다. 조금 부식된 것처럼 보였다. 그곳에는 사마륨 막대, 가돌리늄 막대 등 이름을 어떻게 읽어야 하는지 알 수 없는 다양한 금속이 많았다. 우리는 몇 년 동안 이 물질들을 조사해 왔으나, 실물을 본 것은 이때가 처음이었다. 마치 검은 수염 에드워드 티치*의 보물을 눈앞에 둔 해적이 된 기분이었다. 우리는 이 희귀 금속 보물창고에서 오랫동안 머물렀다.

그러나 보물창고 옆에 더 흥미진진한 공간이 있었다. 바로 작업장이었다. "여기가 기계실입니다." 피터 덴트가 안내했다. 수십 명의 직원이 엄청난 소음 속에서 작고 동그란 제품을 만들고 있었다.[1] 그 유명한 희귀 금속 전자 자석이었다. "여기서 자석의 최종 형태와 크기를 정하고 제작합니다." 덴트 대표는 설명을 이어갔다. "우리 공장에서는 해마다 수십만 개의 자석을 생산합니다." 직원들은 작은 빵처럼 선반 위에 가지런히 놓인 자석들을 조심조심 수레에 실었다.

1970년대 중반까지 산업 현장에서 희토류나 다른 희귀 금속을 활용하는 경우는 극히 드물었다. 발광 특성이 있는 희토류를 라이터[2]나 가스등 맨틀 제작에 쓰는 정도였다.[3] 그러다 컬러텔레비전이 출현하면서 희토류가 두루 쓰이기 시작했고,[4] 그 뒤 등장한 희토류 자석은 업계의 판도를 완전히 바꿔놓았다. 첨단 기술의 집약체인 희토류 자석은 1983년 처음 출시됐다. 그 뒤 이 자석은 전기 모터가 장착되는 모든 기기에 들어가는 필수 부품이 되었다.[5]

전하와 자석의 자기장이 만나면 움직이는 힘을 갖게 된다. 일반 자석은 자성이 강한 철 화합물인 '페라이트'를 사용해 만든다. 그러나 페라이트 자석으로 큰 자장을 만들기 위해서는 자석의 크기와 무게도 그만큼 크고 무거워야 했다. "여러분들도 벽돌처럼 크고 무거웠던 예전 휴대폰을 기억하시죠?" 어떤 전문가는 농담처럼 이렇게 말했다. 실제

* 17세기에 서인도 제도와 미국 동부 해안에서 활동했던 악명 높은 해적

로 과거에 휴대폰이 그렇게 컸던 건 자석 때문이다. 자석이 너무 컸으니까.

희토류 자석이 나오자 모바일업계에서는 너도나도 전자 기기의 무게를 줄이고 에너지 효율을 높이는 기술 개발 경쟁을 시작했다. 가장 가볍고 작은 모터를 만드는 것이 목표였다. 모터의 크기를 줄일 수 있다면 당연히 그 모터를 장착한 물건의 크기와 무게 또한 줄일 수 있고, 크기와 무게를 줄이면 엄청난 양의 에너지를 절약할 수 있기 때문이다.[6]

이러한 기술 진보는 모두 희토류 자석 덕분에 가능했다. 이 초강력 자석을 직접 사용해 본 독자도 있을 것이다. 벽에 자석으로 주방 칼을 부착해 두었다면, 그게 바로 희토류 자석이다. 작은 자석 하나가 20센티미터가 넘는 무거운 주방 칼을 지탱해 허공에 떠 있게 한다면, 그건 페라이트 자석이 아니다. "같은 힘을 내는 페라이트 자석과 희토류 자석의 크기를 비교하면, 희토류 자석이 100배는 작습니다." 한 업계 인사는 흥분한 어조로 설명했다. "요컨대 소형화가 가능해졌다는 말입니다. 희토류를 활용하면 모든 물체를 더 작게 만들 수 있습니다."[7] 또한 희토류 자석은 전기 모터의 힘을 배가시킨다. 그래서 전기 모터는 열 모터만큼이나 강력한 힘을 낼 수 있다. 이렇게 에너지 전환과 디지털 전환은 더할 나위 없이 순조롭게 가속 페달을 밟는 듯 보였다. 그러나 모든 게 완벽해 보이던 어느 날 문제가 발생했다.

때는 1980년대 말. 희토류 자석은 세계의 모든 제조 부문을 장악하며 그야말로 벼락같은 성공을 거두는 중이었다. 이 자석의 특허는 일본 전자 그룹 히타치가 보유하고 있었다. 따라서 일본은 제조업 부문에서 누구도 부인할 수 없는 우위를 점하게 되었다. 그 위세가 어찌나 등등했던지 일본은 심지어 이 기술의 대중국 수출을 금지했다.[8]

일본이 기술 수출 금지령을 내리자 베이징은 그들에게도 자원을 활용할 수 있는 첨단 기술이 필요하다는 사실을 깊이 깨달았다. 첸잔형은 이때 이미 중국이 자국 산업 발전에 희토류를 적극적으로 활용하겠다는 계획을 세우고 있었다고 말했다.

1980년대 자석 생산업체들은 주로 일본에 있었고, 이들이 전 세계에 공급되는 자석 대부분을 생산했다. 중국은 바로 이들을 유혹하기 시작했다. 자석 생산업체에 자석을 제조하는 힘들고 단순한 일은 자기들에게 넘기고 노동의 부담을 줄이라고 제안한 것이다. 오스트레일리아 출신 자문가는 이 일에 대해 이렇게 회상했다. "중국인들은 이렇게 말했죠. '광둥성으로 오십시오! 희토류 자석 제조 공장을 광둥성으로 옮기십시오. 단순 제조 공정은 우리가 처리하겠습니다!"[9]

즉, 자석 제조 공장을 중국으로 이전하기만 하면 낮은 생산 비용을 보장하겠다는 제안이었다. 이렇게 하면 일본 기업의 영업 이익은 더 늘어날 터였다. 일본은 오래 고민하지 않았다. 이 무렵 일본은 완전 고용에 엔화 강세 상태였으니 중국의 제안을 합리적이라고 판단할 만했다. 훗날 학생들은 이 일을 '당시 세계 2위 경제 대국이던 일본이 기술 부족 상태에 놓여 있던 경쟁국에 고의로 기술을 수출한 사건'이라고 배울지도 모른다.

앞에서 보았듯 프랑스의 화학 그룹 론풀랑 역시 저비용으로 희토류를 가공할 수 있다는 솔깃한 제안에 이끌려 금속 제련 공장의 일부를 중국으로 이전했다. 론풀랑은 1990년대부터 중국 파트너들과 합작투자 형태의 회사를 설립했다. 라로셸 공장 노동조합 측은 이를 격하게 반대하고 나섰다. 노조는 폭동을 일으켜서라도 일자리를 지키기 위해 투쟁할 계획이었다. 그러나 그 무렵 론풀랑의 관심은 광업이 아니었다. 론풀랑은 아벤티스 제약회사를 세우기 위해 제약 부문을 민영화하려 애쓰고 있었다. "그렇게 다른 데 관심이 쏠려 있었으니, 이 작은 화학 산업의 전략적이고 지정학적인 측면을 완전히 간과하고 만 것이죠." 인터뷰에서 만난 전 론풀랑 직원은 이렇게 분석했다.[10]

같은 시기, 1970년대부터 여러 차례 중국에 드나들었던 론풀랑의 장-폴 토네는 중국의 솔깃한 제안 뒤에 숨겨진 그들의 본심을 알아차렸다. "중국 파트너들이 원하는 건 일방통행식의 기술 이전이었습니다. 그들은 우리에게 어떤 대가도 제공하지 않으면서 우리가 당연히 그들의 파트너가 되어야 한다고 주장했어요."[11] 그는 론풀랑이 중국에 어떤 기업 비밀도 전수하지 않았다고 장담했다. 그러나 서양의 많은 국가가 그늘의 희귀 금속 제련 공장을 중국으로 이전하고 중국의 충실한 고객이 된 것은 '이를테면 시장을 은쟁반에 통째로 담아서 고이 바친 격'이라고 단언했다.

희토류 제련 공장은 1990년대부터 바오터우 지역을 중심으로 우후죽순 생겨났고, 차츰차츰 중국 전역에도 생겨났다. "중국 전역에서 희토류는 일종의 황금알을 낳는 거위였습니다. 돈이 쏟아져 들어왔고, 제련소 사장들은 링컨 승용차를 타고 다녔습니다."[12] 장-폴 토네가 회상했다. 중국은 서양의 노하우를 재생산하여 돈을 벌고, 그 돈을 다시 그들의 연구개발 활동에 투자했다. 그렇게 해서 자원을 가공하고 상품화하여 판매하는 다운스트림 단계까지 전속력으로 치고 나갈 계획이었다. "론풀랑은 중국이 말을 타고 질주할 수 있도록 그들의 발을 등자 위에 올려준 셈입니다."[13] 프랑스와 중국에서 일했던 장-이브 뒤무소는 이렇게 얘기했다.

어쨌든 론풀랑은 프랑스의 기술력이 중국보다 20년은 앞섰다고 믿고 있었다. 별 볼 일 없던 금속 제련 부문을 중국에 넘겨준 론풀랑은 그 공백을 더 높은 기술을 요구하는 제품(예컨대 발광물질)을 생산하며 메꿀 심산이었다. 그러나 1987년, 프랑스의 한 화학공학자는 중국 제련소들이 성취한 엄청난 진보를 인정하며 그만 실언을 하고 말았다. "그때 전 이렇게 말했죠. 프랑스는 중국보다 기껏해야 2~3년 앞섰을 뿐이라고요. 무심코 쏟아낸 말인데 분위기가 굉장히 험악해졌어요."[14] 사실 그의 말에서 틀린 부분은 2~3년이라는 숫자뿐이었다. "이미 2001년에 중국의 광물 제련 기술력은 프랑스와 맞먹는 수준이었어요."[15] 장-이브 뒤무소가 말을 이었다. "우리가 아마도 경쟁의 위험을 오래도록 과소평가했던 것 같아요." 장-폴 토네는 애써 완곡하게 말했다. "어차피 중국의 목표는 자원을 생산하는 업스트림 단계에서 자원을 가공해 판매하는 다운스트림 단계까지 나아가는 거였어요. 프랑스는 그들을 막을 수 없었을 겁니다. 우리는 그들의 낮은 생산단가 덕을 보고자 했던 거고요."[16]

2017년에 프랑스 라로셸 공장에서는 여전히 아주 적은 양의 희토류를 제련하고 있었다. 그러나 희토류를 분리하던 작업장은 폐쇄됐고, 공장의 생산량과 매출 또한 형편없이 떨어졌다. 1985년에 630명이던 직원 수는 반 토막이 나 버렸다.[17] 그러나 론풀랑(현재 솔베이 그룹)이 다운스트림 사업 분야에서는 적어도 새로운 일자리를 창출했으며, 프랑스의 일자리를 유지하는 데 어느 정도 공헌했다고 볼 수 있을까? “이제 다운스트림 단계 일자리마저 중국 공장으로 이전됐습니다. 비용 때문에 어쩔 수 없는 거죠!” 장-폴 토네가 변명 아닌 변명을 늘어놓는다. 솔베이의 로디아사가 중국 파트너와 연계된 합작 회사의 지분을 보유하고 있다는 사실에서 그나마 작은 위안을 찾을 수 있지 않을까. “그렇긴 합니다만,” 장-폴 토네가 냉소적인 투로 덧붙인다. “요즘엔 솔베이도 자기네가 중국 기업이라고 생각하니까요.”[18]

중국의 각성은 경제의 급변동을 불러왔다. 이것은 피할 수 있는 결과가 아니었다. 경쟁국의 역량을 얕잡아 보고 눈앞의 이익만 좇던 서양은 결국 그들의 노동력, 작업 단위, 그리고 첨단 기술력까지 모두 중국에 넘겨 주었다.

서양의 탈산업화 오디세이

서양은 왜 이토록 맹목적인 행로를 걸어온 걸까. 어쩌면 그들 특유의 자만에 가까운 자신감 때문이었을지 모른다. 서양은 오랫동안 ‘영원한 과학적 진보’를 이루겠다는 환상 속에 살아왔다. 그리고 이 환상은

1980년대부터 많은 경제 분야의 펌프 역할을 해 주었다. 가령 서양은 중공업을 포기하고, 부가가치가 높은 제조업에 집중해야 안정적인 이익을 유지할 수 있다고 믿었다. 더러는 신흥국가들은 언제까지나 청바지와 장난감 등을 찍어내는 '세계의 공장'으로 머물 것이고, 서양은 진짜 큰돈을 버는 분야를 독식할 거라고 믿기도 했다. "중국의 경쟁력 강화가 경제의 급변동을 초래하긴 했지만, 그 여파가 고급 기술 직종에까지 미칠 거라고는 생각하지 않았죠." 미국의 한 금속노조 조합원은 이렇게 고백했다. "커피 컵 생산 공장을 잃게 될 줄은 몰랐습니다. 더 나아가 첨단 기술 일자리까지 위협받게 되리라곤 더욱 예상하지 못했죠."[19]

이제 제조업의 시대는 한물갔고, 서비스업의 시대가 도래했으니 제조업은 곧 경제의 뒤안길로 완전히 사라질 것이라는 근거 없는 망상도 서양의 맹목에 한몫했다. 더 많은 부가가치를 생산하려면 다른 무엇보다 지식 산업에 투자해야 한다는 강력한 믿음은 2000년대 무렵 기업가들 사이에서 진리나 다름없었다. 알카텔 루슨트(노키아의 자회사)의 대표 세르주 추룩을 비롯한 미국과 유럽의 많은 기업인이 '공장 없는 기업'이라는 아이디어를 솔깃해했다. 사람의 머리가 생산 도구보다 훨씬 더 가치가 있다니 당연히 후자보다 전자를 지원해야 하지 않겠는가. 이 같은 논리는 전반적인 산업 해체 현상을 초래했다. 기업가들은 공장을 분리하고 하도급 업체에 일을 맡겼다. 론풀랑에서 엔지니어로 일했던 레지 푸아송은 이렇게 말했다. "내가 처음 일을 시작할 때만 해도, 공장의 근로자는 스스로 뭔가를 구상해서 제작할 수 있었죠. 그걸로 유명해질 수도 있었고요. 그러나 언제부턴가 이런 것들을 부정적으로 보는 풍조가 생겼고, 오늘날 사람들은 더는 공장을 좋아하지 않게 되었습니다. 공장은 배척이나 소외의 대상이 되었어요."[20]

이렇게 서양과 중국은 각자 원하는 방향으로 사이좋게 걸어가는 듯 보였다. 그러나 중국은 2000년대 들어 희귀 금속 수출 한도량을 정하더니 갑작스레 방향을 틀었다. 이로 인해 공장을 (그리고 기업 기술까지) 중국으로 옮기지 않은 자석 제조업자들은 곧 원자재 수급에 차질이 생겼고 사업이 불안정해졌다. 희토류 공급 문제에 부닥친 제조업자들은 가고 싶지 않은 2가지 길 가운데 하나를 선택해야만 했다. 원활하지 않은 원자재 공급과 느린 가동 속도를 무릅쓰면서 공장을 그대로 유지하거나, 혹은 무제한으로 원자재를 공급받는 대신 공장을 중국으로 옮기는 길이었다.[21] 일본은 이 딜레마 앞에서 오래 고민하지 않았다. "원자재에 허기졌던 일본은 그들의 값진 기술을 챙겨 들고 서둘러 중국으로 떠났다." 영국의 한 분석가는 말했다.[22]

그래도 여전히 고집을 부리는 기업들에 대해 중국 정부는 매우 가혹하게 응수했다. 그들은 그들이 공급하는 광물에 터무니없이 비싼 값을 요구했다. 이에 대해 2011년 미국 오하이오의 셰로드 브라운 상원의원은 격앙된 어조로 분노를 표현했다. "중국이 고의로 결핍을 조장하고 수출 한도량을 설정한 까닭에 원자재 국제 가격이 치솟고 있습니다. 중국 내에서는 낮은 가격을 유지하면서 말입니다! 그들이 이렇게 부끄러운 방식으로 속임수를 쓴다면 우리는 어떻게 경쟁력을 유지할 수 있겠습니까?"[23]

불공정했던 건 사실이지만, 어쨌건 이 게임으로 중국 외부에 포진했던 대다수 자석 제조업자들은 쓰라린 패배를 맛보았다. 1990년대 말까지만 해도 일본, 미국, 유럽이 자석 시장의 90퍼센트를 장악했지만, 현재는 중국이 세계 자석 생산량의 4분의 3을 차지한다. 한 마디로, 광물 생산 독점권을 가지고 있던 중국은 '자원을 원하면 기술을 내놓으라'는 협박으로 광물 가공 기술에 대한 독점권까지 확보한 것이다. 이로써 중국은 산업 가치 사슬의 두 단계를 독점하게 됐다. 중국의 희토류 전문가 비비안 우는 확신에 찬 목소리로 이렇게 얘기했다. "저는 머지않은 미래에 중국이 희토류 산업의 전체 가치 사슬에 개입할 수도 있다고 생각합니다. 그렇게 구조를 개편할 수 있을 거고요." 그의 전망은 이미 부분적으로는 현실이 되었다. 특히 내몽골의 바오터우에서 그 뿌리를 내려가고 있다.

희토류의 실리콘 밸리를 찾아서

우리 연구팀은 앞서 희토류의 도시 바오터우를 방문해 그곳의 이면(독성 물질을 폐기하는 저수 댐과 주민들이 서서히 죽어가는 암 환자 마을)을 조사한 바 있다. 이번에는 바오터우의 이면이 아닌 정면, 이 도시의 번쩍거리는 진열장을 살피러 가 보자.

토요일 오후. 바우터우 도심의 우아한 고층 건물들이 햇빛 아래 반짝거렸다. 도시의 빌딩 숲은 광물이 매장된 건너편 사막과 대조를 이뤘다. 이곳에 밤이 찾아오면, '초원지대의 작은 두바이' 바오터우는 조명을 켜고 주변의 굴곡진 지형에서 스멀스멀 뿜어져 나오는 차가운 냉기와 어둠을 밝혔다. 푸른 코발트 빛으로 물들어가는 하늘에 붉고 작은 전구들이 수를 놓았다. 도심의 중심가인 지안시 대로는 윈도쇼핑을 즐기거나, 거리에 늘어선 식당 사이를 지나다니는 사람들로 붐비기 시작했다. 도시 곳곳에 승리와 정복의 호쾌한 분위기가 배어 있었다. 행인들의 만족스러운 미소에서도, 고층 건물을 짓는 게 분명해 보이는 신축 공사장에서도 느껴졌다.

2011년 10월, 다양한 국적을 가진 80여 명의 사절단이 바오터우에 모였다. 사절단은 중국 정부가 주재한 희토류 관련 국제회의에 참석한 참이었다. 중국 측은 초대 손님들의 마음을 사기 위해 온갖 수단을 동원했다. 사절단의 숙소는 도심 한가운데 있는 특급 호텔의 전망 좋은 스위트룸이었다. 바오터우의 경제개발구역 책임자인 중국 고위 관리 선용거는 잔뜩 흥분한 목소리로 손님들에게 환영 인사를 했다. "희토류의 수도 바오터우에 잘 오셨습니다! 첨단 기술 산업계에서 오신 여러분을 환영합니다. 저희는 기술 산업에 필요한 거의 모든 광물을 공급해 드릴 수 있습니다."

바오터우는 기술을 도시 발전의 초석으로 삼았다. 이 도시의 원동력은 두말할 것도 없이 지척에 있는 희토류 광산이다. 중국은 희토류를 얼마든지 공급할 수 있다. "중국은 단순히 원료 공급자 역할에 머물지 않을 것입니다. 우리는 제품 생산자로 거듭날 것입니다." 선용거의 희망찬 메시지는 계속되었다. "과거 식민주의자들처럼 이곳 자원만을 활용하여 자국의 부가가치를 창출하려는 서양 기업들은 바오터우에서 환영받지 못합니다. 반면 우리는 기술을 중국으로 이전하는 기업들에는 얼마든지 열려 있습니다."

원료 광물 공급의 수월함에 매료당한(혹은 어쩔 수 없이 그렇게 하도록 강요당한) 많은 외국 기업들이 이미 바오터우 외곽에 조성된 대지 120제곱킬로미터의 자유 산업 단지로 모여들었다. 실제로 바오터우는 어마어마한 양의 자원을 생산한다. 선용거의 말에 따르면 이 도시는 해마다 3만 톤의 희토류 자석을 생산하는데, 이는 세계 생산량의 3분의 1에 해당한다.

바오터우를 찾은 사절단은 희토류 제조 공장을 시찰하기도 했지만, 안타깝게도 기자들에겐 공장 내부 견학이 허락되지 않았다. 그래서 우리 연구팀은 장-이브 뒤무소에게 소형 카메라를 건네주고 공장 내부 영상을 찍어와 달라고 부탁했다. "여기가 자석 공장입니다, 여러분이 사용하는 아이폰이나 아이패드에 들어 있는 바로 그 자석을 만드는 곳이죠." 장-이브 뒤무소가 동영상을 보여주며 설명했다. "중국은 유럽에서 베껴온 기술을 자기 것으로 만들기 위해 어마어마한 비용을 투자했습니다."[24]

해외의 자석 공장 이전을 부추겼던 중국은 동시에 자석을 활용하는 모든 다운스트림 단계의 산업체들 또한 바오터우 자유 산업 단지로 이주하도록 추진했다. "중국은 이제 전기차, 발광 물질, 풍력 발전기 터빈까지 제작합니다. 가치 사슬 전체를 장악했다고 봐야겠죠." 우리의 내부 목격자가 설명을 이어 나갔다. "게다가 선용거가 열렬히 홍보한 바에 따르면 바오터우는 연마 자재 1만 톤, 촉매 광물 1,000톤, 발광 자재 300톤을 생산한다죠."

바오터우는 이제 구질구질한 광산 지대로 소개되지 않는다. 중국은 '희토류 실리콘 밸리'라는 표현을 선호한다. 바오터우는 3,000개 이상의 기업체를 유치하고 있는데, 이 중 50개는 외국 자본 합작 회사이며, 고성능 설비를 제작하는 곳이다.[25] 바오터우에서 일하는 수십만 명의 근로자는 연간 4억 5000만 유로의 소득을 생산한다. 계속 이런 속도로 진행된다면 언변 좋은 선용거가 장담했듯 '10여 년 후 바오터우의 생활 수준은 프랑스의 생활 수준과 맞먹게 될 것'이다.[26]

30년 전, '차세대 석유'의 가치를 깨달은 중국은 사양길에 접어든 제조업을 뒤로 한 채 이른바 첨단 기술 산업에 관심을 돌렸다. 중국은 천연자원을 활용하여 서양과 겨루고자 했고, 그로부터 한 세대 후 디지털 산업과 친환경 기술 산업 부문을 넘볼 수 있게 되었다. 이 모든 게 다 천연자원 덕분이었다. 희토류 수출 한도량을 설정하는 정책과 더불어 산발적인 수출 금지령은 중국의 단순한 권력 과시가 아니었다. 중국의 목적과 야심은 그보다 훨씬 컸다. 그들은 검댕이 잔뜩 묻은 광부들이 오르락내리락하는 광산부터 각종 학위로 무장한 엔지니어들이 가득한 초현대식 공장에 이르기까지, 그야말로 모든 것을 한데 아우르는 통합적 산업 체계를, 하나의 세계를 완성했다. 게다가 이보다 더 합법적일 수 있겠는가? 산업의 다운스트림 단계까지 차근차근 장악해 온 중국의 정책은 사실 보르도나 부르고뉴 포도 재배자들의 전략과 매우 흡사하다. 한 오스트레일리아 전문가의 말을 인용하고 싶다. "프랑스 사람들은 포도를 팔지 않고 포도주를 팝니다, 안 그렇습니까? 중국 사람들도 다르지 않습니다. 그들은 희토류가 프랑스의 포도와 비슷하다고 생각하거든요."[27]

중국은 희토류뿐만 아니라 다른 희귀 금속 또한 전략적으로 사용했다. 1990년대, 공작기계를 생산하고 제조하는 독일의 중소기업들,

일명 미텔슈탄트Mittelstand*는 불안에 떨기 시작했다. 간단한 밀링 머신이건 복잡하게 연결된 대량 생산 센터건, 자동화 시스템을 구현하기 위해서는 공작 기계가 필요하다. 인간을 로봇으로 대체하는 자동화 공장이 점차 늘어감에 따라 공작 기계 제조업은 독일의 산업 경쟁력을 유지하는 힘이었으며, 이들은 지금도 여전히 독일 국민총생산의 30퍼센트를 책임진다.[28]

문제는 산업용 로봇 제조에는 엄청난 양의 텅스텐이 쓰인다는 사실이다. 텅스텐은 중국이 대량으로 생산하는 희귀 금속이긴 하지만, 지금도 작은 양이나마 세계 곳곳에서 생산하고 있으므로 원료 공급자의 다양화가 가능하다. 1990년대에 중국은 단순한 절단기('망치나 드릴 같은, 한 마디로 별 볼 일 없는 도구들'이었다고 오스트레일리아 출신 분석가가 기억을 되살린다)를 공장에서 직접 생산했다.[29] 그러나 중국은 텅스텐 분야에서도 가치 사슬의 다운스트림 단계로 넘어가겠다는 야심을 키웠다. "중국은 1985년부터 2004년까지[30] 그들이 판매하는 텅스텐 가격을 엄청나게 낮췄습니다. 서양 국가들이 오직 그들과만 거래하게 하려는 심산이었죠. 그렇게 해서 밥줄이 끊긴 다른 나라의 광산들이 문을 닫게 되기를 바랐고요."[31]

그 후의 일이 어떻게 진행됐을지는 쉽게 짐작할 수 있다. 텅스텐 생산에서 주도권을 쥐게 된 중국은 그것을 무기로 삼아 자원 공급에 관한 위협을 시작했을 것이고, 독일에 공장을 중국으로 이전하라고 강요했을 것이다. 그렇게 중국은 절단기 산업 분야에서 독일이 가진 기

* 인력이 500명을 넘지 않고 매출이 5000만 유로(약 720억 원) 미만인 독일의 중소기업을 일컫는 말. 독일 전체 기업 가운데 무려 99.6퍼센트가 미텔슈탄트다.

술 우위를 무력화한 뒤 독일 중소기업의 주축인 공작 기계 산업까지 장악했을 것이다. 아, 세기의 날강도가 아닐 수 없다! 하지만 현명하게도 독일은 이러한 전개를 앞서 예상했고, 중국의 경쟁자들(러시아, 오스트리아, 포르투갈 등)과 의기를 투합했다. "독일 기업인들은 원료를 조금 비싸게 사더라도 중국에 의존하지 않는 길을 택했습니다. 대신 대체 광산과의 관계를 이어 나갔죠."[32] 오스트레일리아 출신 분석가의 설명이 이어졌다.

중국은 흑연 시장에서도 텅스텐과 똑같은 전략을 구사했다. 중국이 세계 흑연 시장에서 차지하는 비중은 유난히 높다. '가장 순정한 석탄'으로 불리는 흑연은 그래핀을 만드는 원료 광석이다. 그래핀은 머리카락 한 올의 100만분의 1 정도로 얇지만, 강철보다 200배나 내구성이 강한 나노 자재다. 이 물질을 발견한 물리학자 안드레 가임과 코스티야 노보셀로프는 2010년 노벨 물리학상을 받았다.[33] "중국은 흑연이 가진 거대한 시장 가능성을 알아 보았죠. 그래서 텅스텐과 마찬가지로 흑연을 활용한 다운스트림 단계를 장악하기 위해 전략을 추진하고 있어요." 비비안 우는 이렇게 설명했다. 중국은 내수 시장 우선 전략에 따라 흑연에 대한 수출 관세와 한도량을 부과하는 무역 정책을 수립했다.[34] 이 같은 정책이 초래할 위험을 의식한 미국은 2016년 세계무역기구에 중국을 다시금 제소했다. '중국이 자국 기업에는 싼값에 제공하는 원료를 외국 기업엔 훨씬 비싼 값에 판매한다. 따라서 미국 생산자들이 불리한 상황으로 내몰리고 있다'는 것이 제소 이유였다.[35]

많이 듣던 익숙한 가락이 아닌가. 베이징에서 만난 한 기자는 몰리브덴과 게르마늄 시장도 이와 똑같이 흘러가고 있다고 이야기했다.[36]

다른 기자들 또한 리튬과 코발트의 운명도 텅스텐이나 흑연과 다른 바 없을 것으로 예측했다.[37] "철, 알루미늄, 시멘트, 심지어 석유화학 제품들까지, 무슨 일이 벌어지고 있는지 좀 보시죠." 이번엔 독일의 한 기업가가 흥분하며 말을 이었다. "중국은 이 모든 자원에 같은 산업 정책을 적용하고 있습니다." 심지어는 중국이 여러 금속의 합금을 통해 개발한 복합 자재, 즉 신소재에도 같은 정책을 시행할 거라는 소문이 무성하다. 만약 중국이 온 세계가 의존하는 기적의 복합 소재라도 발명하게 된다면 무슨 일이 벌어질 것인가? 중국이 그것을 헐값에 건네주지 않을 거라는 점만은 확실하다. 이렇게 된다면, 유럽연합은 공급 부족 위험이 있는 광물자원 감시 목록을 만드는 것으로도 모자라 합금 목록까지 추가해서 만들어야 할지도 모른다.[38]

서양은 그들에게 일어난 일을 이제야 제대로 파악하기 시작했다. 앞으로는 광물을 지배하는 국가가 제조업을 지배할 것이다.[39] 그동안 많은 국가가 천연자원에 대해서만 중국에 의존했으나 이제는 에너지 전환과 디지털 전환 기술까지 그들에게 의존하게 되었다. 그 기술들이 전부 광물자원을 활용하기 때문이다. 우리가 만났던 미국의 한 희귀금속 전문가는 "우리는 비군사적인 갈등의 소용돌이에 빠진 걸까요?"라는 질문을 던졌다. 그는 잠시 뒤 "질문의 답은 물론 '그렇다'가 되겠죠." 하고 스스로 답했다.[40] 그 분쟁에서 서양이 이기고 있는지, 아니면 불리한 상황인지를 묻자 프랑스의 한 광업 전문가는 조금의 망설임도 없이 즉시 이렇게 대답했다. "그 전쟁에서 우리는 아예 싸워보지도 못했습니다."[41]

중국의 무시무시한 전략과 행보를 목격한 다른 광업 국가들은 큰 영감을 받은 듯 보였다. 그중에는 중국을 롤 모델 삼아 따라나서는 곳도 있었다. 인도네시아 자바섬의 심장부에 있는 자카르타가 특히 그러했다.

인도네시아와 아프리카의 광업 비전

누군가 내게 21세기의 지옥을 연상시키는 거대도시를 한 곳 꼽으라고 한다면, 동남아시아의 거대한 열도, 인도네시아의 수도 자카르타를 뽑을 것이다. '대형 두리안(인도네시아 사람들이 즐겨 먹는 과일)'이라는 별명을 가진 이 도시는 가벼운 마음으로 들르거나 여행할 수 있는 곳이 아니다. 나와 연구팀은 인구 3000만 명의 이 거대도시에 도착하자 무거운 무언가에 눌리는 느낌을 받았다. 그건 대기를 가득 채운 습기 가득한 더위였을 수도 있고, 콘크리트 정글 위로 떨어지는 소나기였을 수도 있다. 어쩌면 밀려드는 구름 떼 같은 자동차들 사이에서 곡예하듯 달리는 오토바이나 택시에 정신이 혼미해져 그랬을 수도 있다.

우리 눈앞에 비친 도시의 풍경은 이러했다. 대나무 위로 뒤엉킨 전깃줄, 네거리 한가운데에 배짱 좋게 버티고 있는 포장마차, 하수도에서 콸콸 흘러나오는 더러운 물을 요리조리 피해가며 달리는 오토바이 부대, 코코넛 나무들이 가로수처럼 늘어선 길을 가득 채운 마늘 냄새, 공중으로 이어지는 철로를 따라 무작정 앞으로 돌진하는 맹렬한 기세의 기차, 두 건물 사이로 무심히 보이는 한 조각의 원시림. 거기에 더해 무수히 많은 어떤 것들.

2014년 겨울 자카르타에 도착한 우리 팀은 다시 자카르타에서 북쪽으로 400킬로미터 떨어진 방카로 향했다. 방카를 마주하니 우리가 이곳을 찾은 이유가 다시 명확해졌다. 파리만큼 넓은 이 섬 곳곳에는 마치 분화구처럼 보이는 수천 개의 커다란 구멍이 나 있었다. 그 구멍이 바로 주석 광산이었다. 깊은 광산 안에서 부지런히 일하는 수천 개의 손과 발 덕분에 암시장은 날로 번창했다. 해양 굴착 광산들도 눈에 띄었다. 그 광산들 위로는 나무로 지은 수천 채의 집들이 떠 있었다. 젊은이들은 엉성하게 지은 방주 같은 이곳에서 산소통과 연결된 튜브를 입에 문 채 수심 20미터 아래까지 잠수했다. 이들이 (역시나 엉성한) 흡입기로 바닥을 긁어서 모래를 수면 위로 올려보내면, 대기하고 있던 바지선에서 모래를 모아 작은 선별기에 넣고 광석과 원료를 분리했다.

방카섬은 세계 최고의 주석 생산지다. 은회색의 물질인 주석은 녹색 기술과 현대 전자 기기(태양 전지판, 전기 배터리, 휴대폰, 디지털 액정 화면 등)에 두루 쓰이는 광물이다.[42] 해마다 세계에서 생산되는 주석의 양은 30만 톤 이상이다. 세계 주석 생산량의 34퍼센트를 책임지는 인도네시아는 이 '첨단 기술 광물'의 세계 수출 1위 국가다. 사실 주석을 희귀 금속으로 분류하진 않는다. 그러나 이 소중한 자원의 가치를 간파한 인도네시아는 2003년부터 주석을 '첫 번째 수출 금지 자원'으로 지정했다.[43]

주석을 시작으로 인도네시아의 수출 금지 광물 목록은 아주 길어졌다. 2014년부터 인도네시아는 그들의 땅에서 캐낸 모든 광물자원을 (그것이 모래든, 니켈이든, 다이아몬드든 간에) 채굴한 상태 그대로는 수출하지 않는다. 인도네시아 정부는 그 이유를 '우리가 광물을 제련하여 완성된 제품으로 판매할 것이기 때문'이라고 설명했다. 중국의 사례에서 확인했듯이, 이러한 정책은 막대한 부를 창출할 수 있는 훌륭한 전략일터였다. 몇몇 계산에 따르면 이런 방식으로 부가가치를 보존할 경우 인도네시아가 얻는 이익은 철은 4배, 주석과 구리는 7배, 그리고 보크사이트는 심지어 18배, 니켈은 20배나 커질 수 있다고 한다.

인도네시아는 중국의 도식을 그대로 베끼는 데에서 그치지 않고 한발 더 나아갔다. 그들은 금융 민족주의의 배아를 개발하여 혁신을 일궈냈다. 2013년 자카르타 정부는 인도네시아 상품 및 파생상품 거래소 ICDX를 설립했다. ICDX는 세계 제일의 금속 거래소라고 할 수 있는 런던 금속 거래소 LME의 일방적인 가격을 따르지 않고 독자적으로 주석 가격을 결정하는 것을 목표로 하는 거래소다. ICDX의 젊은 대표 미가인 윗자자는 "우리의 목표는 가격을 통제하고 안정화하는 것"이라고 설명했다. 그는 주석의 가격이 정기적으로 조작되고 있다고 생각했다. 이렇게 해서 인도네시아에서 수출하는 모든 주석은 우선 자카르타 거래소를 통해 거래하지 않으면 안 되게 되었다.

이러한 정책의 결과에 대해서는 지금까지도 논란이 무성하다. 윗자자 대표에 따르면 주석 가격의 급 변동성은 연간 8퍼센트로 떨어졌는데, 거래소 설립 이전에 이 비율은 20~30퍼센트였다. 반면 런던의 한 분석가는 LME가 정한 가격이 여전히 세계의 기준 역할을 하고 있으며, 이 같은 기존 질서가 단시일 내에 바뀌리라고는 생각하지 않는다고 단언했다.[44] 그러나 그러면서도 그는 인도네시아가 굉장히 독창적인 전략을 실행에 옮긴 것은 사실이라고 인정했다. 인도네시아는 자국의 산업 정책을 뒷받침하기 위해 도로망, 전기 배전 인프라, 항만,

철도역, 공항 등을 개발하고 확충할 필요가 있다. 이러한 투자의 감가상각비까지 고려해도 충분히 여유 있을 정도로 현재 광물의 가격과 가격 안정성이 높기 때문이다.

시장의 보이지 않는 손에 모든 일을 맡기는 대신, 인도네시아는 장외투쟁을 벌이거나 막고, 주식시장 메커니즘에 직접 대응하고자 한다. 아시아의 다른 국가들도 인도네시아로부터 영감을 얻는 듯하다. 2015년 상하이 미래 거래소는 주석을 선물 거래 시장에서 협상 가능한 금속 목록에 올렸다.[45] 2016년 말레이시아도 똑같이 조처했으며,[46] 다른 거래소들도 구리, 니켈, 아연 거래의 플랫폼을 지정했다.[47]

그렇지만 인도네시아의 광물자원 민족주의가 중국에 버금가는 성공을 거두었다고 보기는 어렵다. 자카르타 정부가 정책이 실효를 낼 수 있는 여건을 마련하지 못했기 때문이다. 다운스트림 단계 산업 개발을 위해 필요한 투자가 차일피일 미뤄지면서 인도네시아 열도의 무역 수지는 흔들리기 시작했고, 예산 부족분도 계속 누적됐다. 2017년 인도네시아는 결국 몇몇 광물의 수출을 다시 허가하며 그간 고수해 온 전략을 대폭 완화했다.[48] 실패의 주요 원인은 원자재 가격 추이에 있었다. 사실 대부분의 민족주의적 정책은 2000년부터 15년간 이어진 호황기(이른바 '원자재의 슈퍼 사이클')를 틈타 실행에 옮겨졌다. 이 기간 광물 가격은 천정부지로 솟아 상한가를 쳤고, 광물 생산 국가들은 덕분에 갑의 위치에 서게 되었다.

그러나 호황기는 2014년에 막을 내렸다. 광물 소비 국가와 생산 국가 사이의 무역 역학이 다시금 균형을 찾으면서, 생산 국가들은 전보다 훨씬 소극적으로 다운스트림 산업 투자를 결정했다. 그러나 더러는 생산국들이 회복 탄력성을 발휘해 그들이 유리한 쪽으로 게임의 판도를 다시 바꿔놓을 수 있다는 의견도 내놓는다.[49]

신흥국가들은 희귀 금속을 지렛대 삼아 경제 발전을 일으키려 하고 있다. 그리고 이런 현상은 전 세계로 확산하고 있다. 1998년 카낙Kanak족은 수년간의 투쟁 끝에 뉴칼레도니아에서 독립할 수 있었고, 그와 동시에 지구상 가장 큰 니켈 광산을 보유한 코니암보 매시프 공장의 지분 대부분을 확보했다. 그 결과 카낙족 주민들은 광산을 통해 큰 이익을 얻게 되었다. 캄보디아, 라오스, 필리핀, 심지어 아프리카에서도 이와 비슷한 움직임이 활발히 일어나고 있다. "인산염을 가공해 비료를 만드는 산업이 싹을 틔우고 있습니다." 모로코 OCP 그룹의 모스타파 테랍 회장이 강조하듯 설명했다. OCP 그룹은 세계에서 가장 큰 인산염 생산업체다. "다른 분야에서도 이런 움직임이 확산할 확률이 아주 높습니다. 아프리카는 제조업에 뛰어드는 것 말고는 다른 선택지가 없으니까요."[50]

2009년에 열린 아프리카 연합 제12차 정상회담에서는 '아프리카 광업 비전 2050'을 발표했다.[51] 광산업을 포괄적인 경제 성장 동력으로 삼겠다는 의지와 광물 생산부터 제조까지 원료와 관련된 모든 부가가치를 놓치지 않고 오롯이 그들의 것으로 확보하겠다는 야심이 담긴 로드맵이었다.

현재까지는 아프리카에서 생산되는 광물의 15퍼센트만이 산지에서 활용된다. 그러나 아프리카가 세계 국민총생산에서 차지하는 비율은 점차 커지고 있으므로, 그들이 지향하는 변화가 실현되는 것은 시간문제일 것으로 보인다. 이것은 산업이나 정치와 관련된 문제로 치부

할 일이 아니다. 오히려 윤리적인 문제와 가깝다. 우리가 광업 자원이라고 부르는 세계 공동의 재산을 정의롭게 분배하는 문제이기도 하기 때문이다.[52]

6. 중국 자본주의의 모든 것

우리가 뛰어든 새로운 전쟁의 핵심에는 희귀 금속이 있다. 오늘날 세계 각국은 명석한 인재를 끌어모으고, 혁신적인 신생 기업을 섭외하고, 자국의 문화와 천재성을 만천하에 보여줄 특허권을 획득하기 위해 무한 경쟁을 벌인다. 새로운 기술은 새로운 경제 모델을 촉진하며, 세계에 대한 특정한 시선을 시사한다.

중국은 이러한 사실을 누구보다도 잘 알고 있었다. 희귀 금속 산업은 중국에 많은 것을 가져다주었다. 희귀 금속 산업 덕분에 중국은 과학 기술 발전을 도모할 수 있었고, 국민의 창조 정신을 북돋을 수 있었다. 그리고 더 나아가 서양이 장악하던 기존 질서를 깨뜨릴 대안 문명까지 만들 수 있었다. 과학 기술 진보를 향한 중국의 질주, 즉 중국식 콜베르티슴은 1976년부터 시작됐다.[1] 덩샤오핑은 마오쩌둥의 농업 정책을 폐기한 뒤 이렇게 선언했다. "국가의 생산력은 과학에서 나온다."[2] 이후 중국의 지도자들은 대대로 덩샤오핑의 국가관을 따랐다. 2006년 후진타오 총통이 "과학 기술이 중국 발전 전략의 중추다"라고 천명한 것만 보아도 알 수 있다.[3]

중국의 하이테크 콜베르티슴

2010년 중국은 제12차 5개년 경제계획을 발표했다. 2011년부터 2015년까지 중국 경제가 나아갈 방향을 제시한 이 로드맵에는 7개 주력 첨단 산업과 주목해야 할 신기술이 명시되어 있었다.[4] 그로부터 5년 후 발표한 제13차 5개년 경제계획의 핵심 키워드는 혁신과 기술 진보였다.[5] 과연 '과학적 진보'는 중국의 최우선 과제로 부상했다.[6]

베이징 정부는 그들의 비전을 실현하기 위해 자국 내 값싼 노동력을 조달하고, 위안화 절하 정책으로 자본 비용을 낮추며 규모의 경제를 실현했다.[7] 게다가 경쟁 기업들의 기술 이전을 가속하기 위해 그들과 조인트 벤처를 세우고 파트너십 강화 전략을 펼쳤다. 해외 기업들은 중국의 값싼 노동력과 낮은 자본 비용, 규모의 경제가 가능한 시장을 활용하는 대가로 그들의 기술과 특허권을 중국 파트너들과 공유했다. 베이징 정부는 이를 가리켜 '혁신의 토착화', 혹은 외국 기술을 흡수하는 '내재화'라고 불렀다.[8]

중국 정부가 2006년에 발간한 산업 정책 관련 문건에는 해외 기술 토착화 전략의 토대가 적혀 있다.[9] 베이징에서 일하는 한 미국인 고문은 이 문건을 두고 "국제 협력과 다른 민족 사이의 우애를 찬양하는 화려한 수사로 가득 찬 글"이라고 비꼬았다.[10] 실제로 중국은 이 문건에서 그들의 기술 토착화 전략을 '수입한 기술을 조정하여 중국 기술을 첨예화하는 활동'으로 정의했다. 반면, 2010년 미국에서 발간된 한 보고서에는 '많은 첨단 기술 기업들이 중국의 전략을 세계 초유의 기술 도둑질로 인식한다'라는 표현이 나온다.[11]

중국은 희토류 자석에도 똑같은 전술을 구사했다. 협박이나 구애 작전을 펴 외국 기업들을 자국 영토 내로 끌어들인 다음, 조인트 벤처 형식으로 그들과 결합한 뒤 공동-혁신 혹은 재혁신 과정에 시동을 걸었다. 덕분에 중국은 일본과 미국의 초강력 자석 제조 기술을 자기 것으로 만들 수 있었다.

다른 국가의 기술을 취한 중국은 이어서 내부 생태계 자체의 변화를 꾀했고, '공장을 실험실로' 만들겠다는 일념으로 일사불란 움직였다.[12] 중국의 야심은 1980년대 초반부터 시작된 다양한 연구 프로그램에서도 나타난다. 이중 가장 상징적인 것을 꼽으라면 단연 '프로그램 863'이다.[13] 7개 주력 첨단 산업 분야(녹색 산업도 다수 포함된다)에서 세계 최고가 되는 것이 프로그램 863의 목표였다.[14] 좀 더 최근에 중국은 '메이드 인 차이나 2025' 계획을 수립하고 전국에 40여 개의 산업 혁신센터를 설립했다. 중국은 2016년 한 해에만 연구에 4000억 달러 이상을 쏟아부었다. 이는 미국의 연구 비용보다는 적지만, 유럽보다는 훨씬 큰 액수다.[15]

그러나 중국은 취약점도 많다. 전체 인구수를 생각하면 프랑스나 영국보다 연구자의 비율이 훨씬 낮으며, 교육 불균형 문제도 심각하다. 중국의 광대한 농촌 지역은 위에서 언급한 역동성에서 완전히 배제된 상태기 때문이다.

게다가 국가 주도의 계획 경제와 자유로운 기업가 정신의 결합에는 결국 한계가 있지 않겠는가? 중국에서는 혁신 산업의 성공이 국가 행정 역량에 크게 좌우된다. 따라서 고통스러운 행정 구조 개혁을 거쳐야 하지만, 결과는 언제나 불확실하다. 에너지, 통신, 금융 분야 공기업에 만연한 무기력함은 우리 시대에 더는 통하지 않는다. 그런데 중국 공기업의 수장들은 거의 모두가 정부의 요직을 겸하고 있다. 사정이 이러한데, 어떻게 정부가 당 내부에 갈등과 교착 상태를 일으키지 않으면서 기업을 제대로 개혁할 수 있을까?[16]

마지막으로, 중국 정부의 통제력은 이들이 가진 가장 큰 강점이자 가장 큰 약점이다. 강력한 국가 자본주의 체제는 경제 발전의 발판이 될 수는 있으나 본질적인 변화를 만들어 낼 수는 없다. 200만 명의 인력을 고용해 표현의 자유를 검열하는 정부가 과연 국민의 창조 정신을 고취할 수 있을까?[17] 비판의 자유를(더불어 상상의 자유까지) 짓뭉개는 정부와 그들이 주도한 복제 문화를 생각하면 중국의 독창성 결여는 당연한 결과다.[18] 한 베이징 주재 프랑스 외교관은 "중국은 기술은 보유하고 있을지 모르나, 여전히 1929년도에 힘을 발휘했던 조직적 논리에 발목이 잡혀 답보 상태를 벗어나지 못하고 있다"고 단언했다.[19]

중국 당국이 기술 진보에 이토록 강박적으로 매달리는 데는 이유가 있다. 이 공산국가는 혁신과 시장의 논리에 따라 반드시 해결해야 할 두 가지 과제를 가지고 있기 때문이다.

첫 번째 과제는 기술 독립의 실현이다. 과거 중국은 자국 내 기술력 부족으로 여러 번의 수모를 겪었다. 1960년 여름, 외교적 긴장감이

팽배한 가운데 소련은 중국에 약속했던 기술 지원을 철회했다. 그것은 중공업 발전을 위해 꼭 필요한 기술이었으므로, 중국은 출혈이 컸다.[20] 1989년에는 미국이 중국에 무기 판매 수출을 중단했다. 중국 정부가 톈안먼 시위를 무력으로 진압하자 미국이 반대 의사를 표하기 위해 취한 조치였다. 이런 사건들을 통해 중국 정부는 자생 능력을 키워야 한다는 교훈을 얻었다. 2006년 중국의 외국 기술 의존도는 60퍼센트였으나, 중국 정부는 2020년까지 이를 30퍼센트 이하로 낮추겠다는 단호한 의지를 표명하기도 했다.[21]

두 번째 과제는 공산당 체제의 명분을 지키는 것이다. 중국은 세계 인구수의 5분의 1이나 되는 많은 사람과 암묵적인 계약을 맺었다. 이름하여 '성장을 위한 권위적 정치 체제 유지 계약'이다. 경제 성장이 지나치게 둔화할 경우 이 계약은 무효가 될 것이다. 따라서 중국 당국은 그들의 정당성을 유지하기 위해 해마다 1500만 명의 새로운 도시민들을 노동시장에 투입해야 한다. 그러나 예컨대 중국이 단순히 광물자원을 생산하는 업스트림 단계에만 머무른다면 이는 불가능할 것이다. 국민에게 일자리다운 일자리를 제공하고, 가장 탐나는 이익을 기대해 볼 수 있는 분야는 다운스트림 단계이기 때문이다. 그러므로 과거 수많은 왕조가 그랬듯, 중국 정부 또한 체제를 전복당하지 않기 위해 산업을 끊임없이 혁신하여 집권의 정당성을 찾으려 할 것이다.

괄목상대할 기술 진보

우리는 지금까지 중국이 어떻게 이토록 빠르게 놀라운 성공을 이룰 수 있었는지 살펴보았다. 베이징에서 활동하는 한 프랑스 기자는 이렇게 설명했다. "나는 10년 전부터 중국에서 일했는데, 그 무렵 중국은 섬유, 완구, 전자제품 조립 등에 한창 열을 올렸습니다. 솔직히 말해서 그때는 중국이 현재 이룬 모든 것들을 이룰 수 있을 거라곤 상상하지 못했습니다."[22]

공산당 최고위급 간부들도 중국이 전자, 항공, 운송, 생물학, 공작기계 그리고 정보 기술 분야에서 이 정도로 놀라운 성취를 거두리라고는 예상하지 못했을 것이다.[23] 중국은 우주 산업 분야에서도 앞서간다. 중국은 이미 달에 로봇을 보냈으며, 2036년까지는 유인 우주선을 발사할 계획이다. 2016년에 이미 중국은 20여 건의 우주 관련 임무를 실시했으며, 미국의 주요 경쟁 상대인 러시아를 따돌렸다. 즉 베이징은 신기술의 수요자에서 공급자로, 지식 소비자에서 지식 공급자로 자신의 지위를 바꾸고 있다.[24]

중국이 세운 몇 가지 기록에서도 이러한 변화를 확인할 수 있다. 예컨대 이런 것이다. 2015년 중국은 110만 건 이상의 특허를 신청했고, 현재까지 세계에서 가장 많은 특허를 보유한 나라다.[25] 서양이 이미 엎지른 물을 보며 탄식하는 동안 중국은 한층 박차를 가하며 앞으로 나아갔다. 중국은 아직 알려지지 않은 희토류의 특성을 찾아내고 이를 응용하는 개발 작업을 서두르고 있다. 우리 팀이 만났던 한 미국 국방성의 연구원은 중국 대학의 인재들이 너무 앞서가는 프로젝트를 진행하고 있다며 탄복했다. "공급 사슬을 잃은 것만도 서양에는 이미 큰 비극입니다. 그런데 거기에 더해서 중국 기술력이 우리보다 10년을 앞서가고 있습니다. 이게 뭘 의미할까요. 우리는 앞으로 등장할 중요한 실용적, 지적 재산권을 확보하지 못할 거라는 뜻입니다." 연구원이 곤혹스러워하며 설명했다. 중국은 그들의 의도나 계획을 굳이 감추려 들지도 않는다. 비비안 우는 단도직입적으로 "우리(중국)은 금속 덕분에 신기술의 세계적 리더가 될 것"이라고 이야기한 바 있다.

2010년 9월 29일, 중국의 희토류 수출 금지령이 한창 효력을 발생하고 있을 즈음, 캐서린 달켐퍼 미국 국회의원은 하원 연설에서 이렇게 발언했다. "중국이 희토류 시장을 완전히 장악하고 있습니다. 미국은 이제 손을 쓸 수도 없게 되었습니다." 현 상황을 정확히 진단하는 중요한 연설이었다. 달켐퍼 의원은 미국과 중국의 기술 격차가 줄어들고 있다고 말하지 않았다. 중국이 미국의 뒤꽁무니를 바짝 쫓아오고 있다고 경고하는 게 아니라, 중국이 다른 많은 분야에서 이미 그러하듯이, 이번에도 역시 서양을 추월할 것이라고 설명했다. 중국은 일본이 만든 것보다 훨씬 성능 좋은 스텔스 전투기를 제작했으며,[26] 연산 능력이 93페타플롭스나 되는 세계 최강의 슈퍼컴퓨터[27]도 선보였고(이로써 중국은 정보 분야 세계 1위로 등극했다),[28] 최초로 해킹이 불가능한 양자 커뮤니케이션 위성을 쏘아 올리는 데 성공하기도 했다.[29]

무엇보다도 중국은 다양한 녹색 기술을 개발하며 그 분야의 리더로 부상했다. 중국은 공해 발생국이라는 이미지를 벗고 녹색 에너지 생산 세계 1위, 태양광 설비 제조 세계 1위, 수력 발전, 풍력 발전 투자 세계 1위, 신에너지 자동차 제조 세계 1위 국가로 발돋움했다. 베이징은 또한 생태 친화적인 '녹색 도시' 네트워크를 구축했다. 그 결과 톈진, 동탄 차오페이뎬, 우한, 창신뎬, 타이중, 신주를 포함한 수백 개 지역에 저탄소 도시 혹은 마을이 우후죽순 생겨났다. 2015년 이 신기술 산업에 모인 투자금은 1000억 달러가 넘는다.[30]

버락 오바마 미국 전 대통령은 중국의 희토류 정책을 세계무역기구에 제소하며 이렇게 경고했다. "전기 배터리와 하이브리드 차 제조 산업은 미국에 너무도 중요한 분야입니다. 세계 에너지 산업은 앞으로도 미국이 책임지고 관리해야 하며, 다른 나라가 장악하게 두어서는 안 됩니다." 그러나 오바마 행정부는 실패한 것처럼 보인다. 2020년에는 중국이 세계 전기차 배터리의 80~90퍼센트를 생산했기 때문이다.[31] 희귀 금속 생산을 독점하고 녹색 기술의 강자가 된 중국은 유럽과 일본, 미국을 제치고 녹색 기술 산업 일자리 창출의 주역이 되고자 한다. 에너지 전환과 디지털 전환의 경제 분야에서 위대한 승리자가 되기를 꿈꾸는 것이다.

한편 기술 개발에 따른 환경 오염 문제는 중국 내에서도 뜨거운 감자다. 그러므로 중국 정부의 야심 찬 녹색 기술 개발 행보는 사회 긴장을 완화하는 기능을 하기도 했다.[32] 최근 중국 내에서 환경 오염을 일으키는 각종 활동을 반대하는 시위는 해마다 5만 회 이상 열린다. 윈난성 쿤밍의 석유화학 단지 건설 반대 시위, 저장성 항저우의 쓰레기 소각장 건설 반대 시위 등 이제는 세계의 유행이 된 일종의 부르주아적 지역 이기주의가 중국에도 널리 퍼지고 있다. 현재 설립된 환경 관련 시민단체는 거의 8,000개에 이르며, 이들이 중국 시민들의 소요를 회유하거나 조직하고 있다. "과거의 경제 발전 모델은 지속 가능하지 않습니다.” 중국의 환경 운동가 마쥔은 단언했다. “현재의 소비 행태를 언제까지고 이어 갈 수는 없습니다. 반드시 변화가 필요합니다.”

녹색 산업 생태계 조성은 국가의 성장 동력을 현대화한다. 그러므로 중국은 국제 사회에서 그들이 갖는 이미지도 녹색화할 수 있을 것이며 에너지 전환을 지지하는 외교 노선의 리더로 군림할 수도 있을 것이다.

부의 대이동

중국이 희귀 금속 산업의 다운스트림 단계까지 모조리 장악하자 유럽과 미국의 산업 역동성에는 큰 차질이 생겼다. 중국의 전략은 2차 세계대전 이후 세계의 기준이던 서양 경제 모델의 취약성을 낱낱이 드러냈다. 한 독일 대학교수의 통계에 따르면 중국이 희귀 금속 산화물 시장을 장악한 1965년부터 지금까지 중국으로 이동한 부는 총 40억 달러에 이른다고 한다.[33] 가치 사슬의 단계를 올려 자석과 배터리 시장까지 포함하면 부의 이동 규모는 10배 더 커진다. 산업의 다운스트림 단계를 점유할수록 더 큰 부가가치를 창출할 수 있다는 사실을 미루어 볼 때 이는 당연한 결과다.

오스트레일리아의 한 연구자는 제조업 분야의 부의 이동 추이를 살펴 보았다.[34] 그는 부품 제조업 분야(인쇄 회로 기판, 센서, 증폭기, 다이오드, LED, 온도조절기, 차단기처럼 조립된 상태로 소비재의 구성 요소를 생산하는 산업)의 경우 세계 각국에서 중국으로 이동한 부의 규모가 4000억 달러에 육박할 것으로 추산했다. 부품 제조업보다 한 단계 더 앞선 기술력이 필요한 장비 제조업 분야(자동차 계기판이나 카메라, 컴퓨터의 디스크, 항공 엔진이나 항공기를 움직이는 각종 소프트웨어 등을 생산하는 산업)의 양상은 더욱 충격적이었다. 세계 각국의 장비 제조업 분야에서 중국으로 이동한 부의 규모는 무려 4조 달러에 달했다. 이는 프랑스 국민총생산의 2배나 되는 액수다.

연간 희토류 시장의 매출은 65억 달러다. 이는 고작 석유 시장 매출의 276분의 1에 해당하므로 시장 규모 자체는 크지 않다고 볼 수 있다.[35] 그러나 희토류는 우리가 사용하는 거의 모든 제품에 쓰인다. 그러므로 금속 산업이 미치는 여파는 대단히 클 수밖에 없다.

게다가 중국의 여파로 광물 생산 기업이나 풍력 터빈, 전기차 등을 제조하는 공장들이 폐쇄되었고, 이는 그들 국가의 무역 수지나 세수입에 큰 영향을 미쳤지만, 위에서 소개한 두 연구의 통계에서 이 같은 점은 반영되지 않았다. 부의 이동 규모가 이토록 컸다면, 일자리 또한 심각하게 줄지 않았을까? 중국은 수백만 개의 일자리를 얻고 다른 나라는 그 여파로 많은 일자리를 잃었을 것이다.

미국 시카고를 벗어나 한 시간 정도 미시간 호수를 따라 달리면 인디애나에 도착한다. 우리 연구팀은 이곳에서 중국의 맹공격이 미국 금속 산업에 초래한 재앙의 규모를 가늠해 볼 수 있었다. 우리는 미국 철강 노동조합인 유나이티드 스틸워커스의 조합원 짐 로빈슨을 만나기 위해 개리Gary라는 작은 도시에 있는 그의 사무실로 갔다. 우리는 수심이 가득 찬 로빈슨의 얼굴에서 현황을 짐작할 수 있었다. 1980년대까지만 해도 이곳 강철 산업의 전망은 아주 밝았다. "개리의 강철 산업이

어찌나 번창했던지 사람들은 이곳을 '미국의 루르Ruhr'*라고 불렀습니다!" 그가 과거의 기억을 되살려 이야기를 들려주었다. "굉장한 시기였죠. 우리에게 이런 위기가 닥치리라고는 누구도 상상하지 못했습니다." 우리가 만나본 개리의 주민들은 그들의 도시를 "난파선의 잔해와 같다"고 자조적으로 말했다. 유령 도시 같은 분위기를 풍기는 이 동네에는 누군가 버리고 떠난 것 같은 집들이 즐비했고, 문짝이며 창문이 깨진 집들은 고작 50달러에 매물로 나와 있었다. 주민들은 실업과 절망, 치안 불안으로 황폐해진 제조업 도시를 빠져나갔다.

현재 미국 자석 생산업체의 4분의 3은 문을 닫았다. 20년 전 6,000명이던 업계 종사자는 이젠 500명 남짓이다.[36] 일본 자동차 기업 도요타와 독일 기업 BMW 모두 생산 시설의 일부를 중국으로 이전했다.[37] 일본 재벌 그룹 스미모토, 독일 화학 공업사 바스프, 바스프와 동고동락하는 미국 기업 그레이스도 일부 생산 공정을 중국으로 옮겼다. "기업은 중국의 낮은 인건비에 구미가 당겼을 것입니다. 또한, 안정적으로 희토류를 공급받을 수 있다는 점 또한 공장 이전을 결정짓는 중요한 요인이었을 겁니다." 오스트레일리아의 대학교수 더들리 킹스노스는 이렇게 분석했다. "전부 합해서 수백만 개의 일자리가 이동한 셈"이라고 그는 덧붙였다.[38] 재생 에너지로 승부수를 던진 중국은 서양이 주도하던 화석 연료 기반의 기존 산업 체계를 와해시켰고, 동시에 새로운 에너지 체계를 정착시켰다. 어쩌면 트럼프 대통령이 에너지 전환 국면을 반기지 않은 것은 당연하다. 그는 에너지 전환이라는 새로운 길, 미국 산업을 크게 뒤흔들어 놓을 그 길로 들어서기가 꺼려졌을

* 루르는 독일 중공업의 중심지이자 유럽 최대의 공업지역이다.

것이다.[39] 그는 오히려 20세기 내내 미국 권력의 기반이던 석유 에너지 모델이 영원하길 바랐을 것이다.[40]

프랑스도 예외는 아니었다. 2001년 프랑스 경제부총리였던 아르노 몽트부르는 한 석간신문에 다음과 같은 글을 기고했다. "2001년, 오트 갸론 지방의 작은 마을 마리냑에 있던 프랑스 유일의 마그네슘 공장이 생산을 멈췄다. 중국과의 경쟁에 밀려 역사 속으로 사라진 것이다. 그로부터 몇 년 후, 마그네슘 시장을 독점한 중국은 광물 가격을 대폭 올렸다. (…) 그 사이 프랑스는 자동차와 항공 산업에서 수백 개의 일자리를 잃었다."[41]

그러나 프랑스 정부는 이후로도 금속 제련 산업에 무관심했고, 2013년엔 희귀 금속 처리 전문 기업인 콩투아르 리옹-알망과 루요마저 파산했다. "프랑스에 남아 있던 마지막 희귀 금속 기업이었습니다." 루요에서 일했던 직원은 애통해했다. "2002년엔 거의 4,000개의 일자리가 사라졌습니다." 프랑스를 포함해 전 세계에서 그러했다는 말이다.[42] 모든 첨단 기술 분야의 일자리는 고부가가치를 창출하며, 전문 역량을 요구한다. 그러나 이러한 일자리들의 출현으로 지난 수백 년 동안 존재하던 무기, 전자, 자동차, 그리고 에너지 산업 분야의 일자리가 사라졌다. 지난 15년간 프랑스 제조업계에서 증발한 일자리 수는 대략 90만 개다. 이는 전체 제조업 분야 일자리 수의 25퍼센트에 해당하는 수다. 같은 기간 프랑스 국민총생산에서 2차 산업*이 차지하는 비율은 4포인트 하락했다.[43]

미국, 유럽, 프랑스는 탈산업화를 겪으며 심각한 사회 문제와 맞닥

* 1차 산업에서 얻은 천연자원 등을 가공하는 산업

뜨렸고, 전후 사회계약의 붕괴를 목격했다. 더불어 수많은 대중 영합주의 정당이 출현하기도 했다. 도널드 트럼프가 백악관 입성에 성공한 것도 러스트 벨트를 구성하는 제조업 몰락 지역 유권자들의 지지에 힘입은 바 크다. 공화당의 대선 후보자였던 트럼프는 중국의 반反경쟁 관행과 공장 이전 촉구를 거듭 비난하면서, 중국과의 전쟁에서 미국을 보호해야 한다고 강조했다. 그의 전략은 적중했다. 덕분에 트럼프는 러스트 벨트 유권자들의 표를 거의 독식하고 힐러리 클린턴과의 격차를 좁힐 수 있었다.

희귀 금속과 상관없이 서양은 탈산업화로 인한 치명적인 결과를 감당해야 했을 것이다. 그러나 중국이 화석 연료를 대체할 원료를 독점하고, 그 원료에 의존하는 녹색 산업을 장악하면서 서양의 경제, 사회, 정치 위기는 한층 증폭됐다. 그러나 프랑스의 한 전문가는 "반대로 생각하면 유럽식 기술, 사회, 경제 모델이 기득권을 보존할 수 없을 정도로 턱없이 무능했던 것"이라고 진단했다. 그는 한 마디 더 덧붙였다. "결국 유럽 민주주의의 생존 여부는 이제 막 싹을 틔우기 시작한 중국 산업이 얼마나 부상하느냐에 달려있다고 볼 수 있습니다."[44]

권위주의적 자본주의의 미소

경제 대국이 된 중국은 이제 그들의 정부 모델을 홍보하기 시작했다. "중국이 이룬 권위주의적 자본주의는 다른 독재 국가들에 무척 고무적인 현상일 것"이라고 인도의 한 대학교수는 분석했다.[45] 견고한 경제 성장과 정치적 안정을 모두 보장할 수 있음을 입증했기 때문이다. 따라서 앞으로 신흥국가들은 '베이징 합의'[46], 즉 중국식 경제 발전 모델을 모범으로 삼으려 할 수도 있다. 베이징 합의는 경제 발전과 민주주의의 진보가 필연적으로 연계된다고 주장하는 워싱턴 합의에 정면으로 맞선다. 그러므로 희귀 금속 전쟁과 녹색 산업 일자리 전쟁이 곧 중국과 서양의 이데올로기 갈등이라는 주장은 과연 타당한 것이다.

"'문명이 충돌한다'는 관점은 대단히 서양적인 것입니다." 공자의 가르침에서 영감을 받았다는 중국의 유명 철학자 자오팅양은 천하체계라는 개념을 제시했다.[47] 천하체계란 국제 관계의 조화를 추구하는 것이다. 우리 연구팀은 이 철학자를 직접 만나 서양과 중국의 미래 관계에 관해 의견을 물었다. 그는 이렇게 답했다. "세계화의 구심력은 우리를 점점 더 상호의존적으로 만듭니다. 그러나 친구와 적을 나누는 서양의 사고방식으로는 진정한 세계화를 이루기 어렵습니다. 군사 혹은 경제 갈등이 일어나기 쉽기 때문입니다. 중국의 천하체계는 다릅니다. 세계의 엘리트들을 규합하고 서양과 중국의 가치를 공유하는 새로운 권력의 공간을 만들 수 있을 것입니다. 천하체계는 서로 다른 민족들이 평화적인 상호작용을 이룰 수 있게 할 것입니다."

우리는 희귀 금속 대가로 통하는 한 중국인 전문가에게서도 자오팅양의 철학과 비슷한 맥락의 이야기를 들었다. 그는 "앞으로 다가올 세계는 지금보다 훨씬 개방적이고 협동적일 것"이라고 장담했다.[48] 이들의 말처럼 중국은 실제로 최근 몇 년 동안 평화로운 '판다 외교'를 내세우고 있다. 판다 외교란 중국이 원만한 관계를 맺고자 하는 나라에 판다를 보내는 외교 행태다. 중국이 그들의 상징으로 내세우는 이 거대한 포유동물을 보고 사랑에 빠지지 않을 사람은 거의 없을 것이다. 판다가 느릿느릿 대나무 줄기를 먹거나 나무에 엎드려 자는 영상을 보면 즉각 마음이 부드러워지니 말이다. 중국은 판다를 통해 평화의 부상이라는 개념을 전파하고자 하는 듯 보인다.

우리도 정말 그렇게 믿고 싶다. 평화로운 문화적 혼혈 상태를 꿈꾸고 싶다. 그러나 몇몇 얼룩이 청사진에 그늘을 드리웠다. 중국이 미국 인디애나주에 있는 희토류 회사를 전략적으로 사들였고, 야심 찬 군사 계획의 장막을 걷어냈기 때문이다.

7.

지정학 군사 전쟁

희토류의 소식은 할리우드까지 퍼졌다. 석유만큼이나 중요한 천연 자원을 장악한 중국과 그에 맞서는 미국 첨단 기술 산업의 이야기는 정치 스릴러 드라마의 소재로 안성맞춤이었다. 예리한 촉을 가진 할리우드 시나리오 작가들이 이 사실을 놓칠 리 없었다. 유명한 정치 스릴러 드라마 〈하우스 오브 카드〉에는 프랭크 언더우드라는 미국 정치인이 등장한다. 프랭크는 권력의 사다리를 올라갈 수만 있다면 어떤 야합이든 서슴지 않는 인물이다. 이 드라마의 시즌 2에 희귀 금속과 관련된 일화가 등장한다. 각본은 아주 현실적이었다.

극 중 핵심 소재가 되는 희귀 금속은 사마륨-149로, 중국이 세계 생산량의 95퍼센트를 차지하는 물질이다.[1] 각본 내용은 이렇다. 사마륨-149는 미국 원자로를 가동하기 위해 없어서는 안 될 원료인데, 독점 생산자인 중국은 이 원료를 아주 비싼 값에 팔아넘기려 한다. 그러나 그렇게 된다면 미국 시민들이 어마어마한 세금 폭탄을 감당해야 할 터였다. 워싱턴 정가에는 위기가 불어닥친다. 이때 프랭크 언더우드가 돌파구를 찾아낸다. 그는 제삼국에서 사마륨을 구매하는 우회 무역을 제안한다. "그러면 중국은 우리와 계속 직접 거래를 하기 위해 어쩔 수 없이 원료 가격을 내릴 것입니다. 우리는 우리 대로 방위에 필요한 사마륨 비축분을 마련할 수 있을 것이고, 여유분은 은밀한 경로로 동맹국에 팔 수 있을 겁니다."

미국 군대에 필요한 희귀 금속 비축분을 확보하기. 펜타곤의 전략가들은 오래전부터 이 문제를 고심해왔다. 희귀 금속은 전쟁 무기 제조에 필수적이다. 탱크, 구축함, 레이더, 스마트 폭탄*, 대인 지뢰, 야간 투시경, 수중 음파 탐지기, 심지어 미국 해군이 페르시아만에서 시험 포격했던 꿈의 신무기, 레이저 대포에도 모두 쓰이기 때문이다.[2]

게다가 앞으로 다가올 비물질적 전쟁에서는 희귀 금속이 더욱 전략적인 역할을 할 것이다. 21세기 들어와 분쟁은 점점 늘어나고 있다. 교전국들은 육지에서만 맞붙지 않고 하늘, 우주, 사이버 공간에서도 뉴 미디어를 통해 접전을 벌인다. 적의 통신망을 무력화하고, 영상을 제어하고, 여론 조작을 서슴지 않으며 역사를 새로 고쳐 쓰려 한다. 세계의 분쟁은 뭍에서 하는 전투에서 전자 전쟁, 미디어 전쟁, 가상 전쟁으로 옮아가는 중이다.[3] 새로운 전쟁에는 서버와 드론, 레이더 전투기, 위성 편대, 우주 발사용 로켓 등 새로운 무기가 필요하고, 새로운 무기를 제조하려면 희귀 금속이 필요하다. 전장의 고도를 높일수록 우리는 그만큼 더 깊은 지하로 들어가야 한다.

---

* 전자 유도 장치로 제어하는 폭탄

사실 군대에 필요한 희귀 금속의 양은 매우 적다. 미국 방위 산업에서 해마다 수입하는 자석의 양은 200톤 정도인데, 이는 세계 생산량의 0.25퍼센트에 불과하다.[4] 런던의 한 분석가는 향후 3년간 미국 방위 산업에 필요한 희토류의 총량이 배낭 하나에 다 담을 수 있을 정도로 적다고 계산했다.[5] 도널드 트럼프 전 대통령은 2018년 미국의 국방 예산으로 6030억 달러를 확보하겠다고 밝히기도 했다. 그러나 몇 줌 안 되는 희귀 금속이 때맞춰 무기 공장에 공급되지 않으면 세계 1위 군사 대국의 자리를 내주게 될지도 모른다.

반려견 샴푸와 초정밀 미사일

펜타곤은 지난 수십 년간 미국에 기반을 둔 자석 제조업자들과 거래해왔다. 그중 가장 중요하고 전략적인 협력 업체는 마그네퀜치였다. 전문가들의 말에 따르면 마그네퀜치는 세계에서 가장 우수한 희토류 자석을 생산했다고 한다. 에이브러햄 탱크와 스마트 폭탄, 보잉사의 정밀 유도 통합 직격탄 등 아프가니스탄 전쟁과 이라크 전쟁에 실제 투입됐던 무기도 이 기업에서 생산했다.

발파라이소에 있던 마그네퀜치는 날로 번성했다. 발파라이소는 시카고에서 차로 2시간 거리에 있는 인디애나의 소도시다. 인구는 고작 3만 2,000명 정도다. 우리 팀은 이곳에서 마그네퀜치에서 일했던 테리 루나와 만났다. 그는 선뜻 공장 지대까지 동행해주겠다고 나섰다. 마그네퀜치 공장 건물들은 약간 녹이 슬었을 뿐, 여전히 같은 자리에 있었다. 그러나 건물 내부는 전과 완전히 달랐다. "마그네퀜치에서 처음 일을 시작했을 때, 저는 안내대에 배치받았죠." 루나가 말했다. "저기 코코 카바나 카닌이라고 적힌 간판 보이시죠? 지금 이곳은 사람들이 반려견을 맡기는 곳이 되었어요."

코코 카바나 카닌의 젊은 지배인이 티셔츠와 청바지 차림으로 우리를 맞아 줬다. 우리는 반려견 생일파티를 하는 공간을 가로질러 반려견 샴푸와 이발기(짐작했겠지만 모두 중국산 제품이다)를 파는 매장을 지나 마침내 중앙 창고에 도착했다. "이곳은 폭탄이나 원격 조종 미사일 같은 전투 무기에 쓰이는 자석을 쌓아두는 저장고였어요." 테리는 금방이라도 울음을 터뜨릴 것 같은 목소리로 말했다. "그런데 그걸 전부 다 팔아 버렸죠! 그러고는 반려견을 위한 파티 사업이 시작된 거예요."

2006년 마그네퀜치는 발파라이소의 공장을 폐쇄한 뒤, 베이징에서 남동쪽으로 130킬로미터 떨어진 톈진에 새로 공장을 열었다.[6] "중국 사람들은 마그네퀜치의 산업 비밀을 모조리 배운 뒤 자기들 나라로 돌아갔어요." 테리는 덧붙인다. 이 과정에서 총 225명의 직원이 해고되었다. 숙련된 기술자들이 한순간에 직장을 잃은 비극적 사건이었다. 마그네퀜치의 운명은 중국 정부의 군사적 야심과 중국 산업 역량의 우위를 그대로 드러낸다. 현재 중국은 세계에서 두 번째로 연간 국방비를 가장 많이 지출하는 나라다. 중국은 2020년까지 군사 비용으로 2330억 달러를 지출할 예정이라고 밝혔다. 1230억 달러를 지출했던 2010년과 비교하면 거의 두 배 늘어난 액수다. 더 나아가 중화인민공화국 탄생 100주년을 기념하는 해인 2049년까지는 미국을 제치고 1위

자리를 차지하겠다는 당찬 목표까지 숨기지 않았다.

중국 군대는 1980년대 이후 세 가지 큰 변화를 겪었다. 첫 번째는 독트린의 변화였다. 덩샤오핑은 중국 영토의 심장부에서 전투를 벌이는 전쟁을 금지하며 무장 병력은 국내외의 국경 지대에만 주둔한다는 원칙을 세웠다. 두 번째는 조직 구성의 변화였다. 무작정 군대에 많은 인원을 투입하던 옛 방식을 버리고 소수의 직업 군인으로 군대를 구성했다. 세 번째는 기술의 변화였다. 제1차 걸프 전쟁을 치르며 베이징은 그들이 미국보다 뒤처진다는 사실을 확실히 깨달았다.[7] 베이징은 세 번째 변화를 완수하기 위해 무엇을 했을까? 그들은 천연자원의 역사가 주는 중요한 교훈을 오래도록 곱씹었다.

지금으로부터 6,000년 전, 인간은 처음으로 구리를 녹여 도구를 만들었다. 구리로 만든 것들은 석기보다 훨씬 단단하고 예리했다. 도구의 발전으로 인간의 사냥 기술은 엄청나게 발전했다. 그러다 2,000년 뒤 수메르인들이 구리와 주석의 합금인 청동을 만들어 냈다. 곧 지구상의 많은 제국과 문명은 앞다퉈 청동 검과 단도, 도끼 등을 제작했다. 역사상 최초의 무기 제작 경주는 이렇게 시작되었다.[8]

기원전 1200년경, 현재 터키의 남쪽 땅에 살던 히타이트는 청동보다 가벼운 금속, 즉 철을 녹였다. 이들은 철을 활용해 사용이 간편하며 적에게 큰 충격을 줄 수 있는 무기를 만들었다. 일부 역사가들에 따르면 유럽이 아메리카 정복에 성공한 것은 다 철기 덕분이라고 한다.[9] 다음으로 등장하는 건 철과 탄소의 합금인 강철이다. 20세기 초반부터 세계는 전쟁의 도가니가 되었다. 인간은 언제나 그랬듯 새로운 원료를 활용해 새로운 무기를 만들었다. 탄피, 파편 수류탄, 내구성 좋은 철모, 탱크 등을 만들게 된 인간은 1914년 제1차 세계 대전이라는 거대한 대학살을 자행했다. 인류는 새로운 금속을 장악할 때마다 엄청난 기술과 군사적 진보를 이뤘고, 그에 따른 무력 분쟁 또한 더 크고 참혹해졌다. 우리 시대 분쟁의 양상을 바꾸는 것은 희귀 금속, 특히 희토류일 것이다. 중국은 새로운 금속을 장악하는 나라가 전략적, 군사적 우위를 차지하게 될 거라는 점을 잘 알고 있었다.

그러므로 마그네퀜치의 기업 비밀과 특허권을 따낸 중국의 조치는 너무도 일관성 있는 행보였다. 2015년 미국의 CBS 방송사는 〈60미니츠〉라는 방송에서 마그네퀜치의 공장 이전 사건을 대대적으로 이슈화했고, 미국 안보에 중대한 위기가 닥쳤다는 뉴스를 전했다. 세계 1위 군사 대국이 전쟁 무기에 쓰이는 조립 부품의 조달을 위해 중국의 눈치를 보는 처지로 전락했음이 만천하에 공개된 셈이었다. 미국은 어쩌다 이토록 위태로운 상황으로 돌진했단 말인가?

덩샤오핑의 이중 스파이

"저는 21년간 국방부에서 기술 이전 문제를 연구했습니다. 일하면서 제가 본 가장 심각한 사건 다섯 개만 꼽으라면 마그네퀜치 사건을 첫 번째로 꼽을 겁니다." 피터 라이트너는 마그네퀜치 사건 발생 당시 미국 국방부의 고위 관리였다. 그는 기업 기술 수출의 모든 국면을 검토하고 규제하는 일을 했다. 미국의 군사 주권을 위태롭게 할 기술이 수출되지 않도록 관리하는 것이 주된 임무였다. 마그네퀜치 기업 매수는 공장이 중국으로 이전되기 훨씬 전인 1990년대부터 빌 클린턴의 주재로 시작됐다. 마그네퀜치의 소유주인 미국의 제너럴 모터스 그룹은 상하이에 자동차 생산 공장을 설립하는 조건으로 자석 제조업체를 중국에 매각했다.[10]

같은 시기, 피터 라이트너와 국방부 동료들은 다른 사건을 조사 중이었다. 켄터키에 본사를 둔 미국의 크루서블 머티리얼스그룹이 희귀금속 자석 제조업 부문을 앨버타 거래소에 상장된 YBM 마그넥스 인터내셔널에 매각하는 건이었다. 얼핏 보기에 YBM은 나무랄 데 없이 합법적인 기업이었고 필라델피아에 본사와 창고까지 갖추고 있었다. 그러나 조금 더 면밀하게 조사하자 이 기업에 배후 세력이 있다는 사실이 드러났다. 소련 해체로 생긴 공백을 틈타 활개를 치던 러시아 범죄 집단 '붉은 마피아'였다.

YBM은 여러 미심쩍은 인물과 연결돼 있었는데, 우크라이나 출신 세미온 모길레비치도 그중 하나였다. 모길레비치에 대해서 훗날 미국 연방수사국은 "국제적인 사기꾼에 냉혹하기 이를 데 없는 범죄자로, 무기 거래, 청부 살인, 협박, 마약 밀매, 성매매 사건 등에 연루된 자"라고 평했다.[11] 즉 YBM은 자석 제조업체로 위장한 채 러시아와 과거 공산권 지역에서 범죄 행위로 벌어들인 돈을 세탁하는 일을 본업으로 삼고 있었다.

그럼에도 불구하고 1997년 8월 22일 크루서블 머티리얼스는 공식적으로 YBM에 자석 생산 부문을 매각했다. 미국의 방위 산업에 필요한 자석 생산의 일부가 조직범죄 집단의 통제하에 놓이게 된 것이다. YBM의 경영진은 러시아 정부의 지시에 따라 전략적 산업을 획득한 걸까? 그러나 당시 러시아는 자국 내 갈등과 극심한 부정부패를 감당하느라 이 같은 작전을 계획할 여력이 없었을 것이다. 따라서 YBM이 정확히 어떤 목적으로 매수를 진행한 것인지는 오늘까지도 여전히 알 수 없다.

마그네퀜치 매수 작전의 주역들 역시 대단히 수상쩍은 인물들이었다. 마그네퀜치의 공식적인 매수자는 아치볼드 콕스 주니어였는데, 그는 1973년 워터게이트 사건[12]을 담당했던 유명한 미국 검사의 아들이자 벤처 캐피털 섹스턴트 그룹의 대표였다. 영업 분야에 잔뼈가 굵은 장사꾼이었던 그는 진작부터 마그네퀜치에 눈독을 들였다. "콕스는 능수능란한 사람이었습니다." 라이트너가 당시를 회상하며 말했다. "국방부 최고위 책임자들을 제대로 구워삶았죠. 기술 수출에 우려를 표하는 고위직 관리들에게 그는 '미스터 콕스 말고, 그냥 아치라고 불러 주시죠!'라면서 친근하게 굴었습니다. 간부들은 그의 여유와 매력에 빠져들었고, 결국 아치의 요청이라면 뭐든 들어줄 정도가 됐죠. 믿기 어렵겠지만 사실입니다."

그러나 피터 라이트너와 그의 동료들은 아치볼드 콕스와 섹스턴트 그룹이 워싱턴과 베이징 사이에 연막을 치고 있다는 걸 간파했다. 심상치 않은 프로필을 가진 중국인 사업가들이 카리브해의 조세 피난처에 등록된 유령 회사를 교묘히 동원해서 매수에 개입해 있었기 때문이다. "그들 가운데 한 명은 태자당(중국 최고위층 인사들의 자녀들) 소속이었죠. 더 정확히 말하자면, 덩샤오핑의 사위였습니다."

덩샤오핑이 사위 우젠창에게 거대 공기업인 중국 비철금속광업CNNMIC의 경영을 맡겼다는 건 세상에 널리 알려진 사실이었다.[13] 그런데 바로 그 우젠창이 중국 비철금속광업의 뉴욕 지부를 통해서 직접 마그네퀜치 매각의 당사자로 개입한 것이었다.

피터 라이트너는 이어서 이 일에 연루된 덩샤오핑의 사위가 한 명이 아님을 발견했다. 마그네퀜치를 최종적으로 인수한 기업은 베이징 산환 뉴머티리얼스 하이테크였는데, 이 기업의 대표는 다름 아닌 덩샤오핑의 딸 덩란과 결혼한 장홍이었다. 그러므로 이번 기업 매각 건은 여느 다른 상업적 거래와는 명백히 달랐다. "분명히 뭔가 석연치 않은 점이 있었습니다." 전직 국방부 고위 관리는 단언했다. 그는 이 문제를 상부에도 여러 차례 알렸다고 강조했다. "우리는 모든 내용을 거듭 보고하고 문제를 제기했습니다. 하지만 결국 미국 행정부는 우리 의견을 묵살했죠."

민주당 정부가 이토록 무기력하게 대응했다는 사실은 이해하기 어렵다. 특히나 마그네퀜치 사건은 중국이 1978년부터 공식적으로 계획해 온 '16자 방침'을 실천하는 것으로 볼 수 있었기에 더욱 그렇다.[14] 덩샤오핑이 주창한 이 전략의 요체는 산업과 군대의 역량을 모두 강화할 수 있는 '이중dual 기술' 습득에 주력하는 것이었다. 그리고 마그네퀜치 인수는 이 전략에 완벽히 들어맞는 사례였다. 자석은 제너럴 모터스 그룹이 생산하는 자동차에도 쓰이지만, 미국 군대의 역량을 강화하는 데에도 유용하게 쓰이기 때문이다.

중국의 관점에서 16자 방침은 대단히 상식적인 계획이다. 중국은 미국이 부과한 무기 금수 조치로 난관을 겪으면서 전쟁 기술을 습득하는 데 어려움이 있다는 걸 깨달았다. 따라서 차후에 전투 목적으로도 활용할 수 있는 기술을 지닌 외국 민간 기업을 사들이는 쪽을 택한 것이었다. 이 전략으로 말미암아 중국은 이후 줄곧 미국을 상대로 왕성한 간첩 활동을 벌였다. 그 정도가 어찌나 심했는지, 왕년에 미국에서 간첩 색출 활동을 했던 한 책임자는 "미국에서 활동하던 중국 비밀 요원들은 세계에서 가장 공격적이었다"고 평가했다.[15]

한편 프랑스의 한 연구원은 중국이 두 가지 기술에 특히 관심을 쏟았다고 전했다. 하나는 네트워크 전쟁을 효율적으로 전개할 수 있는 기술, 즉 정보 시스템을 사용하여 군대의 역량을 높이는 기술이었다. 나머지 하나는, 다름 아닌 마그네퀜치 공장에서 생산한 자석을 활용한 스마트 폭탄 제조 기술이었다.[16]

차이나게이트와 돈 가방을 든 조니

중국의 분주한 움직임을 살펴온 정치인이라면 누구나 중국 군대가 마그네퀜치를 탐낸다는 사실 정도는 짐작할 수 있었을 것이다. 당시 미국 대통령이던 조지 부시 주니어 또한 당연히 알고 있었다. 그런데 왜 2006년 발파라이소 공장의 중국 이전을 막지 않았던 걸까? 그때 미국은 테러와의 전쟁을 벌이는 중이었다. 따라서 이슬람 원리주의와 관련이 없는 위협은 백악관의 주목을 받지 못했다. 2008년 힐러리 클린턴은 부시 대통령이 마그네퀜치의 암울한 운명을 저지하기 위해 어떤 노력도 하지 않았다고 힐난했다. 그러자 일각에서는 힐러리 클린턴의 위선을 지적했다. 몇 년 전 국방부 고위 관리들의 경고에도 불구하고 마그네퀜치 매각 협상에 앞장섰던 게 바로 빌 클린턴이였기 때문이다.

미국 민주당 행정부는 왜 이토록 경솔한 결정을 내렸을까? 바로 이 대목에서 마그네퀜치 사건은 진정으로 암울한 국면을 드러낸다. 사건이 진행되어가던 무렵, 미국 군수 산업계는 자석 제조업자들과 마찬가지로 계속되는 기술 이전에 동요하고 있었다. 우리 팀은 미국에 몇 안 남은 자석 제조업자 스티브 콘스탄티나이드와 만나 이야기를 나눴다. 그는 무려 3~4년 동안이나 백악관이 미국 탄도 기술에 관한 비밀 정보를 베이징에 제공해왔다는 사실에 큰 충격을 받았다고 했다. "미국은 미사일 기술에 관한 산업 기밀을 중국과 공유했습니다. 그렇게 하도록 행정부를 조종했던 장본인은 빌 클린턴 대통령이었고요."[17]

과연 이 사건의 내막은 무엇이었을까? "각자 나름의 동기가 있을 테죠." 스티브 콘스탄티나이드는 짧게 대답한 뒤 더는 말하려 하지 않았다.[18] 그에 비하면 매우 수다스러운 편인 피터 라이트너는 자기 생각은 물론 이런저런 소문까지 들려주었다. "더러는 중국 군대가 마그네퀜치를 매수하기 위해 공화당, 민주당, 백악관, 심지어 클린턴 대통령에게까지 뇌물을 찔러줬다고 주장합니다."

피터 라이트너는 1990년대에 미국 민주당 행정부와 중국이 맺은 비밀스러운 관계에 대해 탐문조사를 벌였고, 이 과정을 그가 공동 감독으로 참여한 다큐멘터리에 담았다.

베이징은 1996년 미국 대통령 선거에서 노골적으로 빌 클린턴과 그의 러닝메이트 앨 고어의 편에 섰고, 민주당을 재정적으로 지원했다. 중국은 자금 전달을 위해 여러 명의 중개인을 내세웠는데, 이는 미국인이 아닌 누구도 선거 과정에 금전적으로 개입할 수 없다는 미국 선거법에 정면으로 배치되는 행태였다.

중개인들 가운데 조니 청이라고 하는 수수께끼 같은 인물이 유독 우리의 관심을 끌었다. 중국계 미국인인 그는 클린턴 부부와 너무도 가깝게 지냈고, 활동 또한 지나치게 수상쩍었다. 세간에는 자연스레 그가 민주당에 보낼 자금을 걷으러 다니는 징수원이라는 소문이 돌았다. 그에 대한 모든 의혹은 사실이었다. 조니 청이 실제로 중국 군대의 고위 책임자들이 마련한 자금을 백악관에 전달했다는 것이 밝혀졌기 때문이다.

이 사실은 미국 언론을 통해 보도되었고, 피터 라이트너가 공동 감독한 다큐멘터리 영상에서도 확인할 수 있다.[19] 이 다큐멘터리에는 1993년부터 1995년까지 미국 중앙정보국CIA 국장으로 일했던 제임스 울시가 출연했다. 다큐멘터리에서 감독은 울시에게 이런 질문을 던진다. "1993년부터 1995년까지 조니 청은 무려 58차례 백악관에 드나들었습니다. 그런데 같은 기간 중앙정보국 국장이던 당신은 빌 클린턴과 딱 두 번 면담한 게 다였죠. 왜 그런 겁니까?"

"울시 국장은 바로 대답하지 못했습니다." 피터 라이트너가 회상했다. "그러다 마지못해 말했죠. '그 같은 대통령의 일정 자체가 질문에 대한 답'이라고요." 조니 청은 심지어 중국 군대 고위급 인사들을 로스앤젤레스에서 개최된 후원금 모금을 위한 만찬 행사에 초청하고, 그들과 대통령이 사적으로 만날 수 있도록 주선하기도 했다.[20]

그러나 이윽고 사법부에서 이 사건을 주의 깊게 들여다 보기 시작했다.[21] 《워싱턴 포스트》는 연방 당국이 미국 대선에 중국이 개입하려 한 사실과 중심 역할을 해온 주미 중국대사를 조사 중이라고 폭로했다.[22] 보도가 나가고 사건의 파문이 확대되자, 민주당은 기부금으로 받은 수백만 달러를 다시 돌려보내야 했다.

일명 차이나게이트라 불리는 이 거대한 스캔들로 '돈 가방을 든 조니'를 포함한 수십 명이 유죄 판결을 받았다. 반면 민주당의 수뇌부는 털끝만큼도 다치지 않았다. 당시 법무부 장관이던 재닛 레노는 사건을 파헤치기 위한 특별 검사 임명도 거부했다.

빌 클린턴 대통령과 민주당은 정말로 지원금을 받은 대가로 중국에 기술을 넘겨준 걸까? 함부로 말하기 두려울 만큼 거대한 혐의다. 백악관은 기술 이전이 미칠 영향을 과소평가했던 걸까, 아니면 마그네퀜치의 특허권이 있건 없건 중국은 어떻게 해서든지 기술을 습득할 테니 상관없다고 생각했던 걸까. 명확하게 파악하기에는 사건의 사각지대가 너무 많다. 피터 라이트너는 "클린턴 행정부가 중국이 요구하는 거의 모든 것을 다 들어주었을 것"이라고 확신했다. 이어서 라이트너는 의미심장한 질문을 던졌다. "희토류 자석은 부패와 냉소주의, 권력욕이 복잡하게 얽힌 거대한 퍼즐의 중심 조각이었을까?"

전략적 요충지 남중국해를 둘러싼 분쟁

"한 가지는 확실합니다." 피터 라이트너가 강조했다. "중국은 마그네퀜치를 매수함으로써 장거리 미사일을 제작하는 데 필요한 기술을 획득했습니다." 이제 문제는 중국이 새로 획득한 기술을 둥펑-26 탄도 미사일에 탑재할 것인가의 여부다. 둥펑-26은 둥펑 21-D와 마찬가지로 괌 미군기지까지 도달할 수 있는 중거리 미사일이다. 중국은 2015

년 베이징의 열병식에서 온 세계에 이 무기를 과시했다. 2010년부터 양산된 둥펑-21D 탄도 미사일은 베이징이 최근 남중국해에서 구사하는 '접근 저지 정책'의 중심이 되는 무기다. 둥펑-21D는 항공 모함을 타격할 수 있다 하여 '항공 모함 킬러'라는 별명이 붙었다.

중국부터 베트남 남부까지 해안을 따라가며 이어지는 띠 모양의 남중국해 해저에는 어마어마한 양의 탄화수소가 매장되어 있다. 게다가 남중국해는 세계 석유 무역의 절반을 감시할 수 있는 전략적 요충지이기도 하다. 일본과 한국, 베트남, 필리핀, 그리고 특히 미국은 중국이 이곳을 장악하는 것을 바라지 않을 것이다. 2020년까지 미국 전함의 60퍼센트는 남중국해에 배치될 예정이다.[23] 2017년에는 거의 매주 남중국해에서 크고 작은 충돌과 사건 사고가 발생했다. 곧 남중국해는 "바다의 화약고"라는 별명을 얻게 되었다. 중국과 미국의 무력 분쟁이 일어난다면 아마도 첫 포성은 이곳에서 울릴 가능성이 크다.

서양의 군사적 우위엔 이론의 여지가 없다. 미국의 군비 지출은 세계 군비 지출 총액의 40퍼센트를 차지하지만, 중국은 8퍼센트에 그친다.[24] 그렇지만 베이징 정부가 앞서 언급한 탄도 미사일 기술을 획득하면서 남중국해 대결의 판도는 크게 바뀌었다. "미래에 전쟁이 발발한다면 미국 군대는 예상보다 훨씬 강한 적, 현대적인 고성능 장비를 갖춘 군대와 싸우게 될 것입니다." 피터 라이트너가 예측했다. "즉 태평양에서의 우리의 패권이 흔들릴 수도 있다는 뜻입니다."

중국과 미국의 관계는 악화일로를 걷고 있다. 도널드 트럼프 대통령은 베이징 정부와 무역 부문에서 격한 기 싸움을 벌였으며, 트럼프의 측근들은 앞으로 10년 안에 미국과 중국이 남중국해에서 무력 충돌을 일으킬 거라고 주장했다. 그러나 결국 미국은 자국에 꼭 필요한 원료를 공급해 주는 국가의 눈치를 보게 되지 않을까? 중국은 기회만 온다면 워싱턴의 의존성을 최대한 이용하려 할 것이다. 가령 희토류 카드를 무역 협상에서 꺼내 든다거나, 어떻게든 미국 군사력을 약화할 방안을 요리조리 모색할 것이다. 2017년 상원의 정보위원회에 출두하여 질문을 받은 CIA 국장 마이클 폼페이오는 미국이 희토류 공급 면에서 중국에 의존하고 있다는 사실은 정보국의 관점에서 "심각한 우려를 자아내는 위험한 문제"라고 강조했다.[25] 하지만 그러면서도 그는 미국 정보부처가 문제 해결을 위해 구체적으로 어떤 복안을 세우고 있는지는 명확히 밝히지 않았다.

광물자원 탐사 기업인 텍사스 미네랄 리소스의 앤서니 마치즈 대표는 2010년부터 2013년까지 미국 중앙정보국 국장으로 일했던 마이클 모렐과 이 문제에 관해 나눴던 대화를 들려주었다. "모렐이 그러더군요. '좋은 소식은 그 문제가 내 문서함에 저장돼 있다는 겁니다. 즉 중앙정보국이 문제를 정확하게 인지하고 있다는 뜻입니다. 나쁜 소식은 그 문제가 문서함의 가장 아래에 있다는 겁니다. 지금껏 백악관은 단 한 번도 희토류가 우선 사안이라고 밝힌 적이 없어요'."

무언가 변화를 만들기 위해서는 백악관이 직접 나서야 할 것이다. 트럼프 행정부의 상무장관이던 윌버 로스는 중국산 알루미늄 수입을 제한하겠다고 발표하기도 했다. 알루미늄은 탄산수 용기를 만드는 데에도 사용되지만, 미국의 수많은 무기류 제조에도 쓰이는 자원이다. 윌버 로스는 "미국 군사 산업을 위해 더 높은 품질의 알루미늄이 필요한 바로 이 시점에 우리가 생산하는 알루미늄의 양은 점점 줄고 있다.

항공 산업에 사용되는 알루미늄을 생산하는 업체는 딱 한 곳뿐"이라고 지적했다.[26]

2017년 7월 21일 트럼프 대통령은 미국 방위 산업 보급 체계의 회복 탄력성을 평가하고 강화 대책을 세우기 위해 보고서를 주문했다.[27] 보고서에는 미국 방위 산업을 지키기 위해 결정적인 역할을 하는 기업과 공장을 선별한 목록이 담겼다. 2017년 9월, 상황을 정확히 파악하고자 했던 앤서니 마치즈는 보고서의 저자로 참여한 연구자와 만나 인터뷰를 나눴다. "백악관은 중국에서 희토류를 수입하는 것 자체를 마땅치 않게 여깁니다. 그래서 행정부는 군수 관련 계약에 '바이 아메리카Buy America 조항'을 넣으려 하죠." 연구자가 설명했다. 바이 아메리카 조항은 미국 정부의 재정 지원을 받아 추진하는 공공사업에 오직 미국산 철강과 공산품만을 사용하도록 규정한 보호무역 정책이다. 다시 말해 미국 영토 내에서 희토류의 생산, 제련, 가공을 재개한다는 것을 뜻한다.[28] 2019년 봄 중국이 수출을 봉쇄하겠다고 다시금 으름장을 놓자, 미국 정부는 폐쇄했던 희토류 광산을 재가동하고, 금속 재활용을 활성화하며, 자원 대체재 연구 등을 통해서 중국 의존도를 줄이겠다는 목표를 담은 보고서를 발표했다. 윌버 로스는 "연방정부는 미국에 이 중요한 원료의 공급이 끊어지는 일이 없도록 단호히 조치하겠다"며 단호히 말했다.[29] 하지만 트럼프의 이런 호언장담과 달리 지금까지 이렇다 할 만한 뚜렷한 변화라고는 전혀 감지되지 않고 있다. 미 행정부는 이 문제를 해결할 하나의 답을 찾지 못하고 있다.[30] 현상 유지를 지지하는 쪽에서는 희토류 공급 주권을 되찾는 대가가 너무 크며, 필요한 희토류의 양 자체가 너무 미미하므로 그렇게 큰 출혈을 감당할 만한 가치가 없다고 주장한다. 게다가 이들은 펜타곤이 언제든 원료 공급원(암시장에서 구매할 가능성도 배제하지 않는다)을 구할 수 있고, 미국의 군사적 우위는 위협받지 않을 것이며, 감히 중국이 미국 군대에 대항해 대대적인 위기를 촉발하려 하지는 않을 것이라고 진단한다. 그러나 주권이 회복되지 않는다면 미국은 마치 바둑에서처럼 서서히 중국에 포위되고 말 것이다. 앤서니 마치즈는 이렇게 경고했다. "미국이 중국을 그냥 내버려 둔다면, 10년 후 미국은 오늘날 누리는 군사적 지위를 누릴 수 없을 겁니다."

앞으로 워싱턴은 지난 몇 년 동안 줄곧 민주당, 공화당 행정부, 그리고 록히드 마틴 F-35 라이트닝 II 전투기 제조업자들이 겪었던 코르네이유적 딜레마를 겪어야 할지도 모른다.*

중국 자석에 휘청이는 펜타곤

사건의 시작은 1973년으로 거슬러 올라간다. 이 해에 미국에서는 무기 제조에 쓰이는 금속의 수입을 금지하는 법안이 통과된다. 미국 무기 산업에서 코발트, 지르코늄, 티타늄 등의 쓰임새가 점점 늘자 전시 물자 공급 주권을 지키기 위해 국내 금속 산업계를 보호할 필요가 있다고 판단했기 때문이다.

* 코르네이유적 딜레마는 중요하고 가치 있는 두 가지 선택지 앞에서 하나를 쉽게 택할 수 없는 상황을 가리킨다. 17세기의 프랑스 극작가 코르네이유가 의무와 사랑 사이에서 방황하는 인물들이 등장하는 작품을 많이 쓴 데서 비롯된 표현이다.

1990년대 초, 세계 1위 군사 대국은 어마어마한 프로젝트에 도전장을 내밀었다. 미국 방위 산업체인 록히드 마틴에서 최첨단 스텔스 전투기인 F-35 5세대 전투기를 개발하는 것이었다. 미군이 계획한 신무기 프로젝트 중 가장 많은 개발 비용이 들었던 이 프로젝트에는 미국의 여러 연합국이 공동으로 투자금을 댔다. 미국이 F-35 프로젝트에 거는 기대는 그들이 납세자들에게 내민 엄청난 청구서만큼이나 컸다. 공중을 제압하는 최강의 전투기를 개발하는 것은 물론 동시에 미국 방위 산업 역량과 무역 수지를 최대한 끌어올리고, 수만 개의 일자리까지 창출할 것으로 전망했기 때문이다. 앞으로 몇십 년 동안 2,500대의 F-35 전투기는 오스트레일리아와 영국, 네덜란드, 이스라엘, 이탈리아, 터키, 일본, 한국 등지로 배달될 예정이다.

그런데 2012년 8월, 록히드 마틴의 가장 중요한 협력업체인 노스럽 그러먼과 허니웰은 미국 행정부에 우려를 표명했다. 그들이 F-35 조립을 위해 납품한 일부 레이더, 착륙 장치, 컴퓨터 시스템에 쓰인 희토류 자석에 문제가 있다는 것이었다. 노스럽 그러먼은 그들의 공장에서 출고된 115대의 스텔스기에 탑재된 레이더에 미국 경쟁업체인 중국 청두 마그네틱 머티리얼 사이언스 앤 테크놀러지에서 제조된 자석이 들어있음을 발견했다. 부주의한 중간 업자의 실수로 야기된 사고로 보였다. 그러나 이것은 엄연히 불법 행위였고, F-35 프로젝트에 계속 중국 부품을 활용하는 것은 용납할 수 없는 일이었다.

보고를 받은 미국 국방성은 군대 물자 구매, 배급, 기술을 담당하는 국방성 차관 프랭크 켄돌에게 사건 조사를 맡겼다. 상황은 복잡했다. 중국산 자석을 쓰지 않기 위해 미국산 자석이 조달될 때까지 기다린다면 F-35의 배치가 예정보다 너무 늦어지고, 이미 활동 중인 모든 스텔스기를 해체하여 문제의 자석을 미국산 자석으로 교체하려면 천문학적인 비용이 들기 때문이었다.

펜타곤에서는 1973년 제정한 법에 예외 규정을 삽입하자는 논의가 오갔다. 하지만 몇몇 고위 책임자들은 신중한 태도를 보였다. 중국이 납품한 희토류 자석 부품에 간첩 행위용 소프트웨어가 심겨 있는 건 아닐까? 과연 그럴 가능성이 없다고 확신할 수 있을까? 4000억 달러짜리 프로그램이 개당 2달러도 채 안 되는 자석 몇 개 때문에 완전히 오염되는 건 아닐까? 미국은 희귀 금속 산업의 다운스트림 단계를 중국에 넘기면서 그들의 군사 비밀과 첨단 기술을 따라잡을 기회까지 함께 넘겨준 건 아닐까? 이러한 질문들은 국가 안보에 관한 더 큰 질문으로 이어진다. 중국이 서양 국가의 군대는 물론 전 세계에 공급하는 마이크로프로세서와 희귀 금속이 부품으로 들어간 반半제품 내부에 트로이의 목마를 심어놓은 건 아닐까?

2005년 펜타곤은 한 보고서에서 미국 군대가 사용하는 전자 시스템 속에 악성 바이러스가 침투하면 한창 교전 중인 전투기가 제대로 작동하지 못할 수 있다고 설명했다. 이러한 우려는 미국의 보잉이 개발한 로크웰 B-1 랜서 장거리 다목적 폭격기, 록히드 마틴에서 만든 일부 F-16 요격기, 그리고 레이던이 제조한 모든 신형 방어 미사일 SM-3 블록 IIA 등에 중국에서 공급하는 원료가 쓰인다는 사실이 밝혀지면서 한층 심각해졌다.

켄돌은 록히드 마틴 측에 해결책을 찾아내라고 독촉했다. 그러나 딱히 만족스러운 해결책은 나오지 않았고 모든 자석을 미국산으로 교체하는 방안은 현실적이지 못했다. 세계 1위 군사 강국과 그의 동맹국들의 기술 우위에 어두운 그림자가 드리우는 사이, 중국과 러시아는 자국 내 스텔스 전투기 개발 계획을 착착 진행해 나가고 있다.

시간도 촉박하고 예산마저 빠듯한 가운데 켄돌은 중국이 납품하는 부품에 무언가 숨겨져 있을지 모른다는 생각은 망상에 가까우며 위험은 없다고 판단했다. 그리고 1973년 법으로 규정한 부품 수입 봉쇄는 청두 마그네틱 그룹이 제조한 희토류 자석엔 적용하지 않겠다고 선언했다. 이로써 중국 기업은 F-35의 공식적인 부품업체가 되었다.

다시 말해 미국은 중국이 생산한 자석 없이는 계획을 실행에 옮길 수 없는 처지가 되었다. 앤서니 마치즈는 펜타곤이 오늘까지도 여전히 특별 허가를 반복하고 있다고 설명했다. "F-35 제조업자들은 계속 중국에서 희토류를 사들입니다. 그러니 무슨 말을 더하겠습니까."

8.

에너지 전환의 미래

디지털 기술, 지식 경제, 녹색 에너지 산업, 송신 부문과 전력 저장, 그리고 우주 산업과 방위 산업에 이르기까지 희귀 금속 수요는 많은 분야에서 기하급수적으로 늘고 있다. 세계 곳곳에서는 매일 같이 희귀 금속이 지닌 새로운 기적적 특성을 발견하고 응용 분야를 개발한다. 첨단 기술로 친환경 세상을 만들겠다는 인간의 욕망을 막을 수 있는 건 아무것도 없는 것처럼 보인다. 오직 상상력의 한계만이 있을 뿐이다. 지구는 우리의 의지대로 움직일 것이다, 그렇지 않은가? 그러므로 우리는 광산 부지를 전 지구로 확장할 것이다. 우리는 언제나 산과 언덕, 계곡에서 희토류라는 신성한 광물을 필요한 만큼 추출할 수 있을 것이다.

얼핏 보면 불가능한 건 없는 것 같다. 1차 세계 대전이 끝난 직후부터 2007년까지 세계 경제에 필수적인 14개 금속의 생산량은 20배가 늘어났다.[1] 2차 세계 대전이 끝난 후 우리의 금속 소비는 급격하게 팽창했다. 이 외에도 인간의 기대 수명, 소비 습관, 부의 축적, 교류되는 전자 데이터의 양, 지구 온난화의 위험까지, 지표상의 거의 모든 것이 급증했다. 자, 그렇다면 다음 세기는 어떤 모습일까. 이 광기가 앞으로 한층 더 가속화될까?

지난 20년 동안 그래왔듯이 세계 총생산이 앞으로도 해마다 3퍼센트씩 성장한다면, 2041년에는 현재의 2배가 될 것이다. 이 논리대로라면, 독자 여러분이 이 대목을 읽는 순간 건설되고, 소비되고, 교환되고, 버려지는 모든 것이 한 세대도 지나지 않아 대략 2배로 늘어날 것이다. 고층 건물도 2배, 고속도로 입체 교차로도 2배, 프랜차이즈 식당도 2배, 밀바슈 농장*도 2배, 에어버스 비행기도 2배, 정전기 양도 2배, 데이터 은행도 2배로 많아질 것이다. 자동차도 2배, 사물인터넷도 2배, 냉장고도 2배, 철조망 길이도 2배, 피뢰침도 2배…. 따라서 희귀 금속 필요량도 당연히 2배 더 늘어날 것이다.

금속 결핍 시대가 올 것인가

2015년 파리기후변화협약이 체결될 무렵 부르제에서는 한 심포지엄이 개최되었다. 이곳에 참석한 몇몇 전문가들은 인류의 미래 수요를 예측한 추정치를 내놓았다.[2] 이들은 지금부터 2040년까지 우리가 지

* 프랑스 북부에 있는 기업형 농장으로, 1,000마리의 젖소를 기른다고 해서 붙여진 이름이다. 프랑스어로 mille은 1,000, vache는 암소를 뜻한다.

금보다 3배나 많은 희토류를 채굴할 것으로 예상했다. 오늘날과 비교하면 텔루륨은 5배, 코발트는 12배, 리튬은 16배나 늘어날 것이라고 한다. 프랑스 국립과학연구원CNRS의 연구원 올리비에 비달은 중기적인 관점에서 우리의 첨단 기술 생활 방식을 유지하는 데 필요한 금속에 관한 연구를 진행했다.[3] 그의 연구 결과는 2015년 책으로 출간되었고,[4] BBC 방송에서 언급되기도 했다. 또한 비달이 직접 유럽을 순회하며 주로 학생들을 대상으로 30여 차례 강연도 했지만, 그게 전부였다.

사실 올리비아 비달의 책은 전 세계 국가 수반들이 머리맡에 두고 일독해야 마땅한 것이었다. 비달은 가장 보편적으로 받아들여지는 세계의 성장 전망에 근거하여, 우리가 기후 온난화에 대항하기 위해 채굴해야 하는 금속의 양이 엄청나다는 사실에 주목했다.

풍력 터빈의 예를 들어보자. 비달의 조사에 따르면 풍력 터빈 시장이 성장하려면 지금부터 2050년까지 강철 32억 톤, 알루미늄 3억 1000만 톤, 구리 4000만 톤이 필요하다.[5] 올리비에 비달은 "풍력 터빈 인프라를 지을 때는 전통적인 연료를 사용하는 발전 설비를 지을 때보다 콘크리트는 15배, 알루미늄은 90배, 철, 구리, 유리는 50배 이상이 쓰인다"고 설명했다. 2017년 세계은행 또한 같은 주제를 연구했는데, 연구 결과에 따르면 수소나 태양광 발전도 별반 다르지 않다. 세계은행 측 연구진은 "수소나 태양광 발전 설비에는 전통적인 전력 공급 설비보다 훨씬 많은 자원이 쓰인다"고 밝혔다.[6]

비달의 결론은 일반적인 통념을 크게 벗어난다. 그는 "세계 금속 소비량이 해마다 3~5퍼센트씩 증가하고 있으므로, 우리는 수요를 맞추기 위해 2050년까지 인류가 태초 이래 채굴해온 금속보다 더 많은 양의 금속을 캐내게 될 것"이라고 설명했다. 독자들은 내가 자꾸 같은 말을 되풀이하는 걸 양해해 주길 바란다. 그러니까 우리는 다음 한 세대에 선조들이 2,500세대를 거치며 7만 년 동안 소비한 광물보다 더 많은 광물을 소비할 예정인 것이다. 이제까지 지구에 살았던 1080억의 인간들보다 우리 75억 동시대인들이 더 많은 광물을 게걸스럽게 먹어치울 거라는 뜻이다.[7] 이게 다가 아니다. 비달의 연구에는 빠진 것들도 많았다. 녹색 에너지 전환이 남길 생태 발자국을 제대로 가늠하기 위해서는 원자재 수명 주기에 대한 훨씬 더 총체적인 접근이 필요하다. 예컨대 광업에 드는 물 사용량, 에너지 운송과 비축, 활용 과정에서 발생하는 탄소 배출량, 녹색 기술 재활용에 관해 아직 알려지지 않은 사실과 에너지 전환 활동이 생태계와 생물 다양성에 미치는 크고 작은 영향까지 모두 살펴볼 필요가 있다.

올리비에 비달은 "현기증이 날 지경"이라고 이야기했다. 그렇지만 이 모든 양상을 제대로 이해하는 정치인은 거의 없다. 비달은 최근 몇 년 동안 이 문제에 관해 프랑스 연구부에 경각심을 불어넣고자 시도했다고 털어놓았다. "그러나 안타깝게도 저는 첫 관문도 넘어서지 못했습니다. 담당부처의 제일 말단에도 접근하지 못했으니까요." 제21차 유엔기후변화협약 당사국총회가 열리는 동안 희귀 금속 관련 심포지엄을 개최했던 알랭 리제도 비달과 똑같은 좌절을 맛보았다. "저는 세골렌 루아얄(당시 환경부 장관), 에마뉘엘 마크롱(당시 경제부 장관), 그리고 로랑 파비위스(당시 외교부 장관)에게 쪽지를 보냈습니다. 마크롱 보좌진들에게서 전화가 왔는데, 심포지엄 개최는 아주 좋은 생각이라고 하더군요. 반면 외교부와 환경부에서는 아무 반응이 없었습니다. 그들이야말로 기후 협약에 관한 주무 부처인데 말이죠."[8] 리제가 한숨을 쉬며 설명했다.

우리는 결핍 문제에 직면해 있다. 에너지 전환을 옹호하는 이들은 조수, 바람, 태양광이라고 하는 마르지 않는 샘에서 녹색 기술을 작동시키기 위한 에너지를 무한히 길어 쓸 수 있다고 생각한다. 그러나 희귀 금속 사냥꾼들은 머지않아 적지 않은 수의 자원이 고갈될 거라고 경고하고 있다. 우리는 이미 멸종 위기에 처한 동물과 식물 종의 목록을 가지고 있다. 그렇다면 곧 고갈될 금속의 목록도 작성해야 하지 않을까? 지금과 같은 생산 속도라면 일반 금속과 희귀 금속 15개 정도는 50년 이내에 고갈될 것이고, 철을 포함해 매장량이 매우 풍부하다고 알려진 금속 5종 또한 이 세기가 막을 내리기 전에 바닥을 보일 것이다.[9] 또한, 중단기적 관점에서 볼 때 바나듐, 디스프로슘, 테르븀, 유로퓸, 네오디뮴, 티타늄, 인듐 역시 결핍 위기에 놓여 있다.[10] "세계에 닥칠 다음 위기는 바로 금속 공급 부족과 관련이 있을 것"이라고 한 전문가는 예측했다. "아무도 문제의 심각성을 알아차리지 못하는 와중에, 결핍은 곧 현실이 될 것"이다(에너지 전환에 필요한 주요 금속의 채산성을 보장하는 적정 매장량에 관해서는 부록 14를 참조하라).[11]

우리는 과연 2050년이 되기 전까지 충분한 금속 공급량을 보장하는 광산을 정비할 수 있을까? 기후 변화의 영향으로 광석 채굴과 제련에 필수적인 저수량이 급격히 줄어들면 어떻게 될까? 일단 매장량이 풍부한 광산부터 차례로 개발하고 난 후엔, 매장량도 적고 접근은 더 어려운 광산으로 가야 할까? 우리는 전보다 훨씬 깊이 파 내려갈 수 있는 새로운 기술을 발명하게 될까? 많은 이들이 우리 시대를 '새로운 르네상스'라 부른다. 우리는 아마 새로운 과학 기술과 어마어마한 탐사에 성공한 세대로 기억될 것이다. 그러나 천연자원이 부족하다면 새로운 지평선에 다다르기조차 어려워질 것이다. 크리스토퍼 콜럼버스가 목재가 부족한 탓에 안달루시아 항구에 정박해 있던 두 척의 쾌속범선 핀타호와 니냐호를 타고 출항하지 못했다면, 1492년에는 무슨 일이 일어났을까?

위험에 처한 에너지 전환과 디지털 전환

충분한 양의 희귀 금속을 확보하지 못한다면 외교적 성공이며 에너지 전환을 위한 야심 찬 목표와 열정적인 환경보호 지지론 등은 무용지물이 되고 말 것이다. 그러나 믿을 만한 데이터에 따르면 친환경 혁명은 우리가 기대하는 것보다 훨씬 느리게 진행될 수도 있다. 게다가 그 혁명을 주도할 국가는 다름 아닌 중국이다. 적절한 원자재 공급 전략을 갖춘 나라는 중국뿐이기 때문이다. 중국 정부는 세계의 수요에 화답하기 위해 희귀 금속 생산량을 늘리는 일 따위는 하지 않을 것이다. 현재의 무역 정책을 유지하는 것만으로도 서양 국가들을 질식시킬 수 있는 데다, 그들이 보유한 자원이 너무 빨리 고갈되지 않기를 바랄 것이기 때문이다. 공식적인 희토류 수요의 3분의 1은 암시장을 통해 거래되며, 암시장의 번성은 자연스레 광산의 궁핍화를 가속한다. 현재 속도라면 일부 광산은 2027년에 매장량을 다 소진할 것이다.[12]

그러므로 희귀 금속 채굴량 억제는 필수적인 조치이다. 이미 중국은 그들이 생산한 것을 지키기 위해 모든 수단을 다 동원하고 있다. 중국은 지금도 그들이 유일한 공급원인 희토류 전체 생산량의 4분의 3을 소비한다. 그렇지만 이들의 왕성한 식욕을 고려할 때 2025년에서 2030년 무렵이면 전체 생산량을 모두 독식할 수도 있을 것으로 보인다.[13] 머지않은 미래에 중국은 그들이 생산한 희귀 금속을 누구에게 공급할 것인지 선택하게 될 것이다. 가장 비싼 값을 부르는 고객이 아니라, 오직 중국의 고객에게만 공급할 수도 있다. 세계는 곧 천연자원을 장악한 중국의 포로가 되고 말 것이다. "그렇다면 중국을 제외한 나머지 나라들엔 무엇이 남습니까?" 한 미국의 전문가가 한숨 섞인 질문을 던졌다. 질문에 대한 답은 간단하다. 아무것도, 정말이지 아무것도 남지 않을 것이다.[14] 중국은 다른 국가의 사정은 아랑곳없이 자국의 녹색 기술 기업의 발전을 옹호할 것이고, 자국의 에너지 전환과 디지털 전환을 지원할 것이다.

자, 여기까지가 어떻게 지구상에서 가장 오염이 심각한 나라가 모든 고정관념을 비웃으며 지구 온난화에 대항하는 선봉장이 될 수 있을지 보여주는 이야기의 전모였다. 다음으로 위 시나리오의 실현 가능성을 한층 강화하는 세 가지 요인을 소개하겠다.

첫 번째는 자원의 희귀성을 부정하는 경향이다. 아직도 광물자원이 언제까지고 사용할 수 있을 만큼 충분하다는 인식이 지배적이다. 1931년 폴 발레리는 "유한한 세계의 시대가 곧 시작된다"라고 경고한 바 있다.[15] 1972년 로마 클럽*은 기하급수적인 인구 팽창, 세계 경제와 자원의 유한성 사이에 존재하는 역설을 지적하는 보고서를 펴냈다.[16]

* 서유럽의 과학자, 경제학자, 교육자, 경영자들로 구성된 연구 단체

이 같은 경고 사격이 울린 지 거의 한 세기가 지났지만, 우리의 행동 방식은 거의 달라지지 않았다. 오히려 우리는 전보다 훨씬 더 왕성하게 소비한다. 우리는 인류가 얼마나 빠른 속도로 자원을 바닥내고 있는지 거의 알지 못한다. 우리의 인식 변화는 전광석화처럼 이루어지는 기술 전환을 따라잡기엔 너무도 느리다.

두 번째는 광업 인프라 부족이다. 광산 활동을 개시하는 데 드는 시간은 놀랄 만큼 길다. "광산 공사에 착수한 뒤 실제로 광물을 캐낼 수 있게 되기까지는 대략 15년에서 25년 정도의 시간이 걸립니다."[17] 프랑스 지질자원연구원 총책임자인 뱅상 라플레시의 말이다. 그러므로 급증하는 광물 수요를 맞추기 위해서는 지금부터 2025년까지 해마다 희토류 광산을 하나씩 열어야 하는 형편이다.[18] 만약 일이 지체되어 공급에 차질이 생긴다면 우리는 그 대가를 고스란히 치르게 될 것이다. 미국의 한 전문가 또한 "미래 수요량과 현재 생산량을 비교해 계산해 보면 공급 부족 현상이 생길 거라는 걸 알 수 있다. 숫자가 영 맞지 않는다"고 진단했다.[19]

마지막으로 세 번째 요인은 에너지 회수율이 낮다는 것이다. 이 난제를 어떻게 풀어야 할까. 금속 생산에 들어가는 에너지양은 너무 많고, 그렇게 생산한 금속이 발생시키는 에너지양은 너무 적다. 예컨대 바위 1톤을 깨야 겨우 1.5그램의 금을 얻을 수 있다. 한 줌도 안 되는 금속을 얻기 위해서 1만 배는 더 무거운 돌을 부숴야 한다.[20] 앞서 나온 빵집 주인의 이야기로 예를 들면, 덤프차 한 대를 가득 채울 만큼의 바게트를 가루로 빻아야 겨우 소금 3컵을 얻을까 말까 한 정도다. "상상해 보십시오." 이탈리아 연구원 우고 바르디가 운을 뗐다. "차를 살

때 그 차에 들어간 구리의 광산 찌꺼기를 개인이 처리해야 한다고 해 봅시다. 보통 자동차 한 대에는 50킬로그램 정도의 구리가 들어갑니다. 주로 전선 형태로 들어가게 되죠. 딜러와 만나 새 자동차를 장만하고 돌아오는 길에 당신은 약 1톤 무게의 바위를 실은 트럭까지 대동하게 될 겁니다."[21]

에너지를 생산하기 위해서는 얼마만큼의 에너지가 필요한 걸까? 보통 사람들에게는 우스꽝스럽게 들릴 이 질문은 에너지 전문가들에게는 더할 나위 없이 절박한 문제다. 지금으로부터 1세기 전에는 석유 1배럴을 투자하면 100배럴의 원유를 퍼 올릴 수 있었다. 그런데 현재 몇몇 유정에서는 1배럴을 투자하면 35배럴 정도만 얻을 수 있다. 천공기술의 효율은 높아졌으나 접근이 쉬운 곳의 원료는 이제 고갈되고 말았기 때문이다. 따라서 시추가 어려운 곳에 새로 유정을 파야 하는데, 이 과정에서 더 많은 에너지가 소요된다. 한편, 비非전통 석유인 혈암유, 오일샌드는 1배럴을 투자했을 때 기껏해야 5배럴을 얻을 수 있다. 그러므로 현재 생산 모델을 계속 밀어붙이는 건 이치에 맞지 않는다.

똑같은 현상이 희귀 금속에도 나타나고 있다. 광석을 캐내고 제련하는 데 점점 더 많은 에너지가 필요하기 때문이다. 전문가들은 희귀한 광물들의 입증된 매장량은 실재하는 양보다 적을 것이라고 단언한다. 이유인즉, 아직 발견하지 못한 광산들이 남아 있기 때문이라는 것이다. 그들은 그러므로 금속 부족을 염려할 필요는 없다고 주장한다.[22] 그렇긴 해도 광물을 생산하려면 세계 에너지의 7~8퍼센트를 동원해야 한다.[23] 만일 이 비율이 20~30퍼센트로 급상승하거나, 혹은 더 높아진다면 무슨 일이 벌어질 것인가? 우고 바르디는 이렇게 얘기했다. "칠레에서 구리를 채굴하는 데 필요한 에너지의 양은 2001년부터 2010년까지 10년 동안 무려 50퍼센트 증가했습니다. 반면 구리 총생산량은 14퍼센트 증가하는 데 그쳤죠. (…) 미국의 상황도 이와 비슷합니다. 구리 산업은 그야말로 에너지 먹는 하마라고 할 수 있죠."[24] 오늘날의 광산업자들은 30년 전과 같은 양의 에너지를 투입해서 30년 전보다 10배 적은 양의 우라늄을 채굴한다. 우라늄뿐만 아니라 거의 모든 광물자원이 마찬가지다. 그렇기 때문에 요즘 광산업자들은 1980년대와 같은 비율의 금속을 함유한 광산이라면 "보기 드문 대박"으로 평가한다.[25] 바르디는 "광업 개발의 한계는 광물의 양이 아니라 에너지에 좌우된다"고 설명했다.[26] 오늘날 우리의 생산 체계가 지닌 한계는 뚜렷하다. 우리가 생산하는 에너지보다 많은 에너지를 투입해야 하는 날이 오면 우리는 한계에 도달할 것이다. 그럼에도 우리는 한계를 앞으로 밀고 나가는 정복 본능으로 인간의 지배력을 지구의 구석구석으로(심지어 우주 공간으로도) 확산할 것이다. 나와 연구팀은 우리가 욕망하는 녹색 성장에 관한 가르침을 얻기 위해 런던행 기차에 올라탔다. 옛 지질학 지도를 보기 위해서였다.

우후죽순처럼 늘어나는 광업 전선

우리는 '세계를 바꾼 지도'로 불리는 고문서를 보기 위해 템스강 부근에 있는 런던지질학회에 도착했다.[27] 지도는 어언 2세기 동안 그곳의 기록 보관소에 잠들어 있었다. 우리는 피커딜리에 커다란 그림자를 드리운 채 우뚝 서 있는 벌링턴 하우스 안으로 들어갔다. 2층으로 올라가 낡은 양탄자가 깔린 복도를 따라가자 오래된 수집품이 늘어선 열람실이 나왔다. 역시나 오래되어 보이는 한 쌍의 샹들리에 아래에서 우리는 런던지질학회의 문헌 담당자 캐롤라인 램과 만났다. 그는 우리가 보는 앞에서 60센티미터쯤 되는 문서 15장을 퍼즐 맞추듯 섬세하게 정리해 가로 4미터, 세로 3미터짜리 지도로 만들어 주었다. 역사를 상세히 기록한 최초의 지질학 지도였다.

이 위대한 지도는 영국의 지질학자 윌리엄 스미스가 남긴 대작이다. 19세기 초, 스미스는 장장 12년에 걸쳐 말을 타고 혹은 걸어서 영국 전역을 답사했다. 토양의 광물 구조를 제대로 묘사한 지도를 제작하는 것이 그의 목표였다. 런던 지질학회가 보존하고 있는 지도는 스미스가 지도를 대중에게 공개했던 1815년에 인쇄한 최초의 사본이다. 지도에 표시된 지명을 정확하게 읽으려면 돋보기가 필요했다. 지명 위로는 다양한 광물자원이 색상별로 구분되어 표시돼 있었다. 백색 연토질 석회암과 모래 채석장이 석회석과 대리석 채석장과 나란히 이웃해 있었다. 19세기 대영제국을 부유하게 만들어 준 보물, 석탄의 맥은 검은색으로 표시되어 있었다.

스미스가 지도를 출판할 무렵 대영제국은 산업혁명을 맞이하고 있었다. 직조 공장에서는 증기의 힘으로 열에너지를 만들어 방적기를 돌렸고, 이것은 다시 기계적인 에너지로 변환되어 경이로운 생산성 향상을 가져왔다. 증기 기관차가 만들어지자 1830년 리버풀에서 맨체스터까지 승객과 상품을 함께 운송하는 최초의 철도가 건설되었고 이후 새로운 기계와 기술도 빠른 속도로 발전했다. 증기 기관은 석탄을 때서 생기는 수증기를 이용하는 것이었으므로 자연스레 석탄 생산도 활발해지고 생산량 또한 폭발적으로 늘어났다.

갑자기 화석 연료는 모두가 탐내는 물질이 되었다. "사람들은 연료가 매장된 곳을 모조리 알아내려 했어요." 캐롤라인 램이 조심스럽게 지도 조각을 도로 챙기며 설명했다. 광부들은 윌리엄 스미스의 지도를 보며 광물이 매장된 곳으로 몰려들었고, 이들이 대영제국에 연료를 공급했다. 스미스의 지도는 분명 세상을 바꿔놓았다. 최초의 산업혁명을 촉진했고, 영국이 다른 유럽 국가보다 앞설 수 있도록 직접적인 도움을 주었기 때문이다. 19세기 중반 영국은 석탄 채굴에서 압도적으로 앞서가며 세계 경제를 지배했다. 곧이어 산업, 기술, 군사 우위를 차지하게 된 영국은 빅토리아 시대 내내 세계 1위 대국으로 군림할 수 있었다.

그로부터 2세기가 흐른 지금, 우리는 영국 산업혁명의 역사를 현재 진행 중인 에너지·디지털 혁명과 비교해 보고자 한다. 중국이 희귀 금속 금수 조치로 공급을 통제하자 여러 나라와 다국적 기업들은 그들에게 새로운 광산 지도가 필요하다는 걸 깨달았다. 윌리엄 스미스는 한 나라의 광산 지도를 만들었지만, 이번엔 세계 광산 지도가 필요했다. 희귀 금속이 세계에 산재해 있기 때문이다. 희토류가 5대륙 35개국에 매장되어 있다는 건 이미 잘 알려진 사실이다. 예컨대 북한은 세계에서 가장 많은 희토류 매장량을 자랑하는 곳으로 손꼽힌다.[28] 이미 세계의 광산업계가 수백 개의 희귀 금속 광산 개발에 열을 올리고 있다.

그런데 광산의 확장은 온갖 비합리적인 행태를 양산하고 있다. 광산업체들이 광산 매장량이 예고했던 것보다 더 적다는 사실을 밝히면서 투기 거품이 터진 것이다. 광산을 두고 벌어지는 이 거대한 도박판에서 누군가는 짧은 시일 내에 일확천금을 획득하기도 하고, 귀 얇은 투자자들은 하루아침에 투자금을 몽땅 날리기도 한다. 이러한 투기 현상은 지정학적 대격변을 그대로 보여 준다. 파리기후변화협정에서 보았던 협력적 이상과는 사뭇 대조되는 모습이다.

한편 희귀 금속 개발을 중심으로 여러 국가 간 합종연횡이 본격화되고 있다. 예컨대 인도와 일본 정부는 인도에서 채굴한 희토류 수출협정을 체결했다.[29] 일본은 오스트레일리아, 카자흐스탄, 베트남 등지에서 매우 공격적인 희토류 외교를 펼치고 있다. 독일의 앙겔라 메르켈 총리는 광업 관련 파트너십 체결을 위해 여러 번 몽골을 방문했다.[30] 한국의 지질전문가들은 북한과 희토류 광산 공동 개발을 추진하기 위해 공식 면담을 했다.[31] 프랑스는 카자흐스탄에서 광물 탐사 활동을 벌이고 있으며, 브뤼셀은 광업 투자를 촉진하기 위해 파트너 국가들과의 경제 외교에 공을 들이고 있다.[32] 원활한 희귀 금속 공급을 약속하는 쌍방 협약과 외교 게임은 냉전이 낳은 세계의 양극화는 사라지고 있으며, 광업 공기업과 민간 기업이 외교 무대의 주역으로 등장했다는 사실을 보여준다.

이것은 전통적인 역학 관계의 전복을 의미한다. 지금까지는 자원을 가진 남반구의 국가들이 북반구의 부유한 고객 국가들이 정한 불공정한 협상 조건을 따라야 했다. 그런데 이제 역할이 달라지고 있다. 수요는 폭발적으로 증가하는 데 비해 공급 결정은 신중하게 이뤄지기 때문이다. "소비국들 사이에 경쟁은 점점 심화하고 있으므로, 수입국이 결정권을 갖는 경우는 점점 드물어질 겁니다. 오히려 수출국이 판매를 결정하는 칼자루를 쥐게 될 겁니다." 한 프랑스 전문가의 예측이다. "완전히 새로운 개념이 부상하는 거죠. 앞으로는 생산 경쟁이 아닌 소비 경쟁이 치열해질 겁니다."[33]

자원 국가주의 물결에 올라탄 자원 생산국들은 벌써 여러 번 자원 수입국들을 '을'의 위치로 몰아세웠다. 일반적으로 수입국이 생산국보다 힘이 센 국가들임에도 그러했다. 따라서 적어도 광산과 관련해서는, 고객은 이제 왕이 아니다. 희귀 금속 지정학에 따라 개발 도상 국가들이 새로운 주역으로 떠오를 것이다. 강력한 후보로는 엄청난 리튬과 구리 매장량을 자랑하는 칠레, 페루, 볼리비아가 있고, 보크사이트, 티타늄, 강철, 철이 풍부한 인도와 크롬, 망간, 백금이 무궁무진한 기니와 서부 아프리카 국가들도 있다. 보크사이트와 철의 강자 브라질, 어마어마한 니켈 광산을 보유한 뉴칼레도니아도 밀리지 않는다.[34]

많은 이들이 에너지 전환과 디지털 전환이 에너지 지정학에 마침표를 찍고 세계의 분열과 반목을 잠재울 거라 기대했다. 그러나 새로운 전환은 오히려 희귀 금속 전쟁을 불러왔으며 국가 간 경쟁을 한층 더 첨예화하고 있다.[35]

중국은 새롭게 출현할 세계를 그들의 입맛에 맞게 재단하고자 한다. "증가하는 중국 국내 수요를 고려할 때, 5년 후쯤엔 우리가 생산하는 양으로는 내수 시장조차 충족시킬 수 없을 겁니다." 중국의 희귀 금속 전문가 비비안 우의 말이다.

중국은 앞날을 대비하기 위해 캐나다, 오스트레일리아, 키르기스스탄, 페루, 베트남 등지로 희귀 금속 사냥에 나서고 있다.[36] 여기서 특히 아프리카에 주목하자. 중국은 남아프리카 공화국, 부룬디, 마다가스카르, 앙골라에 열렬한 러브 콜을 보내고 있다. 대중국 외교에 전력 투구한 앙골라의 호세 에두아르도 도스 산투스 전 대통령은 중국의 수요를 맞추기 위해 희토류 광업 개발을 국가의 최우선 과제로 삼았다.[37] 또한 중국은 지하자원이 풍부한 남부 카탕가 지역을 개발하기 위해 콩고 민주 공화국에 철도 건설을 추진 중이다.[38]

논리적으로 생각해 보자. 광산의 확산은 희토류를 장악한 중국의 독점적 지위를 무력화할 것이다. 그러나 과연 중국이 그렇게 되는 걸 가만히 지켜보려 할까? 그렇기도 하고 아니기도 하다. 이 공산 국가는 두 마리 토끼를 다 잡으려 한다. 광업 활동의 무거운 짐은 나누면서 전략 자원을 쥐락펴락하는 패권은 유지하고자 하는 것이다.

"중국은 무엇을 노리는가?" 런던, 토론토, 싱가포르와 요하네스버그에 이르기까지, 희귀 금속을 주제로 하는 심포지엄이 열릴 때마다 반드시 빠지지 않고 등장하여 회의장을 들끓게 하는 질문이다. 2010년의 수출 금지령 직후 상한가를 찍은 희토류 가격은 그 후 폭락했다.[39] 폭락을 설명할 수 있는 뚜렷한 원인은 없었다. 수요와 공급 사이의 긴장이 계속 팽팽하게 유지되었기 때문이다. 많은 분석가는 중국이 고의로 가격을 하향 조정하는 거라고 판단했다. "중국은 희토류 시장을 마음대로 주무릅니다". 영국의 분석가인 크리스토퍼 에클스턴이 개탄하며 말했다.[40] 중국은 생산한 자원을 자국 내에 묶어둘 수도 있고, 한꺼번에 풀어서 시장 가격을 후려칠 수도 있다. 따라서 중국에 속하지 않은 광산 기업들은 장기적 관점에서 지속 가능한 경영 모델을 구상하기가 대단히 어렵다. 갑작스럽게 광물 가격이 5배, 10배씩 떨어진다면 어떻게 파산을 면할 수 있을까?

이런 까닭에 중국의 수출 금지령 이후 등장한 대부분의 대안 사업은 스러져 갔다. 잠시 활동을 재개했던 캘리포니아의 몰리코프 광산은 파산했다. 오스트레일리아의 라이너스 광산은 상당히 오래도록 감속 경영 상태를 유지했다. 중국의 독재에 대항하기로 한 일본 덕에 근근이 명맥을 이어갈 수 있었던 것이다. 캐나다의 광산 기업들은 전부 문을 닫았다. 금값처럼 비싸던 광산 개발 허가권은 고작 수백 달러 선에서 거래되었다.

"중국의 목적은 모든 대안 사업을 죽이는 게 아닙니다. 그냥 지지부진한 상태로 유지되길 바라고 있죠." 크리스토퍼 에클스턴이 주장했다. "일단 느긋하게 기다렸다가 광산을 헐값에 차지하는 게 그들의 속셈입니다."[41] 중국이 큰 그림을 그리고 있을 때 서양은 또다시 함정에 빠진 것이다. 단기적인 이득에 눈이 멀어 섣불리 광업 활동을 재개했다가는 중국의 계략에 빠져 낭패만 보고 끝날 수 있다. 희토류가 자본주의의 회복에 결정적인 역할을 하는 건 사실이지만, 광산 개발을 위해서는 철두철미한 준비가 필요하다. 그러나 과연 서양은 실수를 통해 배울 준비가 되어있을까?

중국은 대안 광산의 자본 토대까지 무너뜨리진 않으나, 외교적으로 개입해 무차별 폭격을 가하기도 한다. 키르기스스탄의 사례가 이에 해당한다. 캐나다 기업 스탠스 에너지의 대표는 키르기스스탄 의회가 중국의 압력 때문에 정당한 이유도 없이 광산 개발 허가를 철회했다고 주장했다.[42] 중국은 이렇게 타국을 압박하여 광산 활동에 족쇄를 채우기도 하고, 그럴 수 없다면 경쟁 광산을 사들이는 전략을 구사한다. 중국의 차이날코 그룹이 캘리포니아의 마운틴 패스 광산을 인수하고 싶다는 의사를 밝힌 뒤 2017년 미국의 MP 머티리얼스가 마운틴 패스를 사들였다. 그러나 MP 머티리얼스 지분의 일부를 중국의 광산 기업인

섕허 리소시스 홀딩스가 보유하고 있었다.[43] 중국은 다른 경쟁 기업에도 버젓이 투자자로 참여한다. 섕허 리소시스 홀딩스는 우라늄과 희토류가 풍부하게 매장된 그린란드 크바네필드 광산의 대주주다. 이것야말로 지능적인 책략이자 치명적인 경쟁자의 출현을 막는 뛰어난 전략이 아니겠는가?

중국은 광산 확장 전략을 통해 대담한 목표를 향해 나아간다. 전략자원에 대한 패권을 유지하는 수준을 넘어 희귀 금속 생산을 전 세계적으로 통제하는 것이다.

세계에서 가장 큰 규모의 유전을 보유하고 있는 사우디아라비아는 석유수출국기구 14개 회원국이 보유한 석유 매장량 전체를 제어하는 권한까지 쥐고 있다. 중국은 사우디아라비아처럼 되고자 한다.

각국의 에너지 믹스에서 재생 에너지가 차지하는 비율은 점점 더 높아지고 있으므로, 희귀 금속을 장악한 중국의 패권 또한 한층 막강해질 수 있다.

9. 최후의 개척지

프랑스는 광업을 재개해야 할까. 대부분의 프랑스 사람들은 이 질문 자체를 불쾌하게 여길 것이며, 환경 운동가들은 반대할 것이다. 그러나 프랑스의 에마뉘엘 마크롱 대통령은 프랑스가 다시금 광업 대국이 되어야 한다는 데 동의한다.

프랑스 정부의 경제 관료들은 벌써 여러 해 전부터 프랑스 광업을 소생하는 문제를 논의해 왔다. 프랑수아 올랑드 대통령 행정부의 산업부 장관이던 아르노 몽트부르는 센 강을 굽어보는 자신의 집무실에서 광산을 다시 열고 싶다는 소망을 피력했다. 2014년 몽트부르 장관은 몽모랑시에 있는 석고 채석장을 방문하는 길에 평소의 소신을 담아 다음과 같이 발언했다. "프랑스에서 광업의 부흥이 일어나고 있습니다. 우리나라에 원자재 공급이 안정적으로 이루어지기를 바랍니다. 그래야 자원의 독립성을 지키고 가격과 수량을 통제할 수 있을 겁니다. 이것은 다름 아닌 자주권에 관한 문제입니다."[1]

광업을 재개해야 할까

몽트부르의 발언은 2012년 대선 후보였던 올랑드가 공약으로 내건 제조업 재건 정책과도 궤를 같이한다. 한때 프랑스는 광업 대국으로 불렸다. 1980년대 초까지만 해도 프랑스의 광물 채굴과 제련 활동은 상당히 활발했다. 18세기 후반 산업혁명이 일어나면서 텅스텐, 망간, 아연, 안티몬 등 다양한 광물의 생산이 증가했다. 1952년 유럽석탄철강공동체CECA가 정식으로 결성되면서 프랑스 철강 산업은 번성기를 맞았다. 프랑스는 사부아 지역의 모리엔 계곡, 타른 지역의 누아르 산악지대, 오드 지역의 무투메 산맥 등에서 역동적인 광산업을 꽃피웠고 수십만 개의 직간접적인 일자리를 창출했다. 심지어 프랑스는 금속 자원 중 가장 중요한 안티몬, 텅스텐, 게르마늄까지 생산했다.

몽트부르 장관은 자신의 소신을 실현하기 위해 프랑스 국립광산회사CMF를 창설하겠다는 계획을 밝혔다. 4억 유로의 예산으로 광산 기업에 투자하고, 아프리카에서 파트너를 발굴하고, 국내 광산 탐사를 허가하고 관리하는 것이 국립광산회사의 주요 업무가 될 터였다. "곧 프랑스는 천연자원을 둘러싼 세계 전쟁에 다시 적극적으로 뛰어들 수 있을 것"이라고 장관은 덧붙였다.

그러나 국립광산회사 창설 계획을 검토한 전문가 그룹은 질문을 쏟아 냈다. 회사에 어떤 권한을 부여할 것인가? 정부가 약속한 예산은 어디에서 나오는가? 가장 먼저 실행에 옮길 프로젝트는 무엇인가? 무엇보다 프랑스 땅 아래 잠들어있는 지하자원의 위치와 종류를 파악하는 게 먼저 아닌가? 많은 지질학자와 전문가들은 창설 계획에 회의적인 태도를 보였다.

게다가 당시 프랑스 광업 그룹인 에라메트와 아레바는 재정적 어려움을 겪고 있었다. 몽트부르의 뒤를 이어 경제부 장관직에 오른 에마뉘엘 마크롱은 결국 국립광산회사 프로젝트를 폐기했다. “에라메트와 아레바는 원자재 가격 폭락으로 힘든 상황입니다. 이런 시기에 100퍼센트 공공 자금으로 운영될 광산 회사를 설립하는 건 합리적이지 못합니다. 정부는 현재 진행 중인 구조 조정에 집중하려 합니다.”[2]

그러나 마크롱이 ‘책임 있는 광산(광산 채굴이 생태계에 미치는 파급력을 최대한 감축하고, 재정적 이득의 공정한 분배를 우선시하는 광산업)’을 추구하며[3] 프랑스와 기아나 지역 11곳의 광산 탐사 작업 허가를 내준 것으로 미루어 짐작하건대, 그가 광산 개발에 완전히 관심을 접은 건 아닌 것처럼 보인다.[4] 2017년 프랑스 사회당, 공화당 의원 연합과 환경 단체는 의회에 광물 채굴 활동과 지속 가능한 발전이 양립할 수 있도록 하는 광업법 개정안을 제출했다.[5]

에마뉘엘 마크롱은 그동안 엘리제궁에 입성했던 어떤 대통령보다도 더 적극적으로 광산 개발을 추진하고 있다. 그는 자국 내에서 광업 활동을 재개하는 데 어떤 책임이 따르는지 잘 알고 있다. 이것은 논의의 본질을 바꿔놓는 중대한 문제다. 지금까지는 중국이 원자재 시장을 마음대로 주무르며 국제 무역의 질서를 어지럽힌다며 그들에게 모든 책임을 전가할 수 있었으나, 프랑스에서 광업 활동을 재개한다면 얘기는 달라진다. 광업 활동의 모든 결과를 오롯이 프랑스가 책임져야 한다는 뜻이기 때문이다.

그러니만큼 사안에 대한 격렬한 논란이 이어졌고, 정부의 광업 추진을 강력히 반대하는 노선이 형성되었다. 리무쟁, 크뢰즈, 브르타뉴 지방의 주민 연합은 "여기에서도 안 되고 다른 곳에서도 안 된다"고 외치며 거세게 반대했다.[6] 이에 질세라 많은 환경 단체 또한 우려의 목소리를 높였다. 특히 '지구의 친구들Les Amis de la Terre'이라는 단체는 프랑스 정부가 약속하는 책임 있는 광산이 환상에 불과하다면서 광업 재개에 관한 정부의 '가짜 진실'을 맹비난했다.[7]

프랑스인들은 광산 채굴 활동으로 빚어진 수많은 재난을 겪은 후 광산업에 강경한 태도를 보였다. 사람들의 반대 논리는 지역 이기주의를 넘어 유해 시설의 설치 자체를 반대하는 '바나나 현상(BANANA, 'Build Absolutely Nothing Anywhere Near Anything'이라는 문구의 머리글자를 따서 만든 신조어로, '어디에도 아무것도 짓지 말라'는 뜻이다)'으로 진화했다.[8] 해수욕장 해변에 구멍을 내는 것 정도야 괜찮지만, 그 이상은 안 된다는 것이었다. 환경 단체의 주장엔 일관성이 없다. 그들은 지속 가능한 새로운 세계를 원하면서도 그 세계의 파급 효과는 비난하려 든다. 그들은 에너지 전환과 디지털 전환이 곧 유전을 희귀 금속 광산으로 대체하는 것이며, 따라서 기후 온난화를 막으려면 광업 활동을 재개할 수밖에 없다는 사실을 인정하려 들지 않는다.[9] 프랑스 경제부에서 발표한 공식 문서에도 "광업 활동의 재개는 지속 가능한 개발을 위한 친환경 전환 전략"이라고 분명히 적혀 있다.[10]

광업을 둘러싼 논란은 우리의 발전 모델이 안고 있는 모순을 다시 인식하게 한다. 어떤 출혈도 없이 친환경 세계와 첨단 기술 세계 모두를 이루는 건 불가능하다.

광업 재개를 반대할 이유는 무수히 많으므로 프랑스 광물 채굴 활동은 언제든 연기될 수 있다. 이미 환경부에서조차 향후 10년간 프랑스에서 유의미한 광물 생산은 없을 것으로 판단했다. 그러니 희귀 금속 산업 전반에 대해 더 무슨 말이 필요하겠는가. 미국 감사원에서는 미국의 희귀 금속 산업 공급 체인을 재건하는 데 적어도 15년은 걸릴 것으로 예측했다.[11] 모든 관계자의 의견이 합치되기를 기다리는 동안, 프랑스 광업 문화는 나날이 쇠락해 간다. 젊은이들은 지질학 관련 직종이라면 등을 돌리고, 직업 교육 과정도 충분하지 않다. 마지막 남은 인재들이 사라지고 나면 몇십 년 동안은 이 분야의 부흥을 기대하기 어려울 것이다.

나는 이 책을 빌려 프랑스의 광업 재개를 지지하는 목소리에 힘을 보태고자 한다. 광업을 재개하면 수천 개의 일자리가 창출되고 세수입이 증가할 것이다. 그러나 단지 경제적 이득 때문에 광업 재개를 지지하는 것은 아니다. 광물 생산국이 자원 국가주의 정책으로 소비국의 목을 죄는 지금, 광물 주권을 확보할 수 있다는 전략적 안전성 때문만도 아니다. 가장 중요한 논거는 환경이다. 폐쇄된 광산을 다시 여는 것은 어쩌면 가장 친환경적인 결정일 수 있다.

서양의 공해 수출은 이중으로 왜곡된 결과를 불러왔다. 먼저 서양의 소비자들은 그들이 누리는 생활 방식을 유지하기 위해 어떤 비용을 치러야 하는지 제대로 볼 수 없게 되었다. 그러는 사이, 공해 산업을 받아들인 국가들은 환경과 사람 모두에게 위험천만한 최악의 작업 환경에서 광물을 채굴하고 제련했다.

서양으로 광업을 다시 이전한다면 다음과 같은 긍정적인 효과를 기대할 수 있을 것이다. 첫째, 서양은 그들이 현대적이며 친환경적이라고 주장하는 많은 것들을 위해 어떤 대가를 치러야 하는지 즉시 깨닫게 될 것이다. 채석장과 가까이 살게 된다면 사람들은 대번에 무관심한 태도를 버리고 환경 오염을 줄이는 일에 앞장서게 될 것이다. 오염 속에서 사는 걸 참을 수 없는 나머지, 사람들은 광산업자들이 단 한 방울의 사이안화물도 강에 흘려버리지 못하도록 정부에 끈질긴 압력을 넣을지도 모른다. 친환경을 추구하지 않는 업체에 대항해 불매운동을 벌이고, 고의로 상품의 수명을 짧게 설계하는 파렴치한 상술에 반대하는 대대적인 시위에 나설 수도 있다. 정부에 희귀 금속을 재활용할 방법을 연구하는 데 수십억을 투자하라고 요구할 수도 있다. 어쩌면 사람들은 구매력이라는 신성불가침의 교리까지 버릴 수 있을지 모른다. 오염의 심화를 막아야 한다는 절박함으로 막무가내식 소비를 줄이고, 괄목할 만한 발전을 만들어 낼 수도 있다는 얘기다.

위 시나리오에 따라 서양의 광업이 발전하면 중국의 광업은 자연스레 전보다 위축될 것이다. 경쟁을 의식한 중국 정부는 시장점유율을 끌어올리고 정보에 정통한 소비자들을 상대하기 위해 곧 그들의 낡은 관행을 친환경적으로 뜯어고쳐야 할 것이다. 그러면 중국의 광업 생태계는 더 나아질 것이고, 따라서 중국 역시 승자가 될 것이다.

직접 경험해 보지 않고는 무엇도 깨닫지 못할 것이다. 프랑스에 책임 있는 광산을 여는 것이 다른 나라가 그들의 영토에 무책임한 광산을 열게 하는 것보다 더 낫다. 광업을 재개하는 건 친환경적이고 이타적이며 용기 있는 선택이다. 프랑스가 핵폐기물 일부를 러시아에 수출하기로 했을 때 프랑스의 많은 환경 단체는 이것이 비겁하고 비윤리적인 선택이라며 정부를 비판했다.[12] 당시 환경 운동가들은 러시아로 보내는 핵폐기물을 실은 화물 기차가 출발하지 못하도록 철로에 그들의 몸을 묶고 시위했다. 핵폐기물 수출을 반대한다면 오염의 발생원인 광산의 수출 또한 반대해야 한다. 그러므로 환경 단체들은 공해 산업 수출을 반대하는 뜻에서 르아브르 항구에 나가 중국에서 들어오는 금속 화물이 프랑스 관세청을 통과하지 못하게 막아야 하고, 상원이 자리 잡은 팔레 부르봉의 철책에 몸을 묶고 프랑스 희토류 광산의 활동 재개를 공식화하는 법을 표결에 부치라고 주장해야 한다.

청색 경제 정복에 나선 나라들

2016년 7월 12일, 왈리스에푸투나의 왕 필리포 카토아와 유페리오 타칼라가 엘리제궁에 들어섰다. 상의로는 정장을, 하의로는 전통의상 마누를 입은 차림이었다. 남태평양에 있는 왈리스에푸투나는 다수의 작은 섬들과 3개의 주요 화산섬으로 구성된 프랑스의 해외 영토다.

두 왕은 프랑스의 대통령, 국회 상·하원의 의장들, 해외영토부 장관과 만나 그들이 통치하는 왕국의 개발과 지역 경제 활성화, 의료 설비 확충 등의 문제를 논의하기 위해 파리를 방문한 것이었다. 파리는 예리한 눈으로 두 왕을 살피며 분주히 고민했다. 어떻게 해야 왈리스에푸투나를 계속 프랑스령으로 둘 수 있을까? 프랑스는 매해 이들과 특별한 관계를 유지하기 위해 1500만 유로의 예산을 쓰는데, 조금 더 써야 할까? 해방과 독립을 주장하는 민족주의의 목소리는 어떻게 잠재워야 할까?

오세아니아, 타히티, 뉴칼레도니아의 중간쯤에 있는 왈리스에푸투나는 프랑스의 해외 영토 중 프랑스와 가장 멀리 떨어진 곳이다. 왕국의 수도인 마타우투는 파리에서 1만 6,000킬로미터 떨어져 있다. 이 폴리네시아 왕국은 1887년 협약을 맺고 프랑스령으로 편입되었다. 프랑스는 이들 왕국과의 관계를 미국과의 관계만큼이나 중요하게 여긴다. 2016년 7월 14일 혁명 기념일 행사에서 왈리스에푸투나 왕들의 자리는 뉴질랜드의 존 키 총리와 미국 국무장관 존 케리 옆이었다.

왈리스에푸투나는 공화국의 기준을 따르지 않는다. 이곳에서 국제 협약, 부동산 규제, 도로교통법 등은 통하지 않는다. 대신 지역 관습이 다른 모든 것에 우선하며, '프랑스의 마지막 두 왕'이 그러한 관습의 수호자다. 카토아 왕과 타칼라 왕을 향한 왕국의 존경은 지극히 두텁다. 프랑스 노동조합원들은 '족장 관할구역'에서는 시위 한 번 하기도 어렵다고 설명했다. 그렇다고 왕의 권력이 절대적인 것은 아니다. 왕은 부족 제도를 존중해야 하며 부족의 오래된 풍습을 지키는 수호자와 의식 지도자와 협력하여 권력을 운용해야 한다. 프랑스 정부는 왈리스의 왕에게 다달이 5,500유로를 지급한다.[13] 프랑스와의 관계를 계속 유지하자는 뜻에서다. 마타우투에서 군수직을 역임한 피에르 시무넥이 말했듯, "왈리스에푸투나는 공화주의 왕국"이다.[14]

왈리스에푸트나는 프랑스 공화국이 1905년 제정한 정교분리 법 또한 부분적으로만 따른다. 왕국은 막강한 권력을 가진 교회에 공공 서비스에 해당하는 초등 교육 임무를 위임했다. 왈리스에푸트나 지역 의회의 토론은 지금도 변함없이 주교의 기도로 시작한다. "의회의 회기는 성령의 축복 속에서 진행되어야 합니다. 참석자들은 일단 성호를

긋고 시작합니다." 왕년의 군수가 설명했다.[15]

아울러 피에르 시무넥은 내부자만 알 수 있는 흥미로운 세부 사항까지 들려주었다. "국회 의장석 위에는 행정 조직도가 붙어 있는데, 프랑스 공화국 대통령은 왈리스에푸투나를 구성하는 세 왕국 깃발 아래에 그려져 있습니다. 세 개의 깃발 위에는 프랑스의 삼색기가 자리하고, 조직도의 제일 꼭대기에는 십자가가 그려져 있죠." 그는 왈리스에푸투나의 고위 공직자인 도지사와 군수가 '마치 왕좌와 제단을 지키는 수호자'처럼 행동한다는 설명도 덧붙였다.

그러나 생각해보라, 프랑스가 어떤 국가인가. 혁명을 일으켜 왕의 목을 치고, 정교분리를 법으로 못 박을 정도로 왕권이나 신권에 알레르기 반응을 보이는 나라가 아닌가 말이다. 프랑스는 왜 이토록 작은 해외 영토의 주권을 지키기 위해 온갖 예외를 허용하고 많은 예산을 쓰는 걸까. 여기엔 몇 가지 이유가 있다.

첫째, 프랑스는 왈리스에푸투나를 해외 영토로 둔 덕분에 지구상에서 가장 너른 바다이자 교역량 또한 가장 많은 태평양으로 영향력을 넓힐 수 있었다. 프랑스는 현재 태평양제도포럼 같은 지역 협력 기구에 참여하고, 많은 이웃 나라들과 실질적인 파트너십을 개발하고 있다. 게다가 프랑스 정부 또한 국방백서를 통해 "프랑스는 프랑스령 폴리네시아와 왈리스에푸투나 덕분에 태평양의 해양 강국이 되었다"고 발표했다.[16]

그러나 가장 중요한 이유는 이 폴리네시아 왕국의 바다 아래에 '대형 냄비'라 불리는 해저 분화구가 있다는 것이다. 벌써 여러 해 전부터 프랑스의 지질자원연구원, 해양개발연구소IFREMER 그리고 광산 그룹

에라메트가 쿨로라시 화산의 활동으로 형성된 지름 20킬로미터의 거대한 해저 분화구를 호시탐탐 노려 왔다. 이 분화구에 값을 헤아릴 수 없는 보물이, 어마어마한 양의 희토류가 있기 때문이다.

왈리스에푸투나의 해저에 희토류가 매장돼 있다는 사실이 밝혀지자 왕국에는 팽팽한 긴장감이 감돌았다. 프랑스가 전략 자원을 가로챌까 염려한 왕들은 해양 영토에 대한 권리를 요구했다. 주민과 의원들 또한 탐사를 즉각 중지하라고 외쳤다. "내각 장관 중 한 명은 희토류를 지키려면 분리 독립을 해야 한다는 주장까지 했어요." 피에르 시무넥이 설명했다.[17]

왈리스에푸투나 해안의 맑은 물은 예상보다 훨씬 풍랑이 거셌다. 그렇지만 프랑스는 꿋꿋하게 버텼다. 프랑수아 올랑드 대통령은 왕국을 방문하여 "우리는 함께여야 합니다. 모두 함께여야 합니다"라고 거듭 강조했다. 이어서 그는 광물과 해저 천연자원의 개발이 지닌 의미를 이야기하다가 "프랑스 만세, 왈리스에푸투나 만세, 공화국 만세!"라는 조금 뜬금없는 말로 연설을 마무리했다.

왈리스에푸투나 섬의 해저에만 보물이 숨어 있는 건 아니다. 태평양 북동쪽의 타히티섬과 클리퍼턴섬의 배타적 경제 수역 해저에도 다량의 희귀 금속이 매장되어 있다. 이미 여러 국가가 태평양과 대서양에서 천연자원을 발견했다는 소식을 발표했다.[16] 세계는 지구 전체 표면적의 71퍼센트를 차지하는 바다가 그저 물고기들만 노니는 액체 사막이 아니라는 사실을 깨닫는 중이다. 이른바 '청색 경제blue economy', 즉 해양 기반 경제 활동에 무궁무진한 잠재력이 있다는 걸 발견하고 있는 것이다.

희토류(그리고 에너지 전환과 디지털 전환)를 둘러싼 전쟁은 이제 육지뿐 아니라 바다에서도 벌어진다. 새로운 광산 개발 열풍이 불어닥칠 것이다. 캐나다 기업 노틸러스는 파푸아뉴기니 인근 해역으로 광물 탐사 활동에 나설 준비를 마쳤으며, 향후 작전을 위해 약 20여 곳의 잠수함 부지를 확보해 두었다.[17] 다른 나라의 분주한 움직임을 보고만 있을 수 없던 중국은 기록적인 심해에서 해저 탐사를 할 수 있는 잠수정을 설계했다. 해양지질학 분야의 한 전문가는 "베이징은 막강한 자본력으로 광물 패권국의 지위를 굳히려 한다"고 지적했다. 그리고 "바다에서의 탐사는 이제 겨우 시작 단계"라고 덧붙였다.[18] 현재 국제해저기구는 밀려드는 탐사허가 요청으로 눈코 뜰 새 없이 바쁘다.

프랑스는 꽤 유리한 위치에서 청색 경제 경주를 시작했다. 파리는 최근 몇 년 동안 해양 영토 확장 정책을 성공적으로 수행해 왔다. 1958년 제네바 협약에서 정한 국제해양법에 따라 프랑스는 프랑스령 기아나, 마르티니크, 과들루프, 뉴칼레도니아와 케르겔렌 제도를 둘러싼 국제 수역을 야금야금 긁어모았다. 오늘날 프랑스의 해양 영토를 모두 합치면 1100만 제곱킬로미터가 넘는다. 이는 프랑스 본토 면적의 20배다. 프랑스 공화국이 이처럼 광대했던 적이 있었는가. 게다가 앞으로 더 넓어질 가능성도 있다. 대륙붕 한계를 검토하고 결정하는 유엔 산하 기구 대륙붕한계위원회가 프랑스의 배타적 경제 수역의 한계를 650킬로미터로 연장한다면 말이다.

물론 프랑스 외에도 많은 나라가 거대한 해양 땅따먹기 게임에 뛰어들었다. 캐나다, 덴마크, 러시아, 일본, 코트디부아르, 소말리아 등 수십여 개국이 이구동성으로 배타적 경제수역을 확대하고자 했다. 덴

마크는 그린란드 남부 대륙붕을 탐내고, 러시아는 북극해 일부 지역을 노리며, 노르웨이는 부베섬과 퀸모드랜드를, 모리셔스는 로드리게스 섬 일대를, 파푸아뉴기니는 자바 고원지대를, 세이셸 공화국은 노스 고원을 탐하는 식이다.[19] 몇몇 국가는 심지어 사기 행각을 벌인다. 예컨대 중국은 남중국해에 인공 섬을 만들고 주변 해저 지역의 배타적 향유권을 요구하고 나섰다.

정리해 보자. 지난 수천 년 동안 지구 표면적의 71퍼센트는 누구에게도 속하지 않았다. 그러나 지난 60년 사이 바다 면적의 40퍼센트는 어느 국가의 소유가 되었다. 이 비율은 점차 늘어나 결국 전체 해양의 57퍼센트가 어느 국가의 관할 구역이 될 것이다.[20]

세계는 희귀 금속이라는 노다지에 이끌려 기록적으로 짧은 시간 안에 광대한 영토를 점유하는 거대 프로젝트를 성사시켰다. 어떤 의미에서 보자면 이것은 기쁜 일이다. 인간은 수천 년 동안 줄곧 땅을 뺏기 위해 난투극을 벌이고 칼질을 해댔으며 골육상쟁까지 불사해 왔다. 그런데 이번에는 피 한 방울 흘리지 않고 눈 깜짝할 사이에 해양 영토의 절반을 나눠 가졌다. 총을 든 군대 대신 국제법으로 무장한 변호사 부대를 거느린 채 말이다. 이는 누구도 부인할 수 없는 굉장한 진보이자, 세월과 더불어 인류 또한 더 나은 방향으로 진화한다는 증거다.

그러나 오랜 기간 인간의 탐욕이 닿지 않던 광대한 대양마저 침범당하고 개발된다는 사실은 씁쓸하기 짝이 없다. 해양 개발은 기술적, 생태적 난제 때문에 향후 수십 년 안에 현실화되긴 힘들 것으로 보인다. 하지만 이미 많은 국가가 드넓은 노르망디 녹지대를 쪼개듯, 바다를 조각내기 시작했다.[21]

욕망의 광풍은 대기권 밖 우주 공간까지 불어 닥쳤다. 1967년 인류는 최초의 우주 조약을 체결했다. 조약에 따르면 오존층 위의 구역은 인류의 공동 재산이며, 개별 국가는 자국의 영역권을 우주 공간으로 무한히 확장할 수 없다. 그러나 누구의 소유도 아니던 바다를 나눠 가진 것처럼 인간들은 우주 또한 자신의 전유물로 만들기 위해 착착 단계를 밟고 있다.

이번엔 미국의 움직임이 제일 빨랐다. 2015년 오바마 대통령은 상업적우주발사경쟁력법을 도입했다. 민간 주도의 우주 개발을 장려하는 이 우주법은 모든 개인에게 우주 자원을 소유하고, 전유하고, 이송하며, 활용하고, 판매할 권리가 있다고 인정한다. 법령의 문구는 아주 교묘하다. 우주가 누구의 소유도 아니라는 국제법의 원칙을 건드리진 않으면서, 우주의 자원은 전유할 수 있다고 주장하기 때문이다.[22]

이처럼 미묘한 뉘앙스의 차이가 왜 중요할까? 바로 우리가 하늘을 예전과 같은 방식으로 탐색하지 않기 때문이다. 자본주의가 개입한 이후 등장한 새로운 금 채굴업자들은 지구 주위를 도는 소행성을 금덩어리로 생각한다. 모든 것에 가격을 매기는 것이 자본주의의 본성이니 놀랄 일도 아니다. 살구 1킬로그램은 4달러에, 앵그르에 루아르 지역의 땅뙈기 한 조각은 수천 달러에, 모딜리아니가 그린 누드화 한 점은 1억 7000만 달러에 팔리는 것처럼 지구를 스쳐 가는 소행성 또한 수조 달러에 팔릴 수도 있다.

2015년 미국은 우주의 돌덩이에 가격을 매기기 시작했다. 가령 그해에 지구를 아주 가까이 스쳐 간 소행성 2011 UW-158의 값은 5조 4000억 달러로 추산됐다. 이 소행성에는 희토류 9000만 톤과 백금 1억 톤(인류가 이제까지 지구에서 캐낸 백금을 다 합한 것보다도 많은 양이다)이 매장되어 있었다. 우주 광물자원의 소유를 위한 토대를 마련한 오바마 대통령은 '우주 채굴업자'로 불리는 실리콘 밸리의 기업들이 그들의 야심을 실현할 수 있는 법적 안전 장치를 마련해 주었다. 구글 공동 창업자인 래리 페이지가 자금을 지원하고 영화감독 제임스 카메론이 고문으로 있는 플래니터리 리소시스 기업은 2019년에 1차 소행성 탐사 임무에 나서겠다고 선언했다.[23]

우주의 상업적 개발은 아직 꿈의 영역에 머물러 있다. 우주선 발사 비용이 '천문학적'으로 비싼 데다 우주 산업 생태계가 전혀 형성되지 않았기 때문이다. 그렇다면 왜 국제 사회는 2015년 상업적우주발사경쟁력법이 통과될 때 그냥 웃어넘기지 않았을까? 그건 우주 공간 활용이 시간문제라는 사실을 다들 알고 있었기 때문이다.

유럽우주국의 회원국들은 미국이 우회적으로 깨버린 금기, 즉 우주의 소유권 문제를 논의하기 위해 조만간 회동할 것으로 보인다. 유엔 우주공간평화이용위원회는 1967년 체결한 우주 조약을 개정하여 새로운 협약안을 마련하려는 것 같다. 몇 년 전부터 스페이스엑스 대표 일론 머스크, 블루 오리진 창립자 제프 베조스, 원웹 대표 그렉 와일러 등 미국의 우주 사업가들은 우주의 상업적 가능성에 기반을 둔 새로운 비즈니스 모델을 제시하기 시작했다. 이처럼 이미 민간 기업 주도의 우주 개발이 활발해지고 있으므로 새로운 협약안을 정비하는 것은 피할 수 없는 과제다. 민간 기업이 우주 개발을 주도하는 우주 경제 '뉴 스페이스'의 도약을 위해서는 우주 자원에 대한 소유권 문제가 해결되어야 하기 때문이다. 몇몇 전문가들은 이는 5~10년 정도면 해결될 것으로 전망한다.

룩셈부르크는 벌써 우주 산업 궤도에 발을 들여놓았다.[24] 2016년 룩셈부르크의 에티엔 슈나이더 경제부 장관은 개인이 우주 소행성에서 채굴한 희귀 자원을 소유할 수 있는 법적 기반을 만들겠다고 발표했다. 그는 "농업 위주의 가난한 나라 룩셈부르크가 어떻게 철강 산업 강국으로 성장할 수 있었을까. 기술도 자본도 없던 룩셈부르크는 외국의 투자자와 노동자, 엔지니어들에게 국경을 열었고, 그 결과 철강 산업 강국으로 성장할 수 있었다"고 설명하며 우주 산업 개발도 같은 맥락이라고 강조했다. 룩셈부르크는 2억 유로의 예산을 들여 국내에 본사를 설립하는 모든 우주 개발 기업들을 지원할 예정이다. 룩셈부르크 공국은 우주 산업 생태계가 자국 내 기업가를 끌어모으고 막대한 일자리를 창출하기를, 그래서 성장의 도약대가 되어주기를 기대한다.[25]

땅과 바다, 그리고 소행성까지 이어진 이 이야기는 우리에게 어떤 교훈을 남기는가. 과연 우리는 지난 역사를 돌이켜보고 앞으로 더 나은 선택을 할 수 있을까. 인간이 생태계에 미치는 영향을 최소화하기 위해 추진했던 에너지 전환과 디지털 전환은 오히려 생물 다양성에 대한 인간의 장악력을 배가시켰다. 게다가 우리는 이제 인류 최후의 신대륙인 우주로 향하고 있다. 우리가 눈을 들어 하늘을 본다면, 그건 신에게 기도를 드리기 위해서일까, 아니면 신마저 우리 발밑에 복종시키기 위해서일까?

나가는 말

19세기 중반, 고래 기름은 인간에게 없어서는 안 될 필수품이었다. 1차 산업혁명 이후 유럽에서는 새로운 수요가 증가했다. 주위를 환하게 밝히는 것도 그중 하나였다. 그 무렵 어둠을 밝히는 도구로는 기름 등잔이 쓰였고, 연료로는 식물성 기름이나 동물의 지방을 녹인 기름을 사용했다. 그러다 항해술과 무기가 발달하면서 쉽게 고래를 잡을 수 있게 되자 고래잡이배들은 바다 곳곳을 누비며 수천만, 수백만 갤런의 고래 기름을 실어 날랐다. 인간은 값싸고 효율 좋은 고래 기름에 중독되었고, 이 연료는 가장 인기 있는 자원이 되었다. 고래잡이가 엄청난 재화를 창출하면서 포경 산업으로 자리 잡자 각국은 서로 어획량이 많은 지역을 차지하겠다며 동해와 태평양 북서쪽 바다에서 전쟁을 치르기도 했다. 그러는 사이 자원은 순식간에 희귀해졌다. 인간이 어찌나 많은 고래를 포획했는지 결국 사냥은 점점 힘들어졌고 고래 기름의 생산량은 하향 곡선을 그렸다. 어둠을 밝히는 데 드는 비용도 높아졌다.

그래서 인간은 소중한 조명을 포기했을까? 그럴 리가. 1853년 폴란드 출신 약사 이그나치 루카시에비치는 석유를 등유로 정제하여 세계 최초로 등유 램프 가로등을 세웠다. 등유는 고래 기름보다 훨씬 효율적이고 저렴한 대체재였다. 사람들은 자연스럽게 등유를 사용하기 시작했다. 검은 황금 석유는 역사상 가장 이상적인 연료였다. 다음 세기에 전기가 등장하기 전까지는.

인간은 무분별한 자원 남용으로 막다른 골목에 다다른 순간 언제나 전보다 더 나은 자원을 찾아냈다. 이 이야기를 21세기에 대입해 생각해 보면 어떨까. 지금까지 그래왔듯 앞으로도 더 풍부하고 효율 좋은 에너지가 출현할 거라고 기대해도 될까. 과학자들은 레이저 핵융합이나 자기밀폐를 활용한 수소 자동차나 자기부상 자동차, 심지어 지구 궤도를 도는 태양 발전소의 시대가 도래할 거라고 예고한다.[1]

게다가 녹색 기술의 완성도는 점점 더 높아지고 있다. 과학계는 현재 페로브스카이트라는 광물에서 뽑아낸 깨끗하고 효율적인 광전지로 태양광 패널에 쓰이는 실리콘을 대체하고,[2] 전기 배터리 제조 과정에서 발생하는 이산화탄소를 3분의 2가량 줄이는 방안을 연구하고 있다. 또한, 인류는 전기의 비축이나 혁명적인 특성을 가진 새로운 자재를 발명하며 기술적 도약을 달성하게 될 것이다. 인류는 아일랜드의 극작가 조지 버나드 쇼가 말했던 '욕망의 비극'에 빠지지 않았다. 다만 천재적인 기술로 무장한 채 우리 종의 회복력만을 강화해 왔다. 에너지 자원이 고갈될 때마다 우리는 그것을 다른 자원으로 대체해 오지 않았는가. 앞으로도 헤아릴 수 없이 많은 기술 혁신이 환경과 관련된 모든 염려를 잠재울지 모른다.[3]

그러나 우리는 고래 기름 이야기를 조금 다른 방식으로 생각해 볼 수 있다. 150년 전 고래 기름이 고갈되었을 때 우리는 우리의 무분별한 소비 방식을 뒤돌아볼 기회를 얻었던 게 아닐까. 그러나 인류는 제대로 성찰하지 않았다. 역사는 그대로 반복되었다.

우리는 계속해서 에너지 모델을 바꾸고, 자원은 고갈된다. 이런 현상은 멈추지 않는다. 우리는 내일도 오늘과 마찬가지로 에너지 신기술을 활용해 이제껏 알지 못했던 새로운 원료를 사용할 것이다. 그것은 천연 원료일 수도 합성 원료일 수도 있다. 중합체, 나노 소재, 산업 공정을 통한 공동 생산물, 바이오매스 원료와 어업폐기물 등이 우리의 일상에 자리 잡을 것이다. 우리는 수소와 토륨에도 눈독을 들이고 있다. 그러나 두 물질의 개발은 높은 확률로 생태계에 혼란을 가중할 것이다. 많은 이들이 황폐한 사막이나 깊은 구렁에서 찾아낸 3세대 바이오 연료 정제에도 매진하고 있다. 이 과정에는 극도로 복잡한 화학 공정이 요구된다. 우리는 에너지 집약적인 물류 네트워크를 구축하여 폐식용유, 동물의 유지, 감귤 껍질을 수거할 것이며 수백만 헥타르의 숲을 무너뜨려 재제소로 끌고 갈 것이다.

우리는 미래 자원들과 관련하여 변화무쌍한 도전에 직면하게 될 것이다. 그렇기에 우리는 지금부터 자문해야 한다. 우리가 환영하는 기술 도약은 우리에게 어떤 의미를 지니는가? 기술로 세상을 변화시키겠다고 했지만, 그러기도 전에 인간은 중금속에 중독되고 생태계는 오염되어 변이되고 만다면 그것만큼 안타까운 일이 또 있을까. 만약 기술이 새로운 병폐와 생태적 혼란을 일으킨다면, 우리는 물질적 안락함을 가져다준다는 이유만으로 그것을 지지할 수 있을까? 발전이 인간을 더 나은 방향으로 나아가게 하지 않는다면, 그게 다 무슨 소용이란 말인가.

"어떤 문제가 있을 때, 그것을 일으킨 사고방식으로는 문제를 해결할 수 없다." 알베르트 아인슈타인의 말이다. 그것이 산업 혁명이든 사회 혁명이든, 모든 혁명은 우리 의식의 혁명이 동반되어야만 의미를 지닌다. 이 책에서도 희미하긴 하지만 분명한 의식의 변화를 보여주는 몇몇 사례를 소개했다. 이를테면 원료 공급원을 다양화하기 위해 중국산이 아닌 더 비싼 텅스텐을 사용하는 독일 제조업자들, 장시성 암시장을 단속하는 중국 정부, 볼리비아 고원지대에서 생산된 소금을 활용해 금속 재활용을 시도하는 도쿄의 오카베 교수의 이야기 등이 그렇다. 이처럼 크고 작은 시도가 모인다면 희귀 금속 산업에 의식의 혁명을 불러올 수 있을 것이다.

소비자들 또한 지금보다 훨씬 많은 일을 할 수 있다. 환경과 에너지에 대한 사람들의 의식은 점차 높아지고 있다. 많은 사람이 2년도 안 되어 성능이 저하되는 전자제품의 소비를 제한하고, 재활용이 쉽도록 처음부터 친환경 제품을 기획해야 하며, 낭비를 줄이고, 자원을 저장해야 한다는 생각에 동의한다.[4] 역시나 가장 좋은 에너지는 우리가 소비하지 않는 에너지이다.

이러한 성찰의 연장선에서 프랑스의 전문가 크리스티앙 토마는 다음과 같은 말을 남겼다. "우리에게 희귀 자원 문제 따위는 없습니다. 문제가 되는 건 오직 우리의 회백질뿐이죠."[5]

우리는 과연 우리 뇌의 회백질로 희귀 금속의 해독제를 만들어 낼 수 있을까?

감사의 글

많은 사람이 책을 쓰는 일이 고독한 작업일 거라고 상상한다. 그러나 책은 저자 홀로 만들지 않는다. 여러 사람이 오랜 시간 협력하여 만들어 낸 결과물이 책이다. 한 권의 책에는 다양한 지평에서 모여든 비판과 격려, 온갖 유형과 무형의 기여가 담긴다. 친구들과 동료 들은 물론 나와 대담을 나눴던 각 분야의 많은 전문가가 이 책에 관심과 호의를 보여 주었다. 그들이 보내준 피드백의 자취를 이렇게 책 속에 남길 수 있어서 영광이다. 책이 나오기까지의 과정을 보여주는 지도를 그리는 마음으로, 오랜 시간 나의 공모자가 되어 주었던 이들의 이름을 여기에 적는다.

위베르 베드린. 그는 책에 대한 감상을 들려주고 간혹 모순도 지적해 주었다. 게다가 책의 추천사까지 써 주었다. 소중한 교류에 감사드린다.

장-폴 토네. 내게 언제나 진솔한 증언을 들려 주었다. 또한 이 책의 원고를 몇 번이고 읽어 주었던 정성, 그리고 싫은 내색 한번 없이 장거리 전화로 긴 논평을 해준 열성에도 심심한 감사를 표한다.

크리스티앙 토마. 아프리카 가면으로 장식한 그의 파리 집무실에서 언제나 엄정하게 상황을 분석해 주었다.

폴 드 루아시. 파리 샤토 거리의 한 카페 테라스에서 내게 시간을 할애해 주었다. 덕분에 책이 한층 풍성해졌다.

악셀 로빈. 비행기를 타고 바삐 이동하는 짬짬이 이 책의 초고를 엄격한 눈으로, 그러나 호의를 가지고 읽어 주었다.

카미유 르콩트. 때로 우리 두 사람의 의견이 일치하지 않을 때도 꿋꿋하게 자신만의 분석을 들려 주었다.

디디에 쥘리엔과 잭 리프톤. 두 사람은 프랑스, 캐나다, 그리고 미국에서의 풍부한 경험을 기꺼이 공유해 주었다. 감사한 마음을 전한다.

필리프 드고베르. 전기 엔진 개발을 다룬 부분의 원고를 살펴봐 주었다.

피에르 시무넥. 왈리스 섬의 정치 판도가 지닌 수많은 수수께끼를 내게 끈기 있게 설명해 주었다.

쿠키 알레. 저자로서 내가 소명감을 가질 수 있도록 도와주었다.

피작 팀과 그 팀의 회장님. 변함없는 지지에 감사드린다.

엘렌 크리에와 이방 푸아보. 론풀랑 그룹과 관련한 부분을 집필하는 데 꼭 필요한 자료들을 제공해 주었다.

랜디 헨리와 라이트호크 팀. 이들이 쌍발기를 제공해 준 덕분에 우리 팀이 캘리포니아와 네바다 사막 영공을 날 수 있었다.

프랑스-일본 언론협회. 이 책을 출판하는 모험을 금전적으로 지원해 주었다.

제라르 타베르니에. 여러 만남을 수월하게 성사시켜 주었다.

펠리시 고디야. 길디긴 참고문헌 목록을 말끔하게 정리해 주었다.

스테파니 베를랑-바니에. 법률적 조언에 감사드린다.

뮈리엘 스텐메이에르. 언제나 한결같은 마음으로 지지해 주어 감사드린다.

셀린 강드네르. 내게 집필하는 방식을 가르쳐 주었다. 덕분에 책의 많은 것이 바뀌었다.

그리고 나의 누나 카미유 피트롱. 언제나 누나만이 아는 방식으로 나를 응원해 주었다.

그 외에도 많은 분께 감사를 전한다.

추천사

기욤 피트롱은 우리에게 경고를 던지기 위해 이 책을 썼다. 우리가 심각한 딜레마에 빠져 있기 때문이다. 그의 판단은 지정학적 관점에 토대를 두고 있다. 세계는 디지털 발전을 위해서, 그러니까 정보 통신 기술의 발달을 구현하는 스마트폰 같은 첨단 기기를 만들기 위해서 점점 더 많은 희토류, 더 광범위하게는 '희귀 금속'을 필요로 한다. 예를 들어 전기 혹은 하이브리드차를 제작할 때는 디젤 자동차를 제작할 때보다 두 배나 많은 희귀 금속이 필요하다.

희귀 금속과 관련한 첫 번째 문제는 자원 대부분을 보유하고 있는 중국이 독점자의 지위를 남용하려 한다는 사실이다. 그러나 한편, 중국이 '희귀 금속의 새로운 주인'으로 행세할 기회를 제공한 당사자는 희귀 금속이 매장되어 있는데도 개발을 포기하거나 아예 신경을 쓰지 않은 다른 나라들이다. 기욤 피트롱은 각국의 중국 의존도가 높아지는 상황의 위험을 강조하고 자신의 주장을 뒷받침하기 위해 서양 국가들의 일관성 없고 경솔한 정책 결정 사례를 낱낱이 밝힌다. 초강력 자석이며 장거리 미사일 기술 향상을 빙자한 중국으로의 기술 이전 등이 대표적이다. 이 문제의 해답은 분명하다. 미국, 브라질, 러시아, 남아프리카 공화국, 태국, 터키를 포함한 프랑스까지, 세계 각국이 희귀 금속의 생산을 재개하는 것이다.

그런데 이 대목에서 우리는 복잡하게 꼬인 딜레마에 빠지게 된다. 희귀 금속 개발 과정이 우리 시대가 추구하는 깨끗함과는 거리가 멀기 때문이다. 저자는 "녹색 에너지와 자원은 이면을 감추고 있다"라고 누누이 강조한다. 실제로 희귀 금속을 땅에서 캐내서 제련하는 과정에서 엄청난 환경 오염이 발생한다. 희귀 금속을 재활용하는 방안도 있지만, 그 효과가 기대에 미치지는 못한다. 그런데 역설적으로, 우리가 추구하는 친환경 세계는 상당 부분을 이 '더러운' 희귀 금속에 빚지고 있다. 예컨대 정보통신업계는 항공운송업계보다 50퍼센트나 더 많은 온실가스를 발생시킨다. 이 무슨 얄궂은 모순인가.

그렇다면 이러한 딜레마를 극복할 방법은 무엇일까? 바로 희토류 개발을 재개하는 것이다. 물론 이는 각국 정부와 광산 기업들 사이의 힘겨루기를 촉발할 것이다. 더 광범위하게는 광물자원 전반에 대한 심층적인 검토가 필요하다. 광물자원 개발을 재개하되, 그 방식은 경제적, 기술적 여건이 갖추어진, 다시 말해 자금과 혁신을 동반하는 친환경 방식이어야 한다. 이렇게만 된다면 합당한 비용을 치를 용의가 있다고 나서는 세계 소비자들이 점점 늘어날 것이라고 저자는 전망한다.

지구에 사는 생명을 위해 인간의 모든 경제 활동을 친환경적으로 전환하려는 노력은 우리 시대의 흐름이 되었다. 이 과정에서 우리는 딜레마와 부딪히며 어려운 선택을 해야 할 것이다. 과학적 성취를 이뤄내야 할 것이고 대중을 꾸준히 설득하고 안심시킬 필요도 있을 것이다. 이 같은 수백 가지 일들을 거친 후에야 비로소 친환경 작업은 속도가 붙게 될 것이다.

저자는 지금까지 진지하게 다뤄지지 않았던 중요하고 근본적인 주제를 이야기한다. 우리가 직면한 문제에 관해 이 책이 권하는 새로운 관점을 마주하길 권한다. 때마침 적절한 시기에 우리에게 경종을 울린다.

위베르 베드린

부록 1 | 원소 주기율표

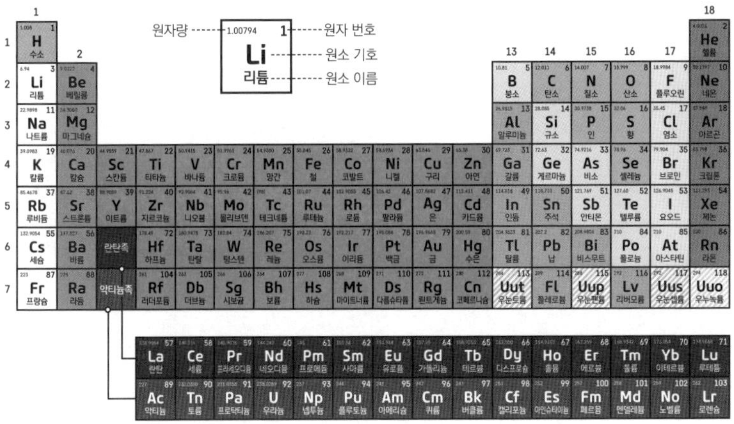

- 알칼리 금속
- 알칼리 토류 금속
- 전이 후 금속
- 할로젠
- 전이 금속
- 비금속
- 준금속
- 비활성 기체
- 란탄족
- 악티늄족

출처: IUPAC, 위키미디어 공용

부록 2 | 세계 금속 생산량 변화 추이

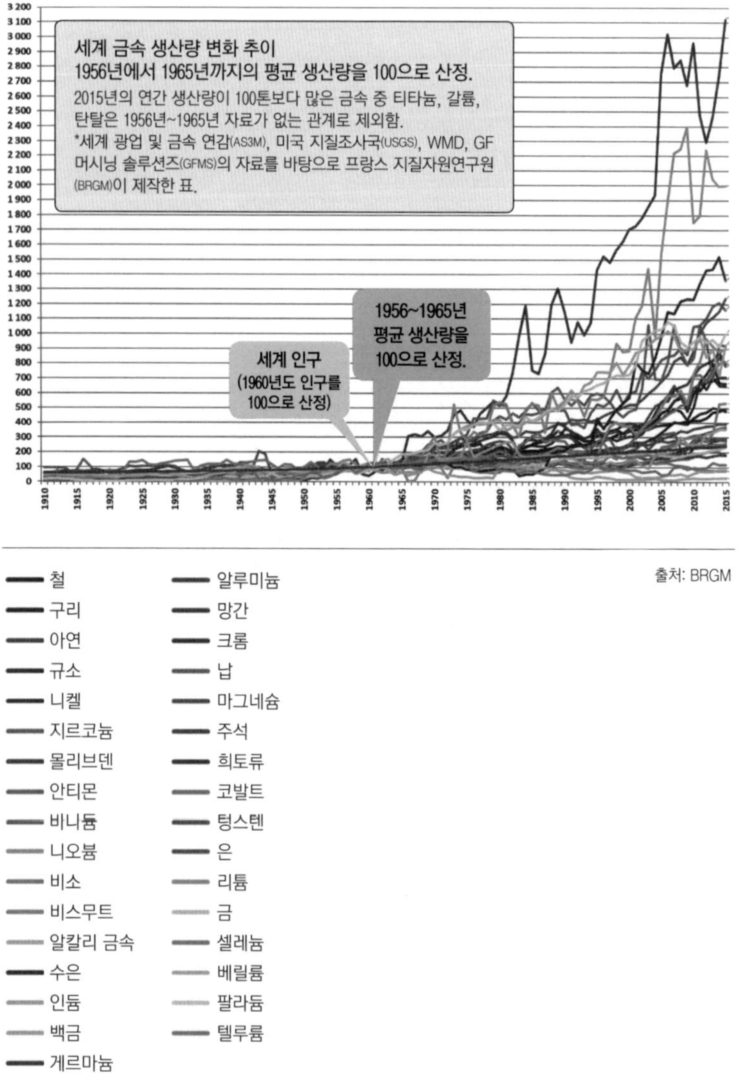

출처: BRGM

부록 3 | 희귀 광물 주요 생산국 분포도

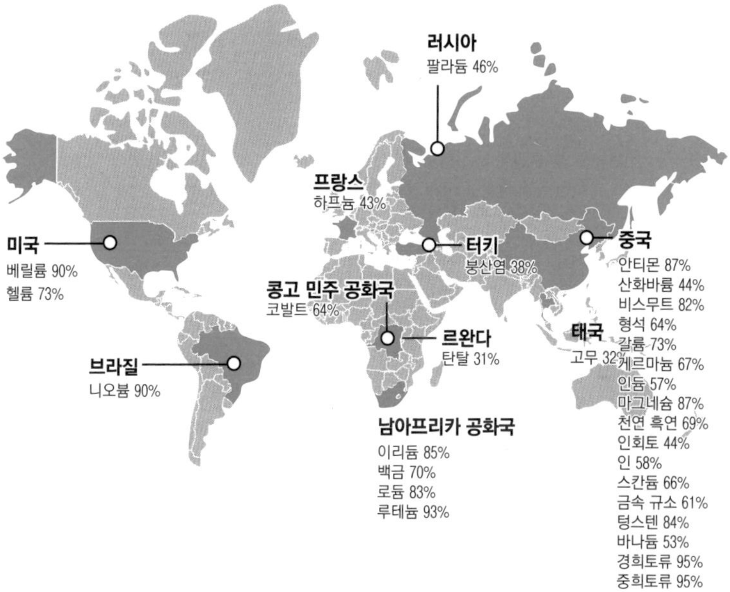

출처: "Étude sur la révision de la liste des Matières PremièresCritiques - Résumé analytique", Commission européenne, 2017년 9월.

부록 4 | 세계 광물, 금속 생산에서 중국이 차지하는 비율

> 2011년도 세계 광물(MI), 합금(ME) 생산에서 중국이 차지하는 상대적인 비율.
> 점선은 세계 인구에서 중국 인구가 차지하는 비율이다.

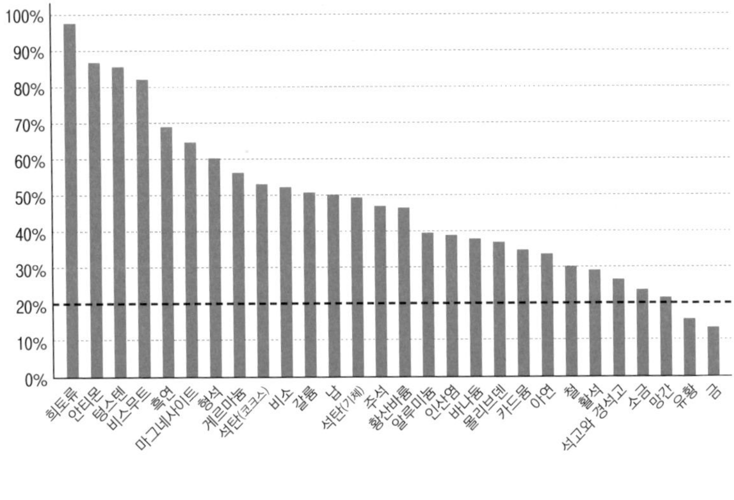

출처: World Mining Data, 2013년

부록 5 | 전기차 제작에 쓰이는 다양한 희귀 금속

전기차와 하이브리드차 제작에는 적게는 9킬로그램, 많게는 11킬로그램의
희토류가 쓰인다. (디젤차에 쓰이는 양보다 2배 더 많다.)

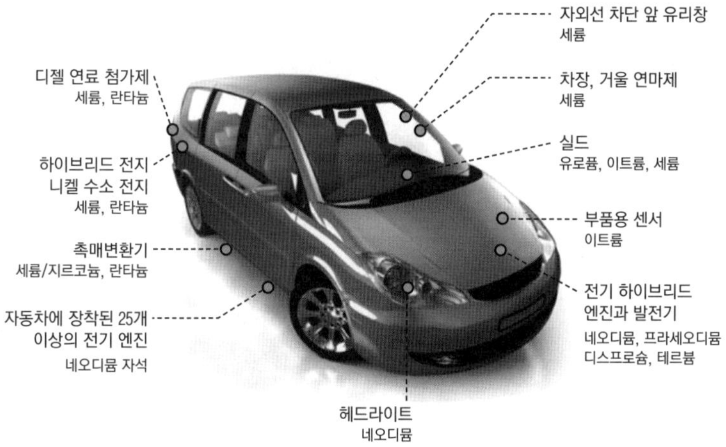

출처: "The Race for Rare Metals", *The Globe and Mail*, 2011년 7월 16일 자.

부록 6 | 아이폰 한 대에 들어가는 희귀 금속

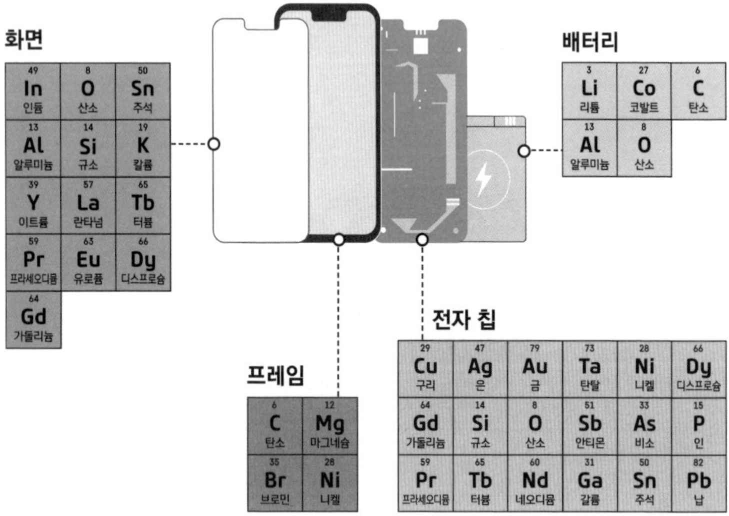

출처: 다미앵 이폴리트Damien Hypolite가 《과학과 미래Sciences et Avenir》에 게재한 것.

부록 7 | 간략하게 요약한 금속의 재활용 비율표

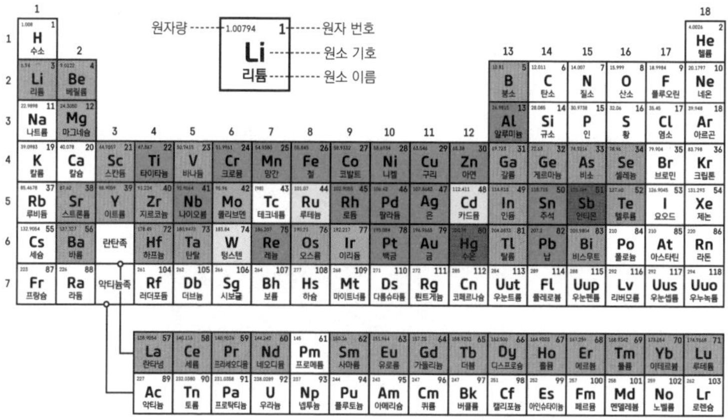

- 50%
- 25~50%
- 10~25%
- 1~10%
- 1%

출처: "Recycling Rates of Metals : A Status Report", United Nations Environment Programme, 2011년.

부록 8 | 프랑스의 광업 잠재력

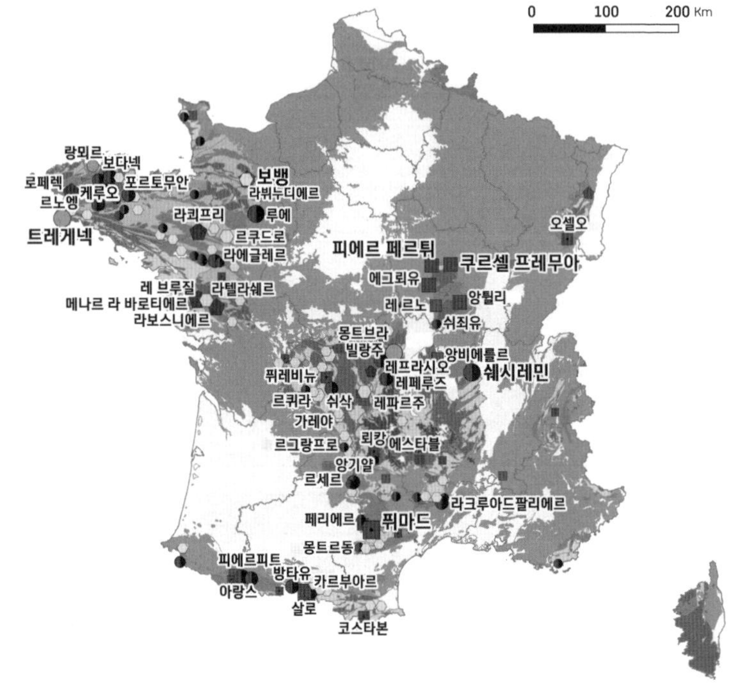

출처: BRGM

물질
- 안티몬
- 황산바륨
- 주석 - 탄탈륨 니오븀
- 형석
- 몰리브덴
- 금
- 납 - 아연 - (은)
- 텅스텐

지질학적 특성
- 최근 화산 활동
- 신생대 지질
- 중생대 지질
- 고생대 지질
- 원생대 지질
- 변성암 지질
- 화강암 지질

잠재력
- 높은 잠재력
- 보통 수준의 잠재력
- 낮은 잠재력

부록 9 | 전 세계 원자재 소비량에서 중국이 차지하는 비율

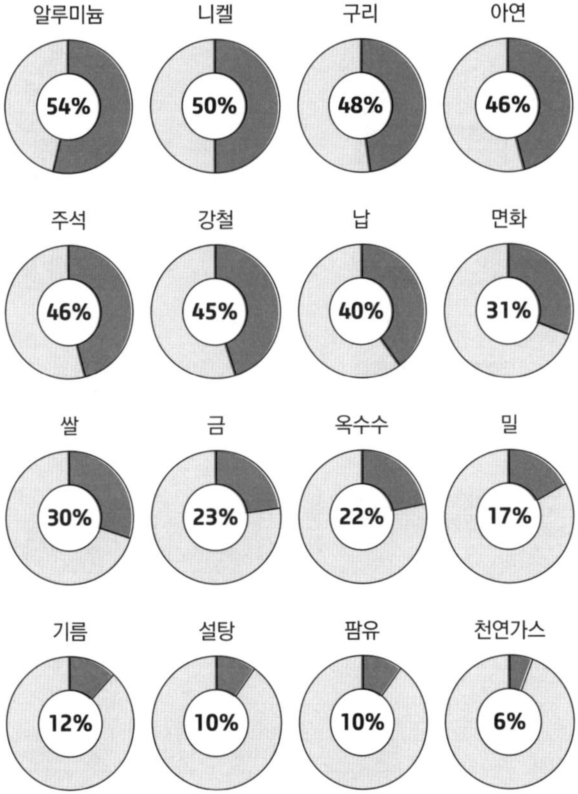

출처: *The Wall Street Journal*, World Bureau of Metal Statistics, World Gold Council, BP Statistical Review of World Energy 2015, Metalytics via Morgan Stanley, US Department of Agriculture.

부록 10 | 금속 수명 주기

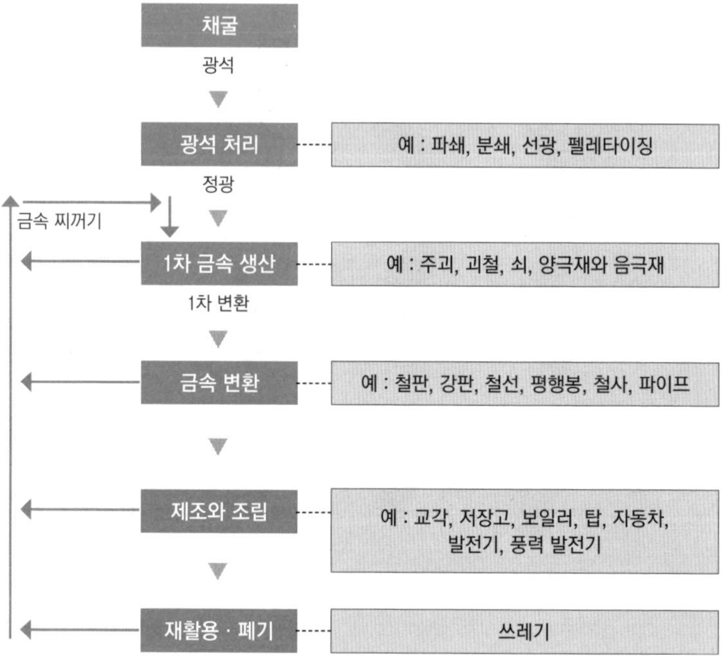

출처: "Guide de rédaction d'une étude d'opportunité économique et de marché pour la transformation au Québec", Gouvernement du Québec, Ministère de l'Énergie et des Ressources naturelles, 2015년 10월, p.1.

부록 11 | 희귀 광물의 주요 산업 활용 분야

자원	활용 분야
안티몬	방염제(플라스틱에 첨가), 폴리에틸렌의 촉매
산화바륨	유정 및 가스정 시추 유체, 유리 산업, 방사선 방호, 헬스케어 산업, 금속 공학, 화약 제조
베릴륨	통신과 전자 부분, 민간, 군사 구별 없이 항공과 원자력 산업
비스무트	열 발전기(자동차), 고온 초전도체, 무연 용접
붕산염	유리, 세라믹
코발트	휴대폰, 컴퓨터, 하이브리드 자동차, 자석
코크스	철강 공업
형석	불화수소산, 강철과 알루미늄 제련, 세라믹, 광학
갈륨	반도체, 발광 다이오드 조명
게르마늄	광합성, 광섬유, 촉매, 적외선 광학
인듐	전자 칩, 액정 디스플레이
마그네슘	알루미늄 합금
천연 흑연	전기 자동차, 항공학, 원자력 산업
니오븀	위성, 전기 자동차, 원자력 산업, 보석 제조
금속 규소	집적 회로, 광전지 패널, 전기 절연체
탄탈	소형 전지, 초합금
텅스텐	절단 공구, 차폐물, 전기, 전자
바나듐	특수강, 우주 산업, 촉매
플라티노이드 (백금족 원소에 해당하는 루테늄, 로듐, 팔라듐, 오스뮴, 이리듐, 백금)	촉매, 보석 가공
희토류 (뒤의 표 참조)	자석, 전기 자동차, 풍력 발전기, 초고속 열차, 의료용 스캐너, 레이저, 광섬유를 통한 자료 전송, 루미노퍼, 지폐 보호, 촉매

출처: OPECST, BRGM, Connaissance des énergies, Futura-Sciences, Niobec, Lenntech.

부록 12 | 희토류에 속하는 광물의 주요 산업 활용 분야

자원	활용 분야
란탄	초전도체 구성 성분, 렌즈, 조명
세륨	촉매 변환기, 석유 정유, 금속 합금
프라세오디뮴	라이터돌, 염료, 자석
네오디뮴	자석, 자동 촉매, 석유, 레이저
프로메튬	발광체 구성 성분
사마륨	미사일용 자석, 자석, 전기 동력화
유로퓸	레이저, 원자로, 조명, 지구화학, 브라운관의 붉은 인광
가돌리늄	브라운관 내부의 형광 물질
테르븀	브라운관용 녹인 활성제, 영구 자석, 하이브리드 엔진
디스프로슘	자석, 하이브리드 엔진
홀뮴	레이저, 자성, 초전도체 구성 성분
에르븀	장거리 광통신망, 방사선 의학
툴륨	휴대용 X선 촬영, 레이저, 고온 초전도체
이테르븀	스테인리스 스틸, 크리스털 레이저용 활성 이온, 휴대용 X선 촬영
루테튬	베타선 발신기
스칸듐	조명, 트레이서, 알루미늄 합금
이트륨	브라운관의 붉은 인광, 초전도체 합금, 내열 벽돌, 연료 전지, 자석

출처: Sénat, British Geological Survey, École de guerre économique, Congressional Research Service, Portailde l'IE.

부록 13 | 유럽연합(EU)의 중요 원자재 목록

원자재	세계 주요 생산지 (2010~2014 까지의 평균)	유럽연합(EU)의 주요 수입국 (2010~2014 까지의 평균)	유럽연합(EU)의 공급원 (2010~2014 까지의 평균)	수입 의존도*	EI/SR** 대체지수	제품 생산 주기 막바지 재활용률***
안티몬	중국 (87%) 베트남 (11%)	중국 (90%) 베트남 (4%)	중국 (90%) 베트남 (4%)	100%	0,91/0,93	28%
산화 바나듐	중국 (44%) 인도 (18%) 모로코 (10%)	중국 (53%) 모로코 (37%) 터키 (7%)	중국 (34%) 모로코 (30%) 독일 (8%) 터키 (6%) 영국 (5%) 기타 EU 국가 (4%)	80%	0,93/0,94	1%
베릴륨	미국 (90%) 중국 (8%)	개체 없음	개체 없음	개체 없음[1]	0,99/0,99	0%
비스무트	중국 (82%) 멕시코 (11%) 일본 (7%)	중국 (84%)	중국 (84%)	100%	0,96/0,94	1%
붕산염	터키 (38%) 미국 (23%) 아르헨티나 (12%)	터키 (98%)	터키 (98%)	100%	1,0/1,0	0%
코발트	콩고 민주 공화국 (64%) 중국 (5%) 캐나다 (5%)	러시아 (91%) 콩고 민주 공화국 (7%)	핀란드 (66%) 러시아 (31%)	32%	1,0/1,0	0%
코크스	중국 (54%) 오스트레일리아 (15%) 미국 (7%) 러시아 (7%)	미국 (39%) 오스트레일리아 (36%) 러시아 (9%) 캐나다 (8%)	미국 (38%) 오스트레일리아 (34%) 러시아 (9%) 캐나다 (7%) 폴란드 (1%) 독일 (1%) 체코 (1%) 영국 (1%)	63%	0,92/0,92	0%
형석	중국 (64%) 멕시코 (16%) 몽골 (5%)	멕시코 (38%) 중국 (17%) 남아프리카 공화국 (15%) 나미비아 (12%) 케냐 (9%)	멕시코 (27%) 스페인 (13%) 중국 (12%) 남아프리카 공화국 (11%) 나미비아 (9%) 케냐 (7%) 독일 (5%) 불가리아 (4%) 영국 (4%) 기타 EU 국가 (1%)	70%	0,98/0,97	1%

원자재	세계 주요 생산지 (2010~2014까지의 평균)	유럽연합(EU)의 주요 수입국 (2010~2014까지의 평균)	유럽연합(EU)의 공급원 (2010~2014까지의 평균)	수입 의존도*	EI/SR** 대체지수	제품 생산 주기 막바지 재활용률***
갈륨[2]	중국 (85%) 독일 (7%) 카자흐스탄 (5%)	중국 (53%) 미국 (11%) 우크라이나 (9%) 대한민국 (8%)	중국 (36%) 독일 (27%) 미국 (8%) 우크라이나 (6%) 한국 (5%) 헝가리 (5%)	34%	0,95/0,96	0%
게르마늄	중국 (67%) 핀란드 (11%) 캐나다 (9%) 미국 (9%)	중국 (60%) 러시아 (17%) 미국 (16%)	중국 (43%) 핀란드 (28%) 러시아 (12%) 미국 (12%)	64%	1,0/1,0	2%
하프늄	프랑스 (43%) 미국 (41%) 우크라이나 (8%) 러시아 (8%)	캐나다 (67%) 중국 (33%)	프랑스 (71%) 캐나다 (19%) 중국 (10%)	9%	0,93/0,97	1%
헬륨	미국 (73%) 카타르 (12%) 알제리 (10%)	미국 (53%) 알제리 (29%) 카타르 (8%) 러시아 (8%)	미국 (51%) 알제리 (29%) 카타르 (8%) 러시아 (7%) 폴란드 (3%)	96%	0,94/0,96	1%
인듐	중국 (57%) 한국 (15%) 일본 (10%)	중국 (41%) 카자흐스탄 (19%) 한국 (11%) 홍콩 (8%)	중국 (28%) 벨기에 (19%) 카자흐스탄 (13%) 프랑스 (11%) 대한민국 (8%) 홍콩 (6%)	0%	0,94/0,97	0%
마그네슘	중국 (87%) 미국 (5%)	중국 (94%)	중국 (94%)	100%	0,91/0,91	9%
천연 고무	태국 (32%) 인도네시아 (26%) 베트남 (8%) 인도 (8%)	인도네시아 (32%) 말레이시아 (20%) 태국 (17%) 코트디부아르 (12%)	인도네시아 (32%) 말레이시아 (20%) 태국 (17%) 코트디부아르 (12%)	100%	0,92/0,92	1%
니오븀	브라질 (90%) 캐나다 (10%)	브라질 (71%) 캐나다 (13%)	브라질 (71%) 캐나다 (13%)	100%	0,91/0,94	0.3%

1 유럽 연합 내에 베릴륨 광석이나 정광의 생산 또는 교역이 전혀 없기 때문에 베릴륨에 대한 EU의 수입 의존도는 산출할 수 없다.

2 갈륨은 부산물이다. 열람할 수 있는 믿을 만한 자료들에서는 갈륨의 실제 생산량이 아닌 생산 역량을 확인할 수 있었다.

원자재	세계 주요 생산지 (2010~2014 까지의 평균)	유럽연합(EU)의 주요 수입국 (2010~2014 까지의 평균)	유럽연합(EU)의 공급원 (2010~2014 까지의 평균)	수입 의존도*	EI/SR** 대체지수	제품 생산 주기 막바지 재활용률 ***
천연 인산염	중국 (44%) 모로코 (13%) 미국 (13%)	모로코 (31%) 러시아 (18%) 시리아 (12%) 알제리 (12%)	모로코 (31%) 러시아 (18%) 시리아 (12%) 알제리 (12%)	88%	1,0/1,0	17%
인	중국 (58%) 베트남 (19%) 카자흐스탄 (13%) 미국 (11%)	카자흐스탄 (77%) 중국 (14%) 베트남 (8%)	카자흐스탄 (77%) 중국 (14%) 베트남 (8%)	100%	0,91/0,91	0%
스칸듐	중국 (66%) 러시아 (26%) 우크라이나 (7%)	러시아 (67%) 카자흐스탄 (33%)	러시아 (67%) 카자흐스탄 (33%)	100%	0,91/0,95	0%
금속규소	중국 (61%) 브라질 (9%) 노르웨이 (7%) 미국 (6%) 프랑스 (5%)	노르웨이 (35%) 브라질 (18%) 중국 (18%)	노르웨이 (23%) 프랑스 (19%) 브라질 (12%) 중국 (12%) 스페인 (9%) 독일 (5%)	64%	0,99/0,99	0%
탄탈럼[3]	르완다 (31%) 콩고 민주 공화국 (19%) 브라질 (14%)	나이지리아 (81%) 르완다 (14%) 중국 (5%)	나이지리아 (81%) 르완다 (14%) 중국 (5%)	100%	0,94/0,95	3%
텅스텐[4]	중국 (84%) 러시아 (4%)	러시아 (84%) 볼리비아 (5%) 베트남 (5%)	러시아 (50%) 포르투갈 (17%) 스페인 (15%) 오스트리아 (8%)	44%	0,94/0,97	42%
바나듐	중국 (53%) 남아프리카 공화국 (25%) 러시아 (20%)	러시아 (71%) 중국 (13%) 남아프리카 공화국 (13%)	러시아 (60%) 중국 (11%) 남아프리카 공화국 (10%) 벨기에 (9%) 영국 (3%) 네덜란드 (2%) 독일 (2%) 기타 EU 국가 (0.5%)	84%	0,91/0,94	44%
플라티노이드	남아프리카 공화국 (83%) – 인듐, 백금, 로듐, 루테늄 러시아 (46%) – 팔라듐	스위스 (34%) 남아프리카 공화국 (31%) 미국 (21%) 러시아 (8%)	스위스 (34%) 남아프리카 공화국 (31%) 미국 (21%) 러시아 (8%)	99,6%	0,93/0,98	14%

원자재	세계 주요 생산지 (2010~2014 까지의 평균)	유럽연합(EU)의 주요 수입국 (2010~2014 까지의 평균)	유럽연합(EU)의 공급원 (2010~2014 까지의 평균)	수입 의존도*	EI/SR** 대체지수	제품 생산 주기 막바지 재활용률***
무거운 희토류	중국 (95%)	중국 (40%) 미국 (34%) 러시아 (25%)	중국 (40%) 미국 (34%) 러시아 (25%)	100%	0,96/0,89	8%
가벼운 희토류	중국 (95%)	중국 (40%) 미국 (34%) 러시아 (25%)	중국 (40%) 미국 (34%) 러시아 (25%)	100%	0,96/0,89	3%

3 탄탈은 무력 갈등 중인 분쟁 지역에서 생산되는 광석에 관한 규정[EU 규정 2017/821]의 적용을 받는다. 이 규정은 무장 세력과 치안 유지 병력이 주석, 탄탈, 텅스텐을 비롯한 각종 광물과 금을 놓고 밀거래를 할 가능성을 제한하기 위해 공급 사슬을 적극적으로 살필 의무를 명문화 한다.

4 텅스텐 또한 무력 갈등 중인 분쟁 지역에서 생산되는 광석에 관한 규정[EU 규정 2017/821]의 적용을 받는다.

* 수입 의존도는 세계 공급량과 EU의 실제적인 공급원을 고려하여 공급 부족 위험성을 계산한 수치다. 다음과 같은 방식으로 산출한다. EU의 순 수입량 / (EU의 순 수입량 + EU 역내 생산량).

** 대체 지수는 원자재 대체의 어려움을 나타내는 숫자다. 두 가지 변수인 EI, 즉 경제적 중요도와 SR, 즉 공급 부족 위험을 분리해서 계산한다. 지수의 값은 0부터 1까지 표시하며, 대체 가능성이 가장 낮을 때의 값이 1이다. 경제적 중요도는 대체 지수를 통해 보정되며(SIEI), 이는 각 자재의 기술적 역량, 다양한 활용에 드는 비용 대체재의 효율에 따라 달라진다. 공급 부족 위험은 대체 지수를 통해 보정되며(SISR), 이는 각 자재의 다양한 활용을 위한 세계 생산량, 중요도, 대체재의 공동 생산 또는 하도급 생산 등에 따라 달라진다.

*** '제품 생산 주기 막바지 재활용률'은 사용된 금속의 재활용 비율과 유럽 연합에서 발생한 해당 금속의 수요를 비교해 측정한다. 해당 금속의 수요는 유럽 연합의 1차, 2차 원료 공급분과 일치한다.

출처: Données extraites du rapport final de l'étude intitulée "Study on the review of the list of Critical Raw Materials", 2017

부록 14 | 주요 광물 자원의 수명

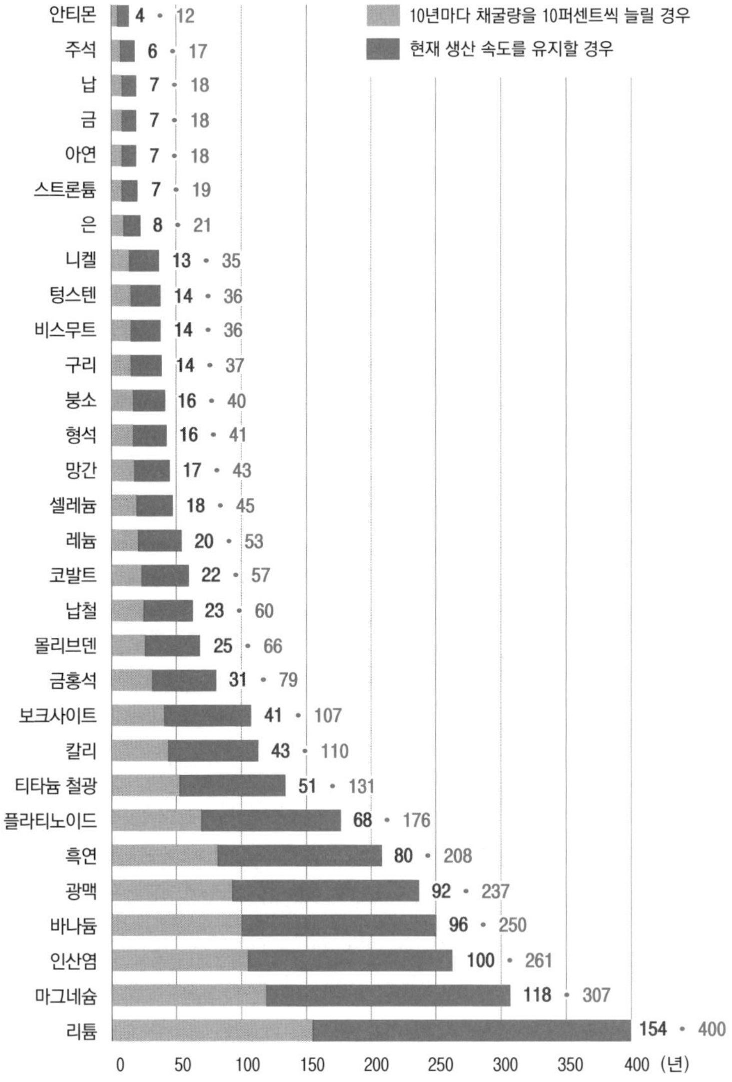

출처: OPECST, BRGM, Connaissance des énergies, Futura-Sciences, Niobec, Lenntech.

주

개정판을 내며

1. "Xi's visit boosts China's critical rare-earth sector", *Global Times*, 2019년 5월 5일 자.
2. "Commentary : U.S. risks losing rare earth supply in trade war", *Xinhua*, 2019년 5월 29일 자.
3. 더 자세히 알고 싶은 이들에게는 다음 다큐멘터리와 책을 추천한다. Sophie Lepault, Romain Franklin, "Le monde selon Xi Jinping(France, 75분, 2018년)". François Bougon, *Dans la tête de Xi Jinping*, Actes Sud, 2017년.
4. Presidential Executive Order on a Federal Strategy to Ensure Secure and Reliable Supplies of Critical Minerals", Maison Blanche, 2017년 12월 20일 자. 우리 연구팀이 함께 기고한 다음 기사를 참고하라. "Donald Trump décidé à conquérir la souveraineté minérale américaine", *L'Usine Nouvelle*, 2018년 1월 9일 자.
5. "U.S. to Ensure Rare-Earth Supply Amid Trade War With China", *Bloomberg*, 2019년 6월 4일 자.
6. "Interior Releases 2018's Final List of 35 Minerals Deemed Critical to U.S. National Security and the Economy", USGS, 2018년 5월.
7. Murkowski, Manchin, "Colleagues Introduce Bipartisan Legislation to Strengthen Americas's Mineral Security", U.S Senate Committee on Energy & Natural Resources, 2019년 5월 3일 자. 리사 머카우스키 의원이 적극적으로 지지하는 희토류원소선진분류정련기술법REEACT(Rare Earth Element Advanced Coal Technologies Act) 제안서를 읽어 보라. 머카우스키는 석탄에서 희토류를 분리해 내는 기술 개발에 특히 관심이 많다. 다음 글을 참고하라. "Manchin, Capito & Murkowski Reintroduce Rare Earth Element Advanced

Coal Technologies Act", U.S Senate Committee on Energy & Natural Resources, 2019년 4월 5일 자.

8. "President Trump's interest in buying Greenland : 5 questions, answers", *BBC*, 2019년 8월 16일 자.

9. "Le Parlement européen approuve la réduction de 37,5퍼센트 des émissions de CO2 pour les voitures neuves", *Le Figaro*, 2019년 3월 27일 자.

10. "Diesel, CO2: le patron de PSA, Carlos Tavares, dénonce le 'diktat' de l'Europe", *Le Figaro*, 2019년 3월 4일 자.

11. 우리 연구팀이 게재했던 기사의 몇 대목을 인용했다. 다음을 읽어 보라. "Voiture électrique, une aubaine pour la Chine", *Le Monde Diplomatique*, 2018년 8월 호.

12. Glencore Signs Cobalt Supply Deal with China's GEM", *Investing News*, 2018년 3월 15일 자.

13. "La Pologne prend de l'avance sur les véhicules électriques", *Euractiv*, 2019년 2월 21일 자.

14. "Bruno Le Maire en visite à STMicroelectronics", *L'Essor*, 2019년 3월 22일 자.

15. "Le plus important gisement de lithium en Europe" : ruée vers l'or blanc au Portugal", LCI, 2018년 11월 29일 자. 리튬은 희귀 금속이 아니다. 그렇지만 미국 정부는 리튬을 그들의 중요 광물 목록에 올렸다.

16. "L'ADEME dit enfin la vérité sur les véhicules électriques", Les Amis de la Terre, 2014년 4월 28일 자.

17. Xinyu Chen, Hongcai Zhang, Zhiwei Xu, Chris P. Nielsen, Michael B. McElroy & Jiajun Lu, "Impacts of fleet types and charging modes for electric vehicles on emissions under different penetrations of wind power", *Nature Energy*, 2018년 4월 30일 자. 전기차가 환경에 미치는 영향에 관해 좀 더 심도 있는 글을 읽고 싶다면, 우리 연구팀이 게재한 다음 글을 참고하라. "Un bilan litgieux", *Le Monde diplomatique*, 2018년 8월 호.

18. John Lynch et Raymond Pierrehumbert, "Climate Impacts of Cultured Meat and Beef Cattle", Frontiers in sustainable food system, 2019년 2월 19일 자.

19. Les agriculteurs bio défendent le pesticide au cuivre", Reporterre, 2018년 11월 27일 자.

20. "Le voyage de Greta Thunberg en bateau est-il vraiment plus polluant que si elle avait pris l'avion?", France Info, 2019년 8월 18일 자.

21. "Transition énergétique : EELV veut 100 milliards d'euros par an de l'Europe", *Sud Ouest*, 2018년 8월 20일 자.

22. "Pour Yannick Jadot, 'les écologistes n'ont jamais été aussi crédibles pour gouverner'", *Ouest France*, 2019년 8월 18일 자.

23. "Hands off Brazil's niobium : Bolsonaro sees China as threat to utopian vision", *Reuters*, 2018년 10월 25일 자.

24. "La Chine renforce son emprise sur les métaux rares", *L'Usine Nouvelle*, 2018년 2월 5일 자.

25. "La fragile résurrection de Lynas dans les terres rares", *L'Usine Nouvelle*, 2018년 3월 14일 자.

26. "The tremendous potential of deepsea mud as a source of rare-earth elements", *Scientific Reports*, 2018년 4월 10일 자.

27. "Far-West-la fusée vers l'or", *Libération*, 2019년 8월 16일 자.

28. 이 주제를 다룬 대단히 훌륭한 다큐멘터리가 있어 추천한다. Caroline Salvoch, Alain Pirot "Déchets électroniques, le grand détournement(France, 2019)"를 보라.

29. "Voiture du futur : les matériaux légers", *Futura Sciences*, 2014년 10월 13일 자.

30. "Bourgogne : des voitures allégées à base de chanvre", *Europe 1*, 2016년 8월 29일 자.

31. 다음 책을 추천한다. Philippe Bihouix, *Le bonheur était pour demain*, Éditions Seuil, 2019년.

들어가는 말

1. 이 표현은 프랑스의 농부 철학자 피에르 라비Pierre Rabhi에게 빌려왔다. 그는 우리에게 소박한 삶과 간소한 소비를 권유한다. 그의 책을 참고하라. Pierre Rabhi, *Vers la sobriété heureuse*, Actes Sud, 2010〔피에르 라비, 『피에르 라비의 자발적 소박함』 배영순 옮김, 예담, 2013〕.

2. Yuval Noah Harari, *Sapiens – Une brève histoire de l'humanité*, Albin Michel, 2015〔유발 노아 하라리, 『사피엔스』, 조현욱 옮김, 김영사, 2015〕.

3. "COP 21 : Fabius présente un projet d'accord "juridiquement contraignant", *Libération*, 2015년 12월 12일 자.

4. 예컨대 오렌지나무 꽃잎 1톤을 증류해야 1킬로그램의 오일을 얻을 수 있다.

5. 코카인 1킬로그램을 만드는 데 코카 잎 500킬로그램이 필요하다.

6. 평균적으로 1킬로그램짜리 바위에는 바나듐 120밀리그램, 세륨 66.5밀리그램, 갈륨 19밀리그램, 루테튬 0.8밀리그램이 들어 있다.

7. 야곱 A. 마린스키Jacob A. Marinsky와 로렌스 E. 글렌데닌Lawrence E. Glendenin이 함께 발견했다.

8. Jeremy Rifkin, *The Third Industrial Revolution : How Lateral Power Is Transforming Energy, the Economy, and the World*, Palgrave Macmillan, 2011〔제러미 리프킨, 『3차 산업혁명』, 안진환 옮김, 민음사, 2012〕.

9. 오드프랑스 지방에서는 2013년부터 녹색 기술과 디지털 기술을 결합한 새로운 에너지 소비 모델을 개발하기 위해 제러미 리프킨의 조언을 받고 있다. 다음 홈페이지를 참고하라. rev3.fr

10. 바이오 연료, 바이오매스 가스 원료 또한 재생 에너지에 포함된다. 다음 보고서를 참고하라. "Renewables 2016 Global Status Report", Renewable Energy Policy Network for the 21st Century, 2016년.

11. Christine Parthemore & John Nagel, "Fueling the Future Force : Preparing the Department of Defense for a Post-Petroleum Era", Center for a New American Security, 2010년 9월.

12. 군대는 소규모 재생 가능 에너지 발전소에 의존하게 될 것이다. 다음을 참고하라. Ugo Bardi, *Le Grand Pillage : comment nous épuisons les ressources de la planète,* Les Petits Matins, 2015년.

13. 다음을 참고하라. Hervé Juvin, *Le mur de l'Ouest n'est pas tombé,* Pierre-Guillaume de Roux, 2015년.

14. "Trump a une vision rétrograde du monde et se fixe sur le siècle où le pétrole était roi", *Le Monde*, 2017년 1월 28일 자.

15. 국제재생에너지기구IRENA는 재생 에너지 경제가 2030년까지 전 세계 우수 산업 부문에서 2400만 개의 일자리를 창출할 것으로 전망했다. "Renewable Energy and Jobs - Annual Review 2017", IRENA, 2017년.

16. 다음을 참고하라. Florentin Krause, Hartmut Bossel, Karl-Friedrich Müller-Reißmann, *Energie-Wende : Wachstum und Wohlstand ohne Erdöl und Uran*, S. Fischer Verlag, 1980년.

17. 195개국 대표단과 유럽연합 대표단을 말한다.

18. 파리기후변화협약에서 '금속', '광물', '원료'라는 단어는 한 번도 언급되지 않았다. 2018년 12월 폴란드 카토비체에서 열린 제24회 유엔기후변화협약 당사국총회 또한 광물자원과 관련한 어떤 결정도 내리지 않았다. 유엔기후변화협약 측은 보도자료를 통해 "우리는 광물자원에 관한 구체적 논의 내용은 모른다"고 밝혔다.

19. 대부분의 희귀 금속은 대체 불가능하다. 2017년 9월 13일에 유럽의회와 이사회, 유럽경제사회위원회가 '2017 유럽연합의 중요 원자재 목록'에 관해 나눈 담화 기록을 참고하라. 부록 13에서 이 목록을 볼 수 있다. EI/SR 대체 지수(원자재 대체의 어려움을 측정한 값) 또한 참고하라.

20. "We're going to war in the South China Sea…. no doubt", *The Guardian,* 2017년 2월 1일 자.

21. "World Population Prospects: The 2015 Revision", Department of Economic and Social Affairs Population Division, New York, 2015년.

22. 다음 두 책을 참고하라. Michèle Bilimoff, *Histoire des plantes qui ont changé le monde,* Albin Michel, 2011년. Bill Laws, *50 plantes qui ont changé le cours de l'histoire,* Éditions Ouest-France, 2011년.

1장 희귀 금속의 저주

1. 예를 들어, 갈륨은 알루미늄의 부산물이다. 셀레늄과 텔루르는 구리와 결합해 있다. 인듐과 게르마늄은 아연의 부산물이다. 더 살펴보고 싶다면 다음 책을 참고하라. Philippe Bihouix, Benoît de Guillebon, *Quel futur pour les métaux? Raréfaction des métaux : un nouveau défi pour la société*, EDF Sciences, 2010년, p.33

2. 미국 지질조사국이 2018년 5월에 작성한 이 목록엔 세슘, 크롬, 리튬, 루비듐, 우라늄 또는 스트론튬 같은 35가지 원료가 포함되어 있다. 유럽연합 집행위원회는 안티몬, 수산화바륨, 베릴륨, 비스무트, 붕산염, 코발트, 코크스, 형석, 갈륨, 게르마늄, 하프늄, 헬륨, 인듐, 마그네슘, 흑연, 고무, 니오븀, 인산염, 인, 스칸듐, 규소, 탄탈, 텅스텐, 바나듐, 플라티노이드, 무거운 희토류, 가벼운 희토류까지 총 27가지 원료를 희귀 금속 목록에 올렸다. 사실 지질학자들은 목록에 오른 모든 원료를 희귀한 자원으로 판단하진 않

는다. 그러나 유럽연합 집행위원회는 공급 부족 위험이 있다고 판단한 원료까지 '위험군'으로 분류했다. 지질학적 희소성과 산업 구조적 희귀성을 복합적으로 고려하여 목록을 작성한 셈이다. 유럽연합 집행위원회가 만든 희귀 금속 목록은 부록 13에서 볼 수 있다.

3. 국회의원 클로드 비로Claude Birraux와 크리스티앙 케르Christian Kert가 프랑스 의회의 과학기술선택평가국OPECST을 대표하여 제출한 보고서 782호에 제시한 기준을 보라. "Les enjeux des métaux stratégiques : le cas des terres rares", OPECST, 2011년 8월 23일 자.
4. Yuval Noah Harari, 앞의 책.
5. "Un aimant géant pour lire dans notre cerveau", *Le Monde*, 2017년 6월 17일 자.
6. 이 초강력 자석들은 주로 철, 붕소, 코발트 등의 금속과 결합해 있는 네오디뮴과 사마륨이라고 하는 희토류 금속으로 제작된다. 적절하지 않은 단어 사용일지 모르겠으나, 학계에서는 관례로 '희토류 자석'이라는 말을 사용한다.
7. 도요타, 닛산, 미쓰비시, 제너럴 모터스, PSA, BMW 같은 기업은 희귀 금속 자석을 활용해 자동차를 생산한다. 르노 기업의 전기차인 조에 모델이나 미국 테슬라 기업의 전기차엔 희귀 금속 자석이 쓰이지 않지만, 이 자동차들은 희토류 영구 자석을 사용해 제작하는 차들보다 더 크고 무겁다. 파리테크 국립고등기술공예학교의 전기공학과 조교수이자 모바일과 전기차 마스터 과정 책임자인 필리프 드고베르Philippe Degobert와 2017년에 진행한 인터뷰.
8. 2016년 가장 강력한 풍력 발전 터빈 10개 모델 중 7개는 희귀 금속 자석을 사용했다(베스타스 기업의 V164모델, 애드웬 기업의 AD-180과 ADS-135모델, 지멘스 기업의 SWT 8.0, 제너럴 모터스 기업의 핼리어드 6MW, 밍양 기업의 SCD 6.0, 그리고 동팡/현대 기업의 5.5 MW). 독일의 풍력 발전기 제조 그룹 에너콘은 기어 없이 회전하는 환형 발전기를 제작했다. 에너콘은 영구 자석 사용을 포기하고도 전력 생산이 가능함을 보여주기 위한 시도라고 설명했다. 전류를 생산할 때 필요한 자장은 자석 대신 전기를 활용하여 만든다. 필리프 드고베르와 2017년에 진행한 인터뷰. 더 많은 정보를 보고 싶다면, 다음 보고서를 참고하라. "Analyse du marché, des emplois et du futur de l'éolien en France", France Energie Eolienne, 2017년 9월.
9. 구리, 인듐, 갈륨, 셀레늄 전지로 만든 태양광 패널들이 특히 그렇다.

10. 자석 전문가이자 미국 기업 JOC LLC의 설립자인 존 오머로드John Ormerod와 2017년에 진행한 인터뷰. 오머로드는 우리 연구팀에게 이렇게 설명했다. "오늘날 세계에서 사용되는 대부분의 전기 모터는 희귀 금속 자석을 활용하지 않는 인덕션 모터입니다. 이 모터들은 난방, 환기, 냉방 기기에 주로 사용되며, 값은 싸나 성능은 그다지 좋지 않습니다. 그러나 고성능 모터가 필요한 산업에는 희귀 금속 자석이 필수적입니다. 예컨대 전기차와 일부 풍력 발전기에는 희귀 금속 자석이 들어간 모터가 필요합니다. 앞으로 전기차 수요가 늘어나면 모터에 들어가는 희귀 금속 자석의 가격은 올라갈 것으로 예상합니다."

11. 다이오드 방전광 전등 또는 LED 전등.

12. 다음 보고서를 참고하라. "Pour une convergence des transitions écologique et numérique", Conseil national du numérique, 2015년 9월.

13. "Renewable Energy and Jobs – Annual Review 2017," IRENA, 2017년.

14. "Scénario négaWatt 2017–2050 : les 12points clés", *négaWatt,* 2017년.

15. 금, 구리, 납, 은, 주석, 수은, 그리고 철.

16. 석유 수요는 2035년까지 매우 느린 속도로 증가할 것으로 보이며, 천연가스의 소비는 해마다 2.4퍼센트 증가하는 반면, 석탄 수요는 축소될 것으로 보인다. 다음을 참고하라. "L'énergie dans le monde en 2035 : à quoi faut-il s'attendre?" *Connaissance des Énergies*, 2015년 2월 25일 자.

17. "Quand le monde manquera de métaux", *Basta Mag,* 2012년 9월 26일 자.

18. 다음을 참고하라. Frank Marscheider-Weidemann, Sabine Langkau, Torsten Hummen, Lorenz Erdmann, Luis Tercero Espinoza, "Raw Materials for Emerging Technologies 2016", German Mineral Resources Agency(DERA) at the Federal Institute for Geosciences and Natural Resources(BGR), 2016년 3월.

19. 이 숫자는 어림짐작이며, 실제보다 높게 매겨진 추정치다.

20. "Environmental disaster strains China's social fabric", *The Financial Times*, 2006년 4월 26일 자.

21. "Toxic mine spill was only latest in long history of Chinese pollution", *The Guardian,* 2011년 4월 14일 자.

22. "Dwindling Supplies of Rare Earth Metals Hinder China's Shift from Coal", *Trendin Tech,* 2016년 9월 7일 자.

23. 중국은 1차 아편전쟁에서 영국을 상대로 1839년부터 1842년까지 싸웠다. 프랑스, 영국, 러시아, 미국이 한 편이 된 2차 아편전쟁은 1856년부터 1860년까지 계속됐다.

24. 독일의 차지였던 중국 북부의 산둥성은 이때 일본으로 넘어갔다.

25. 쑨원이 세운 국민당은 1949년 공산당에 의해 전복되었다.

26. 다음을 참고하라. Philippe Chalmin(dir.), *Des ressources et des hommes,* Nouvelles Éditions François Bourin, 2016년.

27. 프랑스 의회의 과학기술선택평가국OPECST이 주최한 희토류와 전략 자원에 관한 공청회 보고서에 실린 프랑스 지질자원연구원BRGM 소속 파트리스 크리스트만Patrice Christmann의 2015년 7월 6일 글을 참고하라.

28. 클로크너 메탈스Kloeckner Metals 그룹의 대표인 토마스 크루엠머Thomas Kruemmer와 2016년에 진행한 인터뷰.

29. 자문회사 무탄디스Mutandis의 고문 브루노 겐스버거Bruno Gensburger와 2016년에 진행한 인터뷰 내용.

30. "En Chine, trois millions de décès prématurés par an à cause de la pollution", *Les Échos,* 2017년 3월 15일 자.

31. "The Cobalt Pipeline: Tracing the path from deadly hand-dug mines in Congo to consumers' phones and laptops", *The Washington Post,* 2016년 9월 30일 자.

32. 다음을 참고하라. "Le chrome (Cr) – éléments de criticité", *BRGM*, 2017년 7월. 2017년 유럽연합 집행위원회는 크롬을 희귀 금속에서 제외했다.

33. "Kazakh ecologists : Syr Darya waters poisonous", *Ferghana News Agency*, 2015년 4월 9일 자.

34. "Lithium squeeze looms as top miner front-loads, Chile says", *Mining Weekly,* 2017년 6월 26일 자.

35. "Chile's Supreme Court casts shadow over Barrick's plans to restart PascuaLama", Mining.com, 2017년 3월 15일 자.

36. "Lithium : nécessité et urgence d'introduire de nouveaux processus de collecte et de

recyclage", Les Amis de la Terre, 2013년 2월.

37. "The World's Worst Pollution Problems 2016 : The Toxics Beneath Our Feet", Green Cross Switzerland and Pure Earth, 2016년.

38. 납을 함유한 배터리 재활용 산업이 불명예스러운 1위를 차지했으며, 염색 산업, 산업 폐기물 처리 산업, 가죽 가공 산업이 3, 4, 5위에 올랐다.

2장 더러운 금속에 의존하는 친환경 세계

1. 콘퍼런스의 정식 명칭은 '5e Annual Cleantech & Technology Metals Summit : Invest in the Cleantech Revolution'이다.

2. "World Energy Outlook 2014 Factsheet : Power and renewables", IEA, 2014년.

3. 베르나르 투리용Bernard Tourillon은 이러한 추정치를 내놓기 위해 미국 환경보호기구의 온실가스 계산기를 사용했다. https://www.epa.gov/를 참고하라.

4. 태양 광선은 열에너지를 발생시키고, 그 에너지는 물과 같은 액체를 데운다. 뜨거운 물은 직접 혹은 간접적으로 활용된다.

5. 다음을 참고하라. Julia Bucknall, "Cutting Water Consumption in Concentrated Solar Power Plants", The Water Blog, 2013년 5월 20일 자.

6. Kimberly Aguirre, Luke Eisenhardt, Christian Lim, Brittany Nelson, Alex Norring, Peter Slowik, Nancy Tu, "Lifecycle Analysis Comparison of a Battery Electric Vehicle and a Conventional Gasoline Vehicle", UCLA Institute of the Environment and Sustainability, 2012년 6월. 전기 배터리가 환경에 미치는 영향에 관해 더 알고자 한다면 다음을 참고하라. J.Sullivan, L.Gaines, "A Review of Battery Life-Cycle Analysis : State of Knowledge and Critical Needs" Argonne National Laboratory, 2010년 10월 1일 자.

7. 몇몇 전문가의 의견에 따르면 리튬 이온 배터리의 가격은 자동차 가격의 3분의 1에 해당할 정도로 비싸다.

8. 다음을 참고하라. "Extraordinary Raw Materials in a Tesla Model S", *Visual Capitalist,* 2016년 3월 7일 자.

9. "Tesla lance une super-batterie pour son Model S", *Le Figaro*, 2016년 8월 25일 자.

10. "Musk : Millions of Teslas, 500-mile range coming", *CNBC,* 2015년 11월 6일 자. 도널드 트럼프 대통령이 파리기후변화협약 탈퇴를 선언하자 일론 머스크는 이것을 빌미로 대통령 자문 역할을 하는 주요 기업가 그룹에서 탈퇴했다. 머스크가 꿈꾸는 친환경 세계를 구축하는 데 드는 비용은 상상 이상으로 어마어마하다. 다음을 참고하라. "Cost of Elon Musk's Dream Much Higher Than He and Others Imagine", RealClearEnergy, 2017년 6월 8일 자.

11. John Petersen, "How Large Lithium-ion Batteries Slash EV Benefits", 2016년. 존 피터슨이 쓴 논문 전체는 다음 사이트에서 확인할 수 있다. http://seekingalpha.com/author/john-petersen/articles&ticker=tsla(해당 주소는 유효하지 않지만, 이 주제와 관련한 존 피터슨의 다른 글을 아래 주소에서 볼 수 있다. https://seekingalpha.com/author/john-petersen#regular_articles).

12. 프랑스 환경에너지관리위원회ADEME의 다음 보고서를 보라. "Les potentiels du véhicule électrique", 2016년 4월. 또한 Troy R. Hawkins, Bhawna Singh, Guillaume Majeau-Bettez, Anders Hammer Strøman, "Comparative Environmental Life Cycle Assessment of Conventional and Electric Vehicles", 2012년 10월 4일 자 보고서를 참고하라.

13. Jean-Marc Jancovici, "La voiture électrique est-elle LA solution aux problèmes de pollution automobile?"을 보라. 저자의 홈페이지에서 읽을 수 있다. https://jancovici.com/transition-energetique/transports/la-voiture-electrique-est-elle-la-solution-aux-problemes-de-pollution-automobile/

14. Jeremy Rifkin, 앞의 책.

15. Jeremy Rifkin, *The Zero Marginal Cost Society : The Internet of Things, the Collaborative Commons, and the Eclipse of Capitalism,* Palgrave Macmillan, 2014년(제러미 리프킨, 『한계비용 제로 사회』, 안진환 옮김, 민음사, 2014).

16. 프랑스의 자동차 공유 산업과 카풀 서비스 활성화가 환경에 미치는 영향에 관해서는 다음 보고서를 참고하라. "Usages novateurs et nouvelles mobilités", *PIPAME,* 2016년 1월.

17. Eric Schmidt, Jared Cohen, *The New Digital Age : Reshaping the Future of People, Nation and Business Knopf,* Random House Inc., 2013년(에릭 슈미트, 제러드 코언, 『새로운 디지털 시대』, 이진원 옮김, 알키, 2014).

18. 이미 생산되고 있는 어마어마한 양의 디지털 데이터를 상상해 보라. 슈미트와 코엔은 다음과 같이 주장한다. "오늘날 우리는 인간이 문명 태동기부터 2003년까지 만들어 낸 데이터 총량에 해당하는 양의 디지털 데이터를 이틀마다 생산하고 있다." 지구의 여섯 번째 대륙이라 불리는 웹은 세계 경제의 22.5퍼센트를 담당하고 있으며, 이 비율은 2020년이면 25퍼센트로, 비용으로 계산하면 240조 달러 이상으로 증가할 것이다. 이 주제에 관해서는 다음 책을 참고하라. Mark Knickrehm, Bruno Berthon, Paul Daugherty, *Digital Disruption :The Growth Multiplier. Optimizing Digital Investments to Realize Higher Productivty and Growth,* Accenture Strategy, 2016년.

19. 우리는 1분마다 2,400그루의 나무가 잘려 나가는 세계에 살고 있다. 이는 해마다 프랑스 국토 면적의 3분의 1에 해당하는 면적의 숲이 사라진다는 뜻이다. 다음을 참고하라. " Déforestation : 18 millions d'hectares de forêts perdus en 2014", *Le Monde,* 2015년 9월 3일 자.

20. Fabrice Flipo, Michelle Dobré, Marion Michot, *La Face cachée du numérique. L'impact environnemental des nouvelles technologies*, L'Échappée, 2013년.

21. Fabrice Flipo, Michelle Dobré, Marion Michot, 위의 책.

22. Coline Tison, Laurent Lichtenstein, "Internet : la pollution cachée", Camicas Productions, 2012년.

23. 이 다큐멘터리 영화는 우리를 웨스트버지니아주 애팔래치아산맥의 석탄 광산으로 데려간다. 미국이 발전소를 돌리기 위해 화석 연료를 캐는 곳이다. 영화는 "우리의 클릭 뒤에 가상이라고 할 수 있는 건 아무것도 없다"고 이야기한다. 영화는 비물질화 환상을 깨뜨리며 다음과 같은 의미심장한 질문을 던진다. "우리가 주고받는 이메일들이 결국 애팔래치아산맥을 송두리째 파괴하는 건 아닐까?"

24. Mark P.Mills, "The Cloud begins With Coal : Big Data, Big Networks, Big Infrastructure, and Big Power – An Overview of the Electricity Used by the Global Digital Ecosystem", 2013년 8월.

25. "How Clean is Your Cloud?", Greenpeace, 2012년 4월.

26. 예를 들어 1951년 미국에서 최초로 상용화된 컴퓨터 UNIVAC I은 전 세계를 통틀어 44대가 팔렸다. 그러나 2015년에는 거의 3억 대의 컴퓨터와 2억 대의 태블릿 컴퓨터가 판

매되었다. 오늘날 세계 인구의 4분의 3 이상이 휴대폰을 사용한다.

27. 실제로 우리는 희귀 자원 문제보다는 '가득 차고 넘치는 쓰레기' 문제를 더 자주 겪는다. 이와 관련해서는 다음 책을 참고하라. Pierre-Noël Giraud, Timothée Ollivier, *Économie des matières premières,* La Découverte, coll. "Repères", 2015년.

28. "Les dessous du recyclage : dix ans de suivi de la filière des déchets électriques et électroniques en France", Les Amis de la Terre France, 2016년 12월.

29. 2017년에 이 폐기물의 양은 5000만 톤을 넘어섰는데, 2014년까지만 하더라도 이는 4,100만 톤에 머물렀다. 유엔환경계획UNEP이 2017년에 발표한 보고서 "Waste Crime – Waste Risks : Gaps in Meeting the Global Waste Challenge"를 보라. 대부분의 전자 폐기물 문제는 전자 기기업계가 그들이 만든 제품의 수명을 단축하는 프로그래밍 정책을 고집하는 데서 기인한다. 1924년에는 오스람과 필립스, 텅스그람, 제너럴 일렉트릭 같은 대기업들이 시장에서 판매되는 전구의 수명을 1,000시간으로 제한하겠다며 푀부스 카르텔Phoebus cartel을 결성하기도 했다. 이 카르텔은 1939년 스칸디나비아의 경쟁자들이 이들보다 훨씬 저렴한 전구를 선보이자 해체되었다.

30. "Recycling Rates of Metals : A Status Report", UNEP, 2011년.

31. "La guerre des terres rares est déclarée", Terra Eco, 2012년 4월 19일 자. 아울러 나와 연구팀이 만든 다음 다큐멘터리를 참고하라. "Terres rares, le trésor caché du Japon", Mano a Mano, 2012년. 2015년 글로벌 링크스Global Links와 오레Orée가 주최한 "전략 금속과 순환 경제Métaux stratégiques et économie circulaire" 콘퍼런스의 영상과 회의 보고서 또한 참고하라. http://www.globallinks.fr/retour-sur-la-conference-metaux-strategiques-economie-circulaire/ (해당 주소는 이제 유효하지 않으나, 다음 주소에서 유사한 정보를 확인할 수 있다. http://www.oree.org/evenement.html?eventId=1970).

32. 예를 들어 유리를 곱게 가는 데 사용되는 희토류 광물 세륨은 지르코늄으로 대체할 수 있다.

33. 이 프로젝트는 형광등에 필요한 유로퓸과 테르븀의 양을 80퍼센트 줄이고, 자석에 들어가는 디스프로슘의 양을 30퍼센트까지 낮추는 것을 목표로 한다. 몇몇 유럽 자동차 제조업자들은 아예 희토류 없이 자석을 제조하겠다는 야심을 내비쳤다.

34. "Entretien avec Jack Lifton", Technology Metals Research, 2016년.

35. 위의 글.

36. 다음 책을 보라. Rémy Le Moigne, *L'Économie circulare : comment la mettre en oeuvre dans l'entreprise grâce à la reverse supply chain?*, Dunod, 2014년.

37. 비단 희귀 금속만이 아니라 모든 금속의 가격이 낮다. 2014년 금속 가격이 상한가를 치던 '장기 호황'이 막을 내린 후로 원자재 시장은 침체기에 빠져 있다.

38. 알루미늄, 코발트, 크롬, 구리, 금, 철, 납, 망간, 니오븀, 니켈, 팔라듐, 백금, 레늄, 로듐, 은, 주석, 티타늄, 아연.

39. 마그네슘, 몰리브덴, 이리듐.

40. 루테늄, 카드뮴, 텅스텐.

41. 자세한 통계를 확인하려면 2011년 유엔환경계획이 발표한 다음 보고서를 참고하라. "Recycling Rates of Metals : A Status Report", UNEP, 2011년. 몇몇 희귀 금속의 재활용률은 2011년부터 줄곧 더 낮아졌다. 이는 금속의 가격이 하락하면서 재활용에서 경제적 이득을 얻을 수 없었기 때문으로 보인다. 예컨대 레늄의 재활용률은 마지막 재활용업체가 2018년에 문을 닫은 이후 오늘에 이르기까지 거의 제로에 가깝다. CDMR(희귀 금속 기업) 공동 창업자인 뱅상 도낭Vincent Donnen과 2019년에 나눈 인터뷰.

42. 2017년 9월 13일 유럽연합 집행위원회가 유럽의회와 이사회, 유럽경제사회 위원회, 지역위원회에 보낸 중요 원자재 목록과 관련한 공문.

43. "Hitachi recycling scarce rare earths", *The Japan Times,* 2010년 12월 10일 자.

44. 테라 노바 개발Terra Nova Développement의 설립자인 크리스티앙 토마Christian Thomas와 2017년에 진행한 인터뷰.

45. 위험 폐기물 수출에 관한 바젤 협약은 1989년 3월 22일에 체결되었다. 자세한 정보는 http://www.basel.int/을 참고하라.

46. 바젤 협약은 특히 육가 크로뮴, 구리, 아연, 카드뮴 또는 안티몬 혼합물을 포함하는 폐기물 수출을 엄격하게 금지한다.

47. "EU Serious and Organised Crime Threat Assessment(SOCTA)", Europol, 2013년.

48. "Movements of waste across the EU's internal and external borders", EEA, 2012년.

49. Martin Eugster, Roland Hischier, "Key Environmental Impacts of the Chinese EEE-Industry", Tsinghua University, 2007년.

50. 프랑스 과학 한림원 통신원이자 희토류 전문가인 폴 카로Paul Caro가 진행한 카날 시앙스Canal Sciences의 방송 "Les terres rares : des propriétés extraordinaires sur fond de guerre économique"을 보라.

51. "Rare Earth and Radioactive Waste : A Preliminary Waste Stream Assessment of the Lynas Advanced Materials Plant, Gebeng, Malaysia", National Toxics Network, 2012년 4월. 1970년대 말부터 1994년 사이에 일본 재벌 그룹 미쓰비시는 말레이시아 북부에 있는 부킷 메라에서 희토류를 채굴하고 제련했다. 환경운동가 탄카캉은 우리에게 이렇게 설명했다. "이 활동으로 인해 매우 강력한 방사능 찌꺼기가 만들어졌습니다. 방사능 찌꺼기는 대단히 조심스럽게 다뤄야 합니다. 그러나 (...) 이들은 폐기물을 잔뜩 녹슨 낡은 통에 그냥 담았고, 피막으로는 고작 비닐봉지가 전부였습니다. 정말이지 가슴이 미어지는 처사였어요. 미쓰비시는 공장을 닫고 떠나버렸고, 이제 우리는 144억 년 동안 그 찌꺼기와 더불어 살아야 합니다." 부킷 메라 광산 지역은 아시아에서 방사능 오염도가 가장 높은 곳이다. 우리가 이곳을 찾았을 땐, 1억 달러를 투자한 재개발 사업이 진행 중이었다. 기욤 피트롱Guillaume Pitron과 세르지 튀르키에Serge Turquier가 2012년에 발표한 다큐멘터리 "La Sale Guerre des terres rares"을 보라.

52. "The Growing Role of Minerals and Metals for a Low Carbon Future", The World Bank Group, 2017년 6월.

53. "Tavares ne veut pas revivre un 'dieselgate' avec l'électrique", *Reuters,* 2017년 9월 12일 자. 카를로스 타바레스는 이렇게 경고했다. "이 모든 동요와 혼란은 우리에게 고스란히 되돌아올 것이다. 우리가 감정에 휘둘린 나머지 충분히 심사숙고하지 않고, 거리를 두고 냉정하게 바라보지 않은 상태에서 나쁜 결정을 내릴 것이기 때문이다." 렉서스 자동차의 사와 요시히로Sawa Yoshihiro 대표는 전기차 사용에 관한 인터뷰에서 이렇게 말한 적이 있다. "전기차 배터리는 제조와 사용 과정에서 환경에 심각한 영향을 미친다. 배터리 부품의 미래 활용과 재활용 계획을 수립해두어야 한다. 나는 정직한 방식으로 미래에 접근하는 편을 선호한다." https://www.autocar.co.uk/car-news/industry/lexus-boss-evs-autonomy-and-radical-design

3장 흠잡을 데 없는 비윤리적 경제 논리

1. 조금 더 깊이 알고자 한다면 다음 책을 참고하라. Philippe Bihouix, Benoît de Guillebon, *Quel futur pour les métaux?*, EDF Sciences, 2010년.
2. "Mineral Resources On-Line Spatial Data", USGS, http://mrdata.usgs.gov/ree/를 보라(해당 웹 주소는 유효하지 않지만, 다음 주소에서 관련 정보를 참고할 수 있다. https://mrdata.usgs.gov/).
3. Philippe Bihouix, Benoît de Guillebon, 앞의 책.
4. 위의 책.
5. 이 문제에 관해서는 특히 "Rare Earth Mining at Mountain Pass", *Desert Report,* 2011년 3월호를 참고하라.
6. 중국 희토류 회사의 첸잔헝Chen Zhanheng 부사장과 2016년에 진행한 인터뷰.
7. 리나스Lynas의 전 대표이자 현재는 시에라 베르데 희토류Sierra Verde Rare Earth의 대표인 에릭 누아레Eric Noyrez와 2019년에 진행한 인터뷰.
8. 에릭 누아레의 말에 따르면 2008년 금융 위기 때문에 광산을 여는 계획은 1년 이상 지체됐다. 2009년 9월 광산을 여는 데 필요한 자금을 확보한 니콜라스 커티스는 2010년 1월 드디어 토목 작업을 시작했고, 2013년이 되어서야 마운트 웰드 광산에서 희토류를 생산했다.
9. 정확한 연도를 확인하려면 http://www.solvay.fr/fr/implantations/la-rochelle/la-rochelle-historique.html.을 참조하라(이 웹주소는 유효하지 않지만, 다음 주소에서 솔베이 기업의 역사를 참고할 수 있다. https://www.solvay.fr/le-groupe/histoire).
10. 론풀랑Rhône-Poulenc과 로디아-희토류Rhodia Terres Rares 기업의 전 원자재 담당 책임자 장-폴 토녜Jean-Paul Tognet와 2016년, 2017년에 진행한 인터뷰.
11. 포르뇌프 모래톱은 생 니콜라Saint-Nicolas 타워에서 2킬로미터도 채 떨어지지 않은 미님Minimes항과 마주 보고 있다.
12. 방사능독립연구정보위원회CRIRAD 소속 핵물리학 엔지니어인 브루노 샤레이롱Bruno Chareyron과 2016년에 진행한 인터뷰.
13. Alain Roger, François Guéry, *Maîtres et protecteurs de la nature,* Champ Vallon, 1991년.
14. 론풀랑의 엔지니어였던 레지 푸아송의 말에 따르면, 어느 날 공장에 온 공공기관 직원

이 이렇게 말했다고 한다. "공장에서 쏟아 내는 붉은색 연기 좀 탈색할 수 없나? 너무 더러워 보이는군!"

15. "La CRIIRAD crie a la radioactivité dans la baie de La Rochelle", *Libération*, 1988년 3월 19-20일 자.

16. 이 문제는 적어도 2002년까지는 계속됐던 것으로 보인다. 방사능연구정보위원회는 연구를 통해 '포르뇌프 모래톱 주변, 과거 폐기물 운반로로 쓰이던 곳이 여전히 오염되어 있다'는 사실을 밝혔다. 다음 보고서를 참고하라. "Mesures radiamétriques sur terrain de l' université de La Rochelle", CRIRAD, n°10-149 VI 1, 2020년 12월 15일. 브루노 샤레이롱은 다음과 같이 증언했다. "과거의 설비가 완전히 해체되지 않았고, 이 설비와 인접한 주변엔 아무 표시조차 되어있지 않았다. 기업 측은 인근 주민들의 방사성 물질 노출을 최소화하기 위해 큰 노력을 기울이지 않았다."

17. "La CRIIRAD crie a la radioactivité dans la baie de La Rochelle", *Libération,* 1988년 3월 19-20일 자.

18. 장-폴 토녜Jean-Paul Tognet와 2016년, 2017년에 진행한 인터뷰.

19. Jean-Yves Le Déaut, "Rapport sur la gestion des déchets très faiblement radioactifs", OPECST, 1992년, p.67.

20. 장-폴 토녜와 2016년, 2017년에 진행한 인터뷰.

21. Jean-Yves Le Déaut, 앞의 글. 우리는 2016년 장-르네 포르투에게 인터뷰를 요청했으나 그는 응하지 않았다.

22. 장-이브 뒤무소와 2016년에 진행한 인터뷰. 한편 장-폴 토녜는 중국에서 구매하는 희귀 금속 가격이 다른 경쟁국의 가격보다 25퍼센트 정도 저렴했다고 말했다.

23. 앞의 인터뷰.

24. "Toxic Memo", *Harvard Magazine,* 2001년 1월 5일 자.

25. 프랑스 지질자원연구원의 파트리스 크리스트만Patrice Christmann과 2013년에 진행한 인터뷰.

26. 유럽의회와 이사회가 화학 물질의 등록과 평가, 허가, 이러한 물질들에 적용하는 제한과 관련하여 2006년 12월 18일에 제정한 유럽공동체 규정이다. n°1907/2006.

27. 크리스토프-알렉상드르 파이야르Christophe-Alexandre Paillard와 2013년에 진행한 인터

뷰. 그는 현재 프랑스 군사전략연구소IRSEM의 방위 산업과 경제 분과 책임자로 일하고 있다.

28. 현재 경제협력개발기구OECD의 책임 있는 행동 센터에서 채굴 산업 정치 자문으로 일하는 루이 마레샬Louis Maréchal이 정확하게 지적했듯이, 서양은 광물 생산을 다른 국가로 떠넘기면서 광물 생산과 관련한 부정부패, 이해득실에 따른 갈등, 거버넌스 문제, 암시장과 노동 환경 문제 등 다양한 사회 문제까지 외부로 떠넘겼다. 루이 마레샬과 2017년에 진행한 인터뷰.

29. 2016년 노던 그래피트Northern Graphite 기업의 그레고리 보우스Gregory Bowes 회장이 '5e Annual Cleantech & Technology Metals Summit : Invest in The Cleantech Revolution'에서 한 연설.

30. 칭화대학교 정치학과의 쉬란Xue Lan 교수와 2016년에 진행한 인터뷰.

31. "Annual Report Pursuant to Section 13 or 15(D) of the Securities Exchange Act of 1934 for the Fiscal Year Ended September 26, 2015", Apple, Inc.

32. "Annual Report Pursuant to Section 13 or 15(D) of the Securities Exchange Act of 1934 for the Fiscal Year Ended December 31, 2015", Tesla Motors, Inc. 테슬라 그룹은 그들이 만든 자동차는 희토류 없이도 운행이 가능하다고 주장하지만, 차 내부 장치(계기판 컴퓨터, 차창이며 와이퍼, 좌석 조작용 전기 모터 등)제작에 희토류가 쓰인다. 테슬라는 이에 대해서는 일절 언급하지 않는다.

33. 하나만 예로 들자면, 지구의 친구들Friends of the Earth이라는 단체가 2012년 발간한 "Mining for smartphones : the true cost of tin"이 대표적이다.

34. "Le Fairphone, le smartphone anti-obsolescence programmée", *France Inter,* 2017년 10월 2일 자 방송.

35. 2030년의 기후와 에너지 상황에 대한 체제. 이 프로젝트의 회원국은 2030년까지 이산화탄소 배출량을 1990년 수준을 기준으로 40퍼센트 감량하고, 에너지 소비량 중 재생에너지가 차지하는 비율을 27퍼센트까지 높이는 것을 목표로 한다.

36. 베이징 대학의 경제학 교수 송시첸Song Xi Chen은 우리에게 그가 2014년 시카고-베이징 노선 비행기에서 만난 미국 밀워키주 출신 강철 거래인과의 대화를 들려주었다. 이 우스운 대화는 우리의 현실을 잘 반영한다. "내가 그 미국 강철 거래인에게 말했죠. 당

신이야말로 중국의 환경 오염에 책임을 느껴야 한다고요! 그랬더니 그가 이렇게 대답하더군요. '무슨 소립니까, 난 이 업체의 소유주도 아닌데!'" 송시첸과 2016년에 진행한 인터뷰.

37. 1990년부터 2000년까지 10년 동안, 그리고 이듬해인 2001년 9월 11일 직전까지 미국의 군비 지출은 거의 일정하게 감소 추세를 보였다. 다음 보고서를 보라. "Trends in U.S. Military Spending", Council on Foreign Relations, 2014년 7월 15일 자. 프랑스의 2015년 국방 예산도 314억 유로(약 3조 5,000억 원)에 머물렀다. 이는 25년 만에 20퍼센트나 감소한 수치다. 다음 기사를 보라. "En euros constants, le Ministère de la Défense a perdu 20% de son budget en 25 ans", *Le Monde,* 2015년 4월 29일 자.

38. 프랑스 전략금속위원회COMES의 전 사무총장 알랭 리제Alain Liger와 2016년에 진행한 인터뷰.

39. 할가튼 앤 컴퍼니Hallgarten & Company의 창립자 크리스 에클스턴Chris Ecclestone과 2016년에 진행한 인터뷰. 에클스턴에 따르면, 희귀 금속 비축분은 재무부가 아닌 국방부가 관리했다. 이 비축분을 처분한 덕분에 미국 군대는 군사 예산 감축분을 보충하고 드론, 항공기, 스마트 폭탄 등 새로운 장비도 구매할 수 있었다.

40. 당시 나테시스 에셋 매니지먼트Natexis Asset Management의 경제연구과에서 원자재 시장 분석가로 일한 장-필리프 루스Jean-Philippe Roos와 2010년에 진행한 인터뷰. 이러한 동향은 훨씬 일찍부터 시작되었을 것으로 보인다. 전략무기제한협정 SALT 1, 2 체결 이후, 소비에트 사회주의 연방은 원자폭탄 비축분의 일부를 파기하고 그 안에 들어있던 우라늄을 미국에 팔았다. 엄청난 양의 광물이 시장에 풀리면서 미국 우라늄 업계는 위기에 빠졌다.

41. "Braderie forestière au pays de Colbert", *Le Monde diplomatique,* 2016년 10월호.

42. "Grasse se remet au parfum", *M. Le magazine du Monde,* 2016년 7월 11일 자.

43. 탈레스Thales의 2015년도 연례 회계 보고서.

44. 알랭 리제와 2016년에 진행한 인터뷰.

45. 프랑스 지질자원연구원 소속 지질학자들은 포르투갈에서 네베스 코르보의 구리 매장 지점을 발견했다. 퀘벡에서는 이들의 탐사 덕분에 구리와 아연이 매장되어 있는 랑글루아 광산을 개발할 수 있었다.

46. 알랭 리제와 2016년에 진행한 인터뷰.

47. 위의 인터뷰.

48. Jean-Marie Guehenno, *Livre blanc sur la défense et la sécurité nationale 2013*, La Documentation française, 2013년.

49. 1984년, 갓 은퇴한 알랭 드 마롤은 미래 전망을 분석한 책을 출간했다. 그는 책에서 전자산업과 우주 정복, 생물학 등이 앞장서서 이끌어 가는 '3차 산업혁명'을 이야기했다. 미래 산업 부문이 필요로 하는 엄청난 금속 수요에 주목하면서, 그는 구리, 코발트, 망간, 니켈, 납, 백금, 금 등의 몇몇 자원은 앞으로 바다 밑에서 채굴하게 될 것이라고 내다보았다. 다음 책을 보라. Alain de Marolles, *L'Ultimatum. Fin d'un monde ou fin du monde?*, Plon, 1984년.

50. 잭 리프턴Jack Lifton과 2016년에 진행한 인터뷰.

51. 천연자원 전략가 디디에 쥘리엔Didier Julienne과 2016년에 진행한 인터뷰.

52. 세르주 갱스부르Serge Gainsbourg는 1971년에 발표한 그의 노래 "Cargo Culte"의 가사에 이러한 내용을 담았다.

53. "The surprising number of American adults who think chocolate milk comes from brown cows", *The Washington Post*, 2017년 6월 15일 자.

4장 세계 무역 전쟁

1. "Mineral Commodity Summaries", USGS, 2017년.

2. 2017년 유럽의회, 이사회, 유럽경제사회위원회, 지역위원회가 유럽연합이 공급에 어려움을 겪을 수 있는 원자재 목록에 관해 진행한 인터뷰, 2017년 9월 13일 자.

3. 원자재 전문가 펠릭스 프레스톤Felix Preston과 2016년에 진행한 인터뷰. 다음 보고서를 보라. Felix Preston, Rob Bailey, Siân Bradley(Chatham House), Dr Wei Jigang, Zhao Changwen(DRC), "Navigating the New Normal. China and Global Resource Governance. A Joint DRC and Chatham House report", janvier, 2016년.

4. 다음을 보라. MM. Christophe Bouillon, Michel Havard, "rapport d'information sur la gestion durable des matières premières minérales au nom de la Commission du développement

durable et de l'aménagement du territoire", Assemblée nationale, 2011년.

5. "La Chine met les matières premières sous pression", *Les Échos,* 2015년 7월 7일 자.

6. 경제 전문 일간지 《더 월스트리트 저널The Wall Street Journal》 홍콩 지사에서 원자재 문제를 담당하는 기자 앤드류 피플Andrew Peaple과 2016년에 진행한 인터뷰.

7. Geneviève Barman, Nicole Dulioust, "Les années françaises de Deng Xiaoping", *Vingtième Siècle. Revue d'histoire,* 1988년, 제20호, pp. 17–34.

8. "Le singe et la souveraineté des ressources", *Le Cercle – Les Échos,* 2016년 2월 12일 자.

9. 프랑스 외교 위원회와 국방 및 군대를 대표하여 2011년 국회의원 자크 블랑M. Jacques Blanc이 제출한 프랑스 전략 물자의 보안에 관한 보고서 제349호, 2010–2011년.

10. 일반적으로 서양의 많은 국가는 광물 수입국이다. 미국은 루비듐, 스칸듐, 흑연, 인듐, 토륨 등을 비롯하여 17개 광물의 100퍼센트를 수입한다. 다른 29개 광물 또한 사용량의 80퍼센트를 수입하며, 또 다른 41개 광물은 사용량의 50퍼센트 정도를 수입한다. 다음을 보라. "Going Critical : Being Strategic with Our Mineral Resources", USGS, 2013년 12월 13일. 브뤼셀은 54종의 금속을 검토한 끝에 '세계 광물의 90퍼센트는 유럽연합 회원국이 아닌 국가에서 공급한다'고 발표했다. 다음을 보라. "Report on Critical Raw Materials for the EU", Report of the Adhoc Working Group on Defining Critical Raw Materials, 2014년.

11. 오스트레일리아 커틴Curtin 대학의 더들리 킹스노스Dudley Kingsnorth 교수와 2016년 진행한 인터뷰.

12. 존 시맨John Seaman이 인용한 숫자들을 참고하라. "Rare Earth and Clean Energy : Analyzing China's Upper Hand", IFRI, 2010년 9월.

13. J. Korinek, J. Kim, "Export Restrictions on Strategic Raw Materials and their Impact on Trade", OECD Publishing, 2010년.

14. 특히 미국과 유럽연합, 멕시코가 중국의 원자재 수출 제한에 불만을 품고 제기한 고소건 DS295, DS395, DS398을 보라. 중국은 2000년 이후 4배 이상 성장한 경제력을 바탕으로 기회가 있을 때마다 외교 무대에서 힘을 과시해 왔다. 2014년 중국 정부는 아시아 인프라 투자 은행의 설립을 계획했는데, 이는 다분히 국제통화기금의 권력에 도전장을 내미는 결정이었다. 같은 맥락에서 중국은 해상 실크로드를 구축하고자 2000년대 초부

터 자국 해안부터 동부 아프리카의 포트수단까지 이어지는 항구와 항만 시설을 사들였고, 파키스탄, 미얀마 등 에너지 및 화물 수송로에 있는 인도양 주변 국가들과 정치와 경제, 군사 협력을 맺으며 관계를 강화해 왔다. 중국이 확보한 국가의 항구를 연결하면 마치 진주 목걸이처럼 보이기 때문에 중국의 이런 계획을 '진주 목걸이 전략'으로 부르기도 한다. 게다가 중국은 남중국해에 있는 스프래틀리 군도(어마어마한 천연가스 매장량으로 유명하다)에 인공 섬을 건설하는 사업도 펼치고 있다. 2010년 중국은 일본을 제치고 세계 2위 경제 대국이 되었고, 이어 세계 최고 패권국이 되겠다는 야심을 감추지 않는다.

15. 장-이브 뒤무소와 2016년에 진행한 인터뷰.

16. Marie-Hélène Labbé, "L'embargo céréalier de 1980 ou les limites de l'arme verte", *Politique étrangère*, 1986년, 제51권, pp. 771-783.

17. "Le gaz russe, arme d'intimidation en Europe centrale", *Le Monde*, 2014년 9월 11일 자.

18. "Amid Tension, China Blocks Vital Exports to Japan", *The New York Times*, 2010년 9월 22일 자.

19. "Continental AG, Bosch Push EU to Secure Access to Rare Earths", *Bloomberg*, 2010년 11월 1일 자.

20. 힐러리 클린턴 국무장관은 "미국을 비롯하여 다른 나라들도 새로운 원자재 공급처를 찾아야 한다. 이번 일은 우리에게 위험을 알리는 사이렌이었던 셈"이라고 밝혔다. "Clinton hopes rare earth trade to continue unabated", *Reuters*, 2010년 10월 28일 자.

21. 프랑스 국제관계연구소IFRI 소속 연구원 존 시맨과 2015년에 진행한 인터뷰.

22. 테르븀 1킬로그램의 가격은 곧 2,900유로로 뛰어올랐다. 2년도 안 되는 사이에 10배나 값이 오른 것이다. 다음 기사를 보라. "Rhodia renouvelle ses filons de terres rares", *L'Expansion*, 2011년 11월 2일 자. 2011년에는 디스프로슘 또한 3,000달러로 값이 올랐다. 이는 2003년보다 100배 오른 가격이다. Christian Hocquard가 쓴 "Les matières premières comme enjeu stratégique majeur : le cas des 'terres rares'"라는 글을 확인하라. http://archives.strategie.gouv.fr/cas/content/23e-rendez-vous-de-la-mondialisation-matieres-premieres-metaux-rares-ressources-energetiques.html에서 볼 수 있다(이 웹주소는 유효하지 않지만, 다음 주소에서 정보를 검색할 수 있다. http://archives.strategie.gouv.fr).

23. “한 잔에 2달러 하는 커피가 유로픔과 똑같은 인플레이션을 겪었다면, 오늘날 우리는 커피 값으로 24.55달러를 내야 할 겁니다.” 제너럴 일렉트릭 기업은 고객들에게 이렇게 가격 인상을 설명했다. “Rhodia renouvelle ses filons de terres rares” *L'Expansion,* 앞의 기사.
24. 2016년 로열 바포켕 홀딩스는 광산 자본에 대한 지분을 6.3퍼센트로 낮췄다. 수입원을 다양화하기 위해서였다. “Why Royal Bafokeng is selling Implats”, *Moneyweb,* 2016년 4월 5일 자.
25. 두둑한 수입 덕분에 바포켕 주민들은 보험, 텔레콤, 스포츠, 토목 사업 등 다양한 분야의 투자 계획을 수립했다. 이 모든 계획의 정점에는 ‘비전 2035’이 있다. 2035년은 바포켕에서 백금 채굴이 최고 수준에 이르는 해다. 2035년까지 백금에 의존하지 않는 새로운 지속 가능한 경제 모델을 개발하는 것이 비전 2035의 목표다.
26. 남아프리카 공화국과 잠비아를 구성하는 여러 부족의 족장들, 그리고 심지어 콩고 민주 공화국의 조지프 카빌라 대통령도 몸소 바포켕을 찾았다.
27. 울란바토르 정부는 2012년에 이미 광업을 포함한 일부 부문에 외국인 투자를 제한하는 법을 제정했다.
28. “Qatar Fund Raises Stake in Xstrata”, *The New York Times,* 2012년 8월 23일 자. 2013년 엑스스트라타는 글렌코어 그룹과 합병했다.
29. “Qatar Mining à l'offensive en Afrique”, *Africa Mining Intelligence*, 2014년 4월 1일 자.
30. “Quand les États défient les groupes miniers”, *Les Échos,* 2017년 11월 13일 자.
31. 인도네시아 에너지부의 광물자원국 책임자 수키야 라덴 Sukhyar Raden 국장과 2015년에 진행한 인터뷰.
32. “Export Restrictions in Raw Materials Trade : Facts, Fallacies and Better Practices”, OECD, 2014년.
33. 이들은 1962년 표결한 유엔 결의안 1803(XVII)의 덕을 보았다. 당시 각국은 이 결의안에 따라 그들의 천연자원에 대한 주권을 보장받았다.
34. 잭 리프톤Jack Lifton과 2016년에 진행한 인터뷰.
35. 경제 보호주의 현상은 서양이 시작한 무역 관행이다. 중국 역시 과거에 서양 국가와 기업들이 자행한 무역 보복 조치를 당한 적이 있다. 2011년 이후 중국에 대한 서양 국가의 보호 무역 조치가 3배나 증가했다. 다음 보고서를 참고하라. “The Global Trade

Disorder", GTA(Global Trade Alert), 2014년. 리먼 브러더스 은행이 파산하고 금융 위기가 닥치자 국제 무역의 수호자 역할을 해오던 국가들은 국제 무역에 등을 돌렸다. IHS 그룹의 베이징 지사에서 일하는 분석가 브라이언 잭슨은 '그러한 맥락에서 중국은 과거의 승자(서양)가 패자가 되어가는 과도기의 패러다임 변화에 대처한 것'이라고 설명했다. 그러나 세계경제포럼은 각국의 보호 무역주의가 자유 무역을 침해하고 있으며, 이렇게 가다간 그들이 펴낸 어느 간행물에서 묘사했던 암울한 시나리오가 곧 현실이 될지도 모른다고 우려했다. 세계경제포럼이 펴낸 보고서를 보라. "Mining & Metals. Scenarios to 2030", The World Economic Forum, 2010년.

36. 2014년 세계 강철 생산량은 16억 3700만 톤이었다. 다음을 참고하라. "Iron & Steel Industry Report", Deloitte, 2015년 9월.

37. 중국은 현재까지도 국가의 원자재 관리를 견제하는 국제 조직인 글로벌 리포팅 이니셔티브Global Reporting Initiative에 가입하지 않았다.

38. "Matières premières : le grand retour des stratégies publiques", *Paris Tech Review,* 2012년 5월 4일 자.

39. 원자재 시장에서 점점 커지는 금융의 역할을 이해하려면, 장-피에르 보리스Jean-Pierre Boris와 장 크레퓌Jean Crépu가 2014년에 발표한 다큐멘터리 "Traders – Le marché secret des matières premières"를 보라. 간략한 줄거리는 다음과 같다. 2000년 3월 13일, 거품이 꺼지자 나스닥 지수는 곤두박질쳤고 주주들은 더 나은 수익률을 보장하는 새로운 투자처를 찾아 헤매고 있었다. 이때 미국 출신 경제학자 게리 고튼Gary Gorton과 K. 기어트 로우엔호스트K. Geert Rouwenhorst는 "원자재 선물 거래의 허와 실Faits et fantasmes à propos des contrats à terme sur les matières premières"이라는 제목의 보고서를 발표하며 유가 증권을 많이 보유하고 있다면 수익률이 매우 높은 원자재 분야에 투자를 분산할 것을 추천했다. 대형 은행들은 곧 원자재 투자에 뛰어들었다.

40. 팔라듐, 코발트, 몰리브덴을 두고 투기가 벌어지기도 했다.

41. "Electric carmakers on battery alert after funds stockpile cobalt", *The Financial Times,* 2017년 2월 23일 자. 2009년에는 인듐 대량 사재기 사건이 있었다. 언론은 이 사건에 대해 "원자재 가격 폭등을 의도한 세력들이 이런 일을 벌였다"고 설명했다. "La Chine restreint ses exportations de matières premières stratégiques", *Le Monde,* 2009년 12월 29일 자.

5장 첨단 기술 전쟁

1. 정확하게 측정한 각각의 금속을 한데 합해 녹인 다음, 이 합금을 다시 차게 식히고 부순다. 피스톤을 이용해서 합금을 납작하게 만들고 다시 이를 뜨겁게 달궜다가 식히기를 반복한다. 기술적인 부분을 찾아보고 싶다면 다음 자료를 참고하라. Sandro Buss, "Des aimants permanents en terres rares", *La Revue polytechnique*, 제1745호, 2010년 4월 13일 자.
2. 라이터의 톱니바퀴를 돌리면 이것이 라이터돌의 표면을 마찰한다. 라이터돌은 '미슈메탈'이라고 불리는 희토류 합금으로, 이것이 불꽃을 일으켜 심지 또는 가스에 불을 붙게 한다.
3. 휴대용 가스버너 불꽃이 백색광을 뿜어내는 이유는 가스 때문이 아니라 세륨 때문이다. 희토류 금속인 세륨을 불꽃으로 자극하면 강력한 빛을 내뿜는다. 따라서 세륨은 가스등 맨틀 등 조명을 만드는 데 쓰인다. 프랑스 지질자원연구원 전략팀 부대표인 파트리스 크리스트만이 2013년 9월 17일에 국립과학연구소 미디-피레네 관측소 주최로 진행한 강연 "Terres rares : enjeux stratégiques pour le développement durable"을 참고하라.
4. 화면의 내면을 덮고 있는 희토류는 브라운관을 통해서 자극을 받으면 색색의 빛을(그러니까 이미지들을) 발한다. 유로퓸은 빨간색, 테르븀은 녹색을 재생한다.
5. 사마륨-코발트 자석(화학식 SmCo5, Sm2co17)과, 네오디뮴, 철, 붕소(NdFeB)라는 희토류를 토대로 만든 자석(화학식 Nd2Fe14B)을 말한다. 이 자석은 일본 수미토모 특수금속에서 일하던 마사토 사가와Masato Sagawa와 미국 제너럴 모터스에서 일하던 존 크로트John Croat가 개발했다.
6. 사마륨은 주로 영구 자석 제작에 쓰인다. 알스톰Alstom의 차세대 초고속열차인 TGV 제작에도 영구 자석이 사용되었다. 이 자석을 활용하면 이전 세대 모터보다 크기는 30~40퍼센트 작고, 성능은 10~20퍼센트 더 강력한 제품을 제작할 수 있다. "Le CAC40 accro aux 'terres rares'", *L'Expansion,* 2012년 11월 12일 자를 보라.
7. 잭 리프톤과 2016년에 진행한 인터뷰. 필리프 드고베르에 따르면, 페라이트 자석은 사마륨 자석보다 7배나 약하며, 네오디뮴 자석과 비교하면 10배나 성능이 떨어진다.
8. 첸잔헝과 2016년에 진행한 인터뷰.
9. 크리스 에클스턴과 2016년에 진행한 인터뷰.
10. Régis Poisson, "La guerre des terres rares", *L'Actualité chimique,* 제369호, 2012년 12월.

11. 장-폴 토네와 2016년, 2017년에 진행한 인터뷰.

12. 위의 인터뷰.

13. 장-이브 뒤무소와 2016년에 진행한 인터뷰.

14. Régis Poisson, "La guerre des terres rares", 앞의 잡지.

15. 장-이브 뒤무소와 2016년에 진행한 인터뷰.

16. 장-폴 토네와 2016년, 2017년에 진행한 인터뷰.

17. 위의 인터뷰.

18. 위의 인터뷰.

19. 미국 철강노조 유나이티드 스틸워커스United Steelworkers의 짐 로빈슨Jim Robinson과 2011년에 진행한 인터뷰.

20. 론풀랑에서 엔지니어로 일했던 레지 푸아송과 2013년에 진행한 인터뷰.

21. Régis Poisson, "La guerre des terres rares", 앞의 잡지.

22. 컨설팅 회사 로스킬Roskill의 데이빗 메리맨David Merriman과 2016년에 진행한 인터뷰.

23. 익명을 요구한 한 프랑스 기업인의 말에 따르면, 유럽 생산업자들과 중국 생산업자가 원자재를 사들이는 가격은 심할 경우 7배까지도 차이가 났다고 한다. 그러나 장-폴 토네는 이것은 지나치게 과장된 것 같다는 의견을 제시했다.

24. 장-이브 뒤무소와 2011년에 진행한 인터뷰.

25. "Baotou, Rare Earth High-Tech Industrial Development Zone", *China Daily*, 2015년 10월 27일 자.

26. 우리 연구팀의 방문 이후 내몽골 자치구에는 신에너지, 빅데이터, 클라우드 형태의 정보 통신, 신소재, 에너지 경제, 환경보호, 고급 설비 생산, 몽골 전통의학, 바이오기술 산업 등이 두루 포진했다. "De l'exploitation minière aux big data : le développement économique de la Mongolie-Intérieure", Centre d'informations sur Internet de Chine, 2017년 8월 8일 자를 보라. 바오터우는 면적 470제곱킬로미터에 이르는 희토류 산업 지역을 개발한다. "Huge rare earth industrial park coming to Inner Mongolia", *China Daily*, 2017년 8월 29일 자를 참고하라.

27. 더들리 킹스노스와 2016년에 진행한 인터뷰.

28. 산업용 로봇은 미래의 '공장 4.0', 즉 스마트한 초연결 공장의 버팀목으로 손꼽힌다. 독

일은 오늘날 산업용 로봇의 챔피언으로 등극했다. 독일의 공작 기계 산업은 2015년 150억 유로[약 20조 473억] 이상의 매출을 기록했다. 총생산량의 4분의 3을 수출하며, 거의 7만 명의 노동자가 공작 기계 산업에 종사한다. 요컨대 독일 국가 경제의 중요한 기둥 역할을 하는 것이다. 다음 기사를 참고하라. "German machine tool industry expects moderate growth in 2016", *Verein Deutscher Werkzeugmaschininfabriken,* 2016년.

29. 크리스 에클스턴과 2016년에 진행한 인터뷰.

30. 더 많은 정보를 얻으려면 다음을 참고하라. "Panorama du marché du tungstène", BRGM, 2012년 7월.

31. 크리스 에클스턴과 2016년에 진행한 인터뷰.

32. 미텔스탄트는 하나의 전투에서 승리했으나, 전쟁의 승리자라고 할 수는 없다. 중국은 독일 산업용 로봇의 스타라고 할 수 있는 쿠카KUKA를 탐내고 있다. "Allemagne : le 'Mittelstand' face à l'offensive chinoise", *Le Monde,* 2016년 6월 14일 자를 보라.

33. 그래핀의 응용 범위는 현기증이 날 정도로 광범위하다. 휘어지는 휴대폰, 반투명 컴퓨터, 초강력 나노 프로세서 또는 우리 몸속의 암세포를 찾아내는 나노 칩 등을 모두 그래핀으로 제작할 수 있다.

34. "U.S. Brings WTO Challenge Against China Over Copper, Graphite, Other Minerals", *The Wall Street Journal,* 2016년 7월 13일 자.

35. "United States Expands Its Challenge to China's Export Restraints on Key Raw Materials", Office of the United States Trade Representative, 2016년 7월.

36. 메탈 페이지스Metal Pages의 베이징 지부에서 일하는 기자 데이지 첸Daisy Chen과 2016년에 진행한 인터뷰.

37. 토마스 크루엠머Thomas Kruemmer와 2016년에 진행한 인터뷰.

38. 에클스턴은 심지어 '공급 부족 위험이 있는 초강력 자석' 목록도 작성해야 한다고 주장했다. 중국이 풍력 발전기 생산 강국인 덴마크에 희토류 자석 수출을 중지하겠다고 으름장을 놓았기 때문이다.

39. 디디에 쥘리엔과 2016년에 진행한 인터뷰.

40. 잭 리프톤과 2016년에 진행한 인터뷰.

41. 알랭 리제와 2016년에 진행한 인터뷰.

42. "Tin : The Secret To Improving Lithium-Ion Battery Life", *Forbes*, 2012년 5월 23일 자.

43. PT 티마PT Timah 그룹의 커뮤니케이션 담당 책임자 아궁 누그로호 소에라트노Agung Nugroho Soeratno와 2014년에 진행한 인터뷰.

44. 영국의 국제주석연구소에서 분석가로 일하는 피터 케틀Peter Kettle과 2016년에 진행한 인터뷰.

45. "Shanghai to Match London Metals as China Seeks Commodities Sway", *Bloomberg News,* 2015년 3월 26일 자. 선물 시장은 미래의 특정 시간에 특정 양의 특정 물품을 구매하도록 설계된 파생상품 시장이다. 가격 불안정성에 대비하기 위해 판매자와 구매자는 상품을 미리 정해 놓은 가격에 거래하기로 타협한다.

46. "Bursa Malaysia Derivatives introduces futures tin contract", *The Star,* 2016년 9월 29일 자.

47. 이 정책이 세계 가격 추세에 영향을 미칠지는 불확실하다. 그러나 확실한 사실은 거래소 설립이 그 국가의 금융 지위를 강화한다는 것이다. 피터 케틀은 "이것은 그 지역 중개인들에게는 흥미로운 기회다. 금융 활동에 따른 이익 실현이 가능해졌기 때문"이라고 설명했다.

48. 니켈과 보크사이트. "Indonesia eases ban on mineral exports", *The Financial Times,* 2017년 1월 13일 자를 보라.

49. Hervé Kempf, *Fin de l'Occident, naissance du monde*, Seuil, 2013년.

50. 시크로프 서클Cercle Cyclope이 주최한 콘퍼런스에서의 강연. 파리, 2016년.

51. "Africa Mining Vision", African Union, 2009년 2월 자료를 보라.

52. 세계은행이 2012년 1월에 내놓은 보고서 "Increasing Local Procurement By the Mining Industry in West Africa"를 참고하라.

6장 중국 자본주의의 모든 것

1. 콜베르티슴은 17세기 프랑스의 중상주의 경제 정책이다. 당시 프랑스의 재정총감으로 있던 장 바티스트 콜베르가 자국의 공업을 육성하고 보호하기 위해 펼쳤던 정책이다. 콜베르티슴이라는 표현은 경제학자 엘리 코앵Élie Cohen이 1992년 출간한 그의 책에서 처음 사용했다. 다음 책을 보라. Élie Cohen, *Le colbertisme high-tech. Économie des télécoms et*

du grand projet, Hachette Livre, coll, 'Pluriel', 1992년.

2. Claude Chancel, Libin Liu Le Grix, *Le Grand Livre de la Chine,* Eyrolles, 2013년.

3. 컨설팅 업체 APCO의 시니어 카운슬러 제임스 맥그리거James McGregor가 2010년 미국 상공회의소에 제출한 보고서 "China's Drive for 'Indigenous Innovation'. A Web of Industrial Policies"를 보라.

4. 일곱 가지 산업은 에너지 효율, 정보 기술, 생명 공학, 기술 산업 장비, 신에너지, 신소재, 그리고 전기차 산업을 말한다. 중국 재무부에서 발행하는 "Bulletin économique Chine" n° 34, 2011년 3월 호를 보라.

5. 특히 다음 자료를 참고하라. "Prosperity for the masses by 2020 – China's 13th Five-Year Plan and its business implications", PwC China(Hong Kong, Macau), 2015년.

6. 쉐 란Xue Lan과 2016년에 진행한 인터뷰.

7. Malo Carton, Samy Jazaerli, *Et la Chine s'est éveillée: La montée en gamme de l'industrie chinoise,* Presses de l'École des mines, 2015년.

8. 세계개발연구소Institute of World Development 소속 연구원 딩 이판Ding Yifan과 2016년에 진행한 인터뷰.

9. "The National Medium and Long-Term Plan for the Development of Science and Technology(2006-2020)", The State Council of the People's Republic of China, 2006년.

10. James McGregor, 앞의 보고서.

11. 위의 보고서.

12. Jean-Louis Beffa, *Les Clés de la puissance*, Seuil, 2015년.

13. 프로그램의 완전한 명칭은 "1986 National High Technology Research and Development Program"이다. '프로그램 863'이라는 이름은 프로그램이 시작된 날짜의 연도와 월에서 따온 것이다.

14. 7개 주력 산업 분야는 정보, 생물, 항공, 자동화, 에너지, 자재, 해양학이다.

15. "2016 Global R&D Funding Forecast", *R&D Magazine*, 2016년 겨울호.

16. 상하이 자유 무역 지구 연구소의 교수 보 첸 Bo Chen과 2016년에 진행한 인터뷰.

17. "Deux millions d'agents pour surveiller le Net chinois", *Le Monde,* 2013년 10월 5일 자.

18. 중국의 광물자원 산업 생태계 조성과 관련한 글을 보고 싶다면 다음 논문을 참고하

라. Nicholas Arndt, Thierry Augé(BRGM), Michel Cuney(Laboratoire de géo-ressources à l'université de Lorraine), "Les Ressources minérales en Chine", 2014년 7월.

19. 브루노 겐스버거Bruno Gensburger와 2016년에 진행한 인터뷰. 프랑스의 한 전문가는 우리팀에게 그가 만난 중국의 한 전자 회사 대표의 이야기를 들려주었다. 그는 자사 직원들에 대해서 이렇게 말했다고 한다. "직원들은 아이디어는 없고, 시키는 대로만 합니다. 그리고 제게 무조건 복종해야 하죠."

20. Bernard Apremont, "L'économie de l'URSS dans ses rapports avec la Chine et les démocraties populaires", *Politique étrangère,* 1956년, 통권 21호, n° 5, 601-613쪽.

21. James McGregor, 앞의 보고서.

22. 프랑스 AFP 통신사의 베이징 지부 소속 기자 쥘리앵 지로Julien Girault와 2016년에 진행한 인터뷰.

23. 딩 이판과 2016년에 진행한 인터뷰.

24. 쉐 란과 2016년에 진행한 인터뷰. 이러한 현상은 미국과 유럽이라는 양대 세력이 지식 산업을 독점하는 것에 맞서 개발 도상 국가들이 새롭게 부상할 미래를 예고한다. 2015년 유네스코 사무총장이던 이리나 보코바Irina Bokova 또한 이 새로운 '지능의 대결'(이 표현은 위에서 인용한 클로드 샹셀Claude Chancel과 리뱅 리우 르 그리Libin Liu Le Grix의 저서에서 빌려왔다)에 대해 언급한 적이 있다. 그녀는 2015년에 발간한 한 보고서에서 "과학 연구에 관한 남과 북의 차이는 점점 줄고 있다. 많은 국가가 과학 기술 혁신을 자국의 발전 전략에 포함하고 있다"고 설명했다. 다음 보고서를 보라. "UNESCO Science-Report : Towards 2030", 2015년. 이리나 보코바는 이미 2010년에 "유럽연합-일본-미국이라는 세 세력이 과학 기술을 장악하던 양극화 세계는 사라지고 있다. 점점 더 많은 국가에서 연구가 진행되면서 세계는 차츰 다극화하고 있다"고 쓴 바 있다. 다음 글을 참고하라. "Recherche et développement : les États-Unis, l'Europe et le Japon de plus en plus concurrencés par les pays émergents, selon un rapport de l'UNESCO", Unescopress, 2010년 11월 10일 자.

25. "Key IP5 Statistical Indicators 2015", Five IP offices.

26. Jean-Louis Beffa, 앞의 책.

27. 1페타플롭은 1초에 1000조 번의 부동 소수점 연산을 할 수 있다는 뜻이다.

28. "La Chine devient la première puissance informatique au monde", *Le Figaro,* 2016년 8월 17일 자.

29. "La Chine prend de l'avance dans le cryptage des communications", *Le Monde*, 2016년 6월 21일 자.

30. "Énergies renouvelables: 2015, année record pour les investissements", *Les Échos,* 2016년 4월 18일 자.

31. "Voiture électrique : Quand la Chine nous électrocutera", Caradisiac.com, 2017년 10월 16일 자. 2017년 9월 프랑크푸르트 모터쇼 당시 PSA의 대표였던 카를로스 타바레스는 이렇게 단언했다. "지난 1세기 동안 중국은 서양에 사용료를 내면서 기술을 배우고 익혔다. 그러나 이제 중국인들은 전기차 산업의 리더로 부상했다. 우리는 지난 세기와는 전혀 새로운 미래를 경험하게 될 것이다."

32. "En Chine, la ligne rouge du virage vert", *Le Monde diplomatique,* 2017년 7월 호.

33. 2014년 독일 프라이베르크 광산기술대학의 카를 게랄트 반 덴 부가르트Karl Gerald Van den Boogaart 교수가 콘퍼런스(SME Critical Minerals Conference)에서 발표했다. 2016년 4월 더들리 킹스노스 교수가 토론토에서 열린 학회(5e Annual Cleantech and Technology Metals Summit)에서 보가르트의 연구를 인용했다.

34. 호주 커틴대학교의 더들리 킹스노스 교수.

35. 확실치 않지만, 2015년 석유 시장 매출은 1조 8000억 달러 정도로 추산한다.

36. 일렉트론 에너지 컴퍼니Electron Energy Corporation에서 일하는 피터 덴트Peter Dent와 2011년에 진행한 인터뷰.

37. 더들리 킹스노스와 2016년에 진행한 인터뷰.

38. 위의 인터뷰.

39. "Donald Trump hails new era of US energy 'dominance'", *The Financial Times,* 2017년 6월 30일 자.

40. 미국이 언제까지나 그들이 원하는 방향으로 에너지 균형을 이끌 수 있다는 생각은 착각이다. 결정권은 중국에 있기 때문이다. 게다가 워싱턴은 베이징과 맞붙기를 거부했으니, 싸워보기도 전에 벌써 패배한 셈이다.

41. "Arnaud Montebourg : 'L'Europe ne peut plus être à ce point désinvolte sur la

mondialisation'", *Le Monde,* 2016년 10월 26일 자.

42. 디디에 쥘리엔과 2015년에 진행한 인터뷰.

43. 이 비율은 16.4퍼센트에서 12.4퍼센트로 하락했다. 2015년 4월 2일 www.gouvernement.fr에 올라온 인포그래픽 "L'industrie en France"을 확인하라. 더불어 "La France recrée enfin des usines", *Le Monde,* 2017년 9월 29일 자 기사를 참고하라.

44. Jean-François Dufour, *Made by China. Les secrets d'une conquête industrielle,* Dunod, 2012년.

45. Brahma Chellaney, "La montée du capitalisme autoritaire, principal défi pour les démocraties", *Le Monde,* 2016년 7월 9일 자.

46. 이 표현은 2004년 조슈아 쿠퍼 라모Joshua Cooper Ramo가 외교정책센터에 기고한 학술논문 "The Beijing Consensus"에서 처음 사용했다.

47. Zhao Tingyang, *The Tianxia System : An Introduction to the Philosophy of World Institution*, Jangsu Jiaoyu Chubanshe, 2005년〔자오팅양, 『천하체계』, 노승현 옮김, 길, 2010년〕.

48. 첸잔헝과 2016년에 진행한 인터뷰.

7장 지정학 군사 전쟁

1. 핵 발전소에서 사마륨-149는 중성자를 흡수하는 역할, 즉 핵연료의 반응도(핵분열률)를 낮추는 데 사용한다.

2. 미국 방위 산업에서 희토류의 중요성을 다룬 많은 글이 있지만, 그 가운데 특히 다음 글을 참고하라. Valerie Bailey Grasso, "Rare Earth Elements in National Defense : Background, Oversight Issues, and Options for Congress", *Congressional Research Service,* 2013년 12월 23일 자.

3. Jean-Claude Guillebaud, *Le Commencement d'un monde. Vers une modernité métisse,* Seuil, 2008년.

4. 잭 리프톤과 2016년에 진행한 인터뷰.

5. 데이빗 메리맨David Merriman과 2016년에 진행한 인터뷰. 데이빗 메리맨은 언급한 희토류가 무엇인지는 말해주지 않았다. 장-폴 토네는 그것이 스칸듐일 거라는 의견을 내놓았다.

6. 마그네퀜치 기업의 자세한 역사를 알고 싶다면, 다음 글을 읽어 보라. Charles W. Freeman III, "An Object Lesson in Globalization", The Washington Quarterly, The Center for Strategic and International Studies, 2009년, pp. 61-76
7. Thierry Sanjuan, "L'Armée populaire de libération : miroir des trajectoires modernes de la Chine", *Hérodote,* 통권 제116호, 2005년.
8. 고대 그리스의 미케네인들은 도구를 사용하여 적들(특히 트로이인들)에 대한 군사적 우위를 유지했다.
9. 스페인 정복자들은 철을 마음대로 주무를 수 있었으나, 잉카를 비롯하여 안데스산맥의 다른 문명권에서는 여전히 구리와 청동만을 사용했다. 따라서 스페인은 15~16세기에 그토록 신속하게 아메리카를 정복할 수 있었다. 다음 책을 보라. Éric Chaline, *50 minéraux qui ont changé le cours de l'histoire,* Le Courrier du Livre, 2013년.
10. Nabeel Mancheri, Lalitha Sundaresan, S. Chandrashekar, "Dominating the World : China and the Rare Earth Industry", National Institute of Advanced Studies, 2013년.
11. "'Panama Papers', les affaires offshore des trafiquants et des vendeurs d'armes", *Le Monde,* 2016년 7월 4일 자.
12. 워터게이트 사건으로 리차드 닉슨 대통령은 1974년에 대통령직에서 물러났다.
13. "China's First Family Comes Under Growing Scrutiny", *The New York Times,* 1995년 6월 2일 자.
14. 다음 4가지 계명이 이 정책의 핵심이다. 군사 영역과 민간 영역을 결합할 것, 전쟁과 평화를 섞을 것, 군사 장비를 우선할 것, 민간 영역이 군사 영역을 지원하도록 할 것. 이 원칙들이 한데 모여 16글자가 되므로 16자 방침이라 부른다.
15. "China's spies 'very aggressive' threat to U.S.", *The Washington Times,* 2007년 3월 7일 자.
16. 프랑스 군사전략연구소IRSEM에서 연구원으로 일하는 위고 메이제Hugo Meijer와 2016년에 진행한 인터뷰.
17. 아놀드 마그네틱 테크놀로지Arnold Magnetic Technologies의 스티브 콘스탄티노이드Steve Constantinides와 2016년에 진행한 인터뷰.
18. 위의 인터뷰.
19. Scott Wheeler, "Trading with the Enemy : How Clinton Administration Armed Communist

China", *American Investigator (Free Republic)*, 2000년 1월 13일 자.

20. "Illegal fundraiser for the Clintons made secret tape because he feared being ASSASSINATED over what he knew – and used it to reveal Democrats' bid to silence him", *The Daily Mail*, 2017년 2월 23일 자.

21. "Democrats Return Illegal Contribution; politics : South Korean Subsidiary's $250,000 donation violated ban on money from foreign nationals", *The Los Angeles Times*, 1996년 9월 1일 자.

22. "Chinese Embassy Role in Contributions Probed", *The Washington Post*, 1997년 2월 13일 자.

23. 다음 보고서를 참고하라. "The Asia-Pacific Maritime Security Strategy : Achieving US National Security Objectives in a Changing Environment", US Department of Defense, 2015년.

24. 위고 메이제와 2016년에 진행한 인터뷰.

25. "Full transcript : Acting FBI director McCabe and others testify before the Senate Intelligence Committee", *The Washington Post*, 2017년 5월 11일 자.

26. "Après l'acier, Trump prêt à lancer une guerre commerciale de l'aluminium", *Les Échos*, 2017년 4월 27일 자.

27. "Presidential Executive Order on Assessing and Strengthening the Manufacturing and Defense Industrial Base and Supply Chain Resiliency of the United States", Maison-Blanche, 2017년 7월 21일 자.

28. "It's Not Buy America : Admin Aide On Trump's Sweeping Industrial Base Study", *Breaking Defense*, 2017년 7월 25일 자.

29. https://www.bloomberg.com/news/articles/2019-06-04/u-s-moves-to-ensure-rare-earth-supply-amid-trade-war-with-china

30. US 마그네틱 머티리얼스 어소시에이션US Magnetic Materials Association의 에드 리차드슨Ed Richardson과 2017년에 진행한 인터뷰.

31. "Defense Science Board Task Force on High Performance Microchip Supply", Office of the Under Secretary of Defense For Acquisition, 2005년.

32. "Exclusive : U.S. waived laws to keep F-35 on track with China-made part", *Reuters*, 201

년 1월 3일 자.

8장 에너지 전환의 미래

1. 주요 광물로는 알루미늄, 납, 철, 구리, 니켈, 크롬, 아연 등이 있다. 출처: United States Geological Survey Data Series 140.
2. Alain Liger, "Transition énergétique: attention, métaux stratégiques!", Conseil général de l'économie, de l'industrie, de l'énergie et des technologies, 2015년 12월 7일 자.
3. 주요 금속인 강철과 구리의 생산은 1970년부터 2000년까지 줄곧 안정적이었다. 따라서 아무도 광물 부족 같은 사태가 일어나리라고 걱정하지 않았다. 제조업자들과 언론 들은 2005년이 되어서야 광물 품귀 현상에 대해 이야기하기 시작했다. 중국이 원자재 시장에 팽팽한 긴장을 조성했기 때문이다.
4. "Ressources minérales et énergie : rapport du groupe 'Sol et Sous-sol'", ANCRE, 2015년 6월.
5. Olivier Vidal, Bruno Goffé, Nicholas Arndt, "Metals for a low-carbon society", *Nature Geoscience*, 통권 제6호, 2013년 11월.
6. 다음 보고서를 보라. "The Growing Role of Minerals and Metals for a Low Carbon Future", The World Bank Group, 2017년 6월. 아울러 "Métaux : les besoins colossaux de la transition énergétique", *Les Échos,* 2017년 7월 20일 자 기사도 참고하라.
7. "How Many People Have Ever Lived on Earth?", Population Referene Bureau, 2011년.
8. 알랭 리제와 2016년에 진행한 인터뷰.
9. 15개 금속은 안티몬, 주석, 납, 금, 아연, 스트론튬, 은, 니켈, 텅스텐, 비스무트, 구리, 붕소, 형석, 망간, 그리고 셀레늄이다. 보완 금속 5개는 레늄, 코발트, 철광석, 몰리브덴, 그리고 금홍석이다. "De surprenantes matières critiques", *L'Usine nouvelle,* 2017년 7월 10일 자.
10. "Critical Metals in the Path towards the Decarbonisation of the EU Energy Sector", Joint Research Center of the European Commission, 2013년.
11. 존 피터센John Petersen과 2017년에 진행한 인터뷰.
12. "Dwindling Supplies of Rare Earth Metals Hinder China's Shift from Coal", *Trendin Tech,*

2016년 9월 7일 자.

13. 비비안 우는 희토류 자원 전부를 자국 내에 보존하려는 중국의 계획을 열렬히 지지한다.

14. 잭 리프톤과 2016년에 진행한 인터뷰. 2015년 7월 6일 희토류와 전략 자원에 대한 정책 수립을 주제로 프랑스 의회의 과학기술선택평가국OPECST의 공청회가 열렸다. 공청회 내용 모음집에 실린 프랑스 지질자원연구원의 크리스티앙 오카르Christian Hocquard의 발언 내용을 참고하라.

15. Paul Valéry, *Regards sur le monde actuel,* Librairie Stock, Delamain et Boutelleau, 1931년.

16. Donella H.Meadows, Dennis L.Meadows, Jorgen Randers, William W. Behrens III, *The Limits to Growth : A Report for the Club of Rome's Project on the Predicament of Mankind,* Universe Books, 1972년.

17. Cercle Cyclope에서의 프랑스 지질자원연구원 총책임자 뱅상 라플레슈Vincent Laflèche의 강연. 2016년.

18. "La Chine importatrice nette de terres rares d'ici 2025", *L'Usine nouvelle,* 2017년 1월 3일 자.

19. 존 피터센John Petersen과 2017년에 진행한 인터뷰.

20. Ugo Bardi, 앞의 책.

21. 위의 책.

22. 특히 금속 재활용 업체 테라 노바Terra Nova의 공동 창립자인 크리스티앙 토마Christian Thomas가 강력하게 이 같은 주장을 편다.

23. Ester van der Voer, Reijo Salminen, Matthew Eckelman, Gavin Mudd, Terry Norgate, Roland Hisschier, Job Spijker, Martina Vijver, Olle Selinus, Leo Posthuma, Dick de Zwart, Dik van de Meent, Markus Reuter, Ladji Tikana, Sonia Valdivia, Patrick Wager, Michael Zwicky Hauschild, Arjan de Koning, "Environmental Risks and Challenges of Anthropogenic Metals Flows and Cycle. A Report of the Working Group on the Global Metal Flows to the International Resource Panel", Kenya, United Nations Environment Program(UNEP), 2013년.

24. Ugo Bardi, 앞의 책.

25. 장-폴 토네와 2016년, 2017년에 진행한 인터뷰.

26. Ugo Bardi, 앞의 책.

27. Simon Winchester, *The Map that Changed the World : William Smith and the Birth of Modern Geology*, HarperCollins, 2001년.

28. "North Korea May Have Two-Thirds of World's Rare Earths", *The Diplomat*, 2014년 1월 22일 자.

29. "Japan to import rare earth from India", *Reuters*, 2014년 8월 28일 자.

30. "Merkel signs export deal with Mongolia", *The Local*, 2011년 10월 13일 자.

31. "North Korea could rival China on rare earths reserves", *RT*, 2012년 1월 9일 자.

32. 2017년 2월 캐나다와 유럽연합은 포괄적경제무역협정CETA을 체결했다. 따라서 유럽 기업들은 캐나다의 광물 채굴 부문에 쉽게 투자할 수 있게 됐다.

33. 디디에 쥘리엔과 2016년에 진행한 인터뷰.

34. "Métaux : les besoins colossaux de la transition énergétique", *Les Échos*, 2017년 7월 20일 자.

35. "Switch to Renewables Won't End the Geopolitics of Energy", *Bloomberg*, 2017년 8월 21일 자. 이 칼럼의 저자가 공저자로 참여한 다음 글도 참고하라. Meghan O'Sullivan, Indra Overland, David Sandalow와 "The Geopolitics of Renewable Energy", Columbia University Center on Global Energy Policy, 2017년 6월.

36. 비비안 우와 2011년에 진행한 인터뷰.

37. "Pour séduire Pékin, le président fait des terres rares une priorité", *Africa Mining Intelligence*, 2016년 12월 20일 자.

38. "La bataille des terres rares", *Afrique Méditerranée Business*, 2014년 2월 18일 자를 참조하라.

39. 금수 조치 이후 2,900유로에 팔리던 테르븀 1킬로그램의 가격은 2017년에는 520유로까지 하락했다. 2,800유로 이상이던 디스프로슘의 가격 또한 10배 가까이 폭락했다. 출처: http://mineralpricescom/

40. 크리스 에클스턴과 2016년에 진행한 인터뷰.

41. 위의 인터뷰.

42. "Exclusive : Evidence of Chinese Interests driving Effort to block Stans Energy in Kyrgyzstan", InvestorIntel, 2013년 4월 18일 자.

43. "Mountain Pass sells for $20.5 million", Mining.com, 2017년 6월 16일 자.

9장 최후의 개척지

1. "Montebourg veut que la France retrouve sa bonne mine", AFP, 2014년 2월 22일 자.
2. "Macron enterre la Compagnie des mines de France chère à Montebourg", *Challenges,* 2016년 2월 9일 자.
3. "Emmanuel Macron préside l'installation du groupe de travail chargé de définir la "mine responsable" du xxie siècle", communiqué de presse Ministère de l'Économie de l'Industrie et du Numérique, 2015년 4월 1일 자.
4. "Emmanuel Macron engage la démarche 'mine responsable'", *Minéral Info*, 2015년 3월 28일 자.
5. "Une réforme du code minier pour enterrer le gaz de schiste", *Le Monde,* 2017년 1월 17일 자.
6. "Creuser et forer, pour quoi faire? Réalités et fausses vérités du renouveau extractif en France", Les Amis de la Terre France, 2016년 12월.
7. 위의 글.
8. 프랑스에는 중금속에 오염된 옛 광산 터가 3,500개쯤 있을 것으로 추정된다. 다음 라디오 방송을 참고하라. "Mines : l'héritage empoisonné", France Culture, 2017년 5월 5일 자.
9. '지구의 친구들'은 광산업 재개 대신 희귀 금속 재활용을 추진하자고 주장한다. 솔깃한 제안이긴 하나, 희귀 금속 재활용만으로는 무섭게 늘고 있는 재생 가능 에너지에 대한 수요를 맞출 수 없을 것이다.
10. "Emmanuel Macron préside l'installation du groupe de travail chargé de définir la 'mine responsable' du xxie siècle", communiqué de presse Ministère de l'Économie de l'Industrie et du Numérique, 2015년 4월 1일 자.
11. "US GAO warns it may take 15 years to rebuild U.S. rare earths supply chain", MineWeb, 2010년 4월 15일 자.
12. "Nos déchets nucléaires sont cachés en Sibérie", *Libération,* 2009년 10월 12일 자.
13. 푸투나의 왕은 왈리스의 왕보다 훨씬 적은 액수를 받는다.
14. 왈리스에푸투나Wallis-et-Futuna의 전직 군수 피에르 시무넥Pierre Simunek과 2016년에 진행한 인터뷰.
15. 위의 인터뷰.

16. Jean-Marie Guehenno, *Livre blanc sur la défense et la sécurité nationale 2013,* La Documentation française, 2013.
17. 피에르 시무넥과 진행한 인터뷰.
16. "Japan breaks China's stranglehold on rare metals with sea-mud bonanza", The Telegraph, 2013년 3월 24일 자.
17. "Seafloor Miners Poised to Cut into an Invisible Frontier", *Scientific American,* 2016년 8월 11일 자.
18. 해양 지질학자 피에르 코쇼나Pierre Cochonat와 2013년에 진행한 인터뷰.
19. "La Commission des limites du plateau continental se réunit au siège de l'ONU du 11 juillet au 26 août 2016", Organisation des Nations Unies(ONU), 2016년 7월 11일 자.
20. 다음 다큐멘터리에서 인용했다. Max Mönch, Alexander Lahl "À qui appartiennent les océans?", Allemagne, 2015년.
21. 위의 다큐멘터리.
22. H.R.2262 – US Commercial Space Launch Competitiveness Act, 114th Congress (2015-2016).
23. "Deep Space Industries to Probe Near-Earth Asteroid", *Forbe.* 2016년 11월 18일 자.
24. 우주비행사의 이 흥미진진한 글을 읽어 보라. Thomas Pesquet, " Mines dans l'espace, la nouvelle frontière", *Les Échos,* 2017년 10월 8일 자.
25. 룩셈부르크는 확실히 앞서고 있다. 세계 최초의 위성 회사 SES 그룹도 룩셈부르크 공국에 둥지를 틀었다.

나가는 말

1. 다음 책을 읽어 보라. Michio Kaku, *Une brève histoire du futur. Comment la science va changer le monde,* Flammarion, 2011년.
2. "Photovoltaïque : les promesses des pérovskites", *Le Monde,* 2017년 6월 15일 자.
3. 다음 책을 읽어 보라. Pierre-Noël Giraud, Timothée Ollivier, *Économie des matières premières,*

La Découverte, coll. "Repères", 2015년.

4. 다음 책을 읽어 보라. Philippe Bihouix, *L'Âge des low tech. Vers une civilisation techniquement soutenable,* Seuil, 2014년.

5. 크리스티앙 토마와 2017년에 진행한 인터뷰.

참고문헌

서적

Bardi Ugo, *Le Grand Pillage: comment nous épuisons les ressources de la planète,* Les Petits Matins, 2015.

Barré Bertrand, Bailly Anne, *Atlas des énergies mondiales: quels choix pour demain?*, Autrement, 3e édition, 2015.

Beffa Jean-Louis, *Les Clés de la puissance*, Seuil, 2015.

Bergère Marie-Claire, *Chine: le nouveau capitalisme d'État,* Fayard, 2013.

Bihouix Philippe et Guillebon Benoît (de), *Quel futur pour les métaux ? Raréfaction des métaux : un nouveau défi pour la société*, EDP Sciences, 2010.

Bihouix Philippe, *L'Âge des low tech. Vers une civilisation techniquement soutenable,* Seuil, 2014.

Bilimoff Michèle, *Histoire des plantes qui ont changé le monde*, Albin Michel, 2011.

Carton Malo et Jazaerli Samy, *Et la Chine s'est éveillée. La montée en gamme de l'industrie chinoise*, Presses de l'École des mines, 2015.

Chaline Éric, *50 minéraux qui ont changé le cours de l'histoire*, Le Courrier du Livre, 2013.

Chalmin Philippe (dir.), *Des ressources et des hommes*, Nouvelles Éditions François Bourin, 2016.

Chancel Claude et Liu Le Grix Libin, *Le Grand Livre de la Chine,* Eyrolles, 2013.

Cohen Élie, *Le Colbertisme high-tech. Économie des télécoms et du grand projet*, Hachette Livre, coll. «Pluriel», 1992.

Debeir Jean-Claude, Deléage Jean-Paul et Hémery Daniel, *Une histoire de l'énergie*, Flammarion, 2013.

Deneault Alain et Sacher William, *Paradis sous terre: comment le Canada est devenu la plaque tournante de l'industrie minière mondiale*, Rue de l'Échiquier, 2012.

Dufour Jean-François, *Made by China. Les secrets d'une conquête industrielle*, Dunod, 2012.

Flipo Fabrice, Dobré Michelle et Michot Marion, *La Face cachée du numérique. L'impact environnemental des nouvelles technologies*, L'Échappée, 2013.

Gaigneron de Marolles Alain (de), *L'Ultimatum. Fin d'un monde ou fin du monde?*, Plon, 1984.

Giraud Pierre-Noël et Ollivier Timothée, *Économie des matières premières,* La Découverte, coll. «Repères», 2015.

Guillebaud Jean-Claude, *Le Commencement d'un monde. Vers une modernité métisse*, Seuil, 2008.

Harari Yuval Noah, *Sapiens – Une brève histoire de l'humanité*, Albin Michel, 2015.

Izraelewicz Erik, *L'Arrogance chinoise*, Grasset, 2011.

Juvin Hervé, *Le mur de l'Ouest n'est pas tombé*, PierreGuillaume de Roux, 2015.

Kaku Michio, *Une brève histoire du futur. Comment la science va changer le monde*, Flammarion, 2011.

Kempf Hervé, *Fin de l'Occident, naissance du monde*, Seuil, 2013.

Laws Bill, *50 plantes qui ont changé le cours de l'histoire*, Éditions Ouest-France, 2011.

Le Moigne Rémy, *L'Économie circulaire : comment la mettre en œuvre dans l'entreprise grâce à la reverse supply chain?*, Dunod, 2014.

Lenglet François, *La Fin de la mondialisation*, Fayard, coll. «Pluriel», 2014.

Lenglet François, *La Guerre des empires*, Fayard, 2010.

Meadows Donella H., Meadows Dennis L., Randers Jorgen, Behrens III William W., *The Limits to Growth : A Report for the Club of Rome's Project on the Predicament of Mankind*, Universe Books, 1972.

Mousseau Normand, *Le Défi des ressources minières*, MultiMondes Éditions, 2012.

Rabhi Pierre, *Vers la sobriété heureuse*, Actes Sud, 2010.

Rifkin Jeremy, *The Third Industrial Revolution: How Lateral Power Is Transforming Energy, the Economy, and the World*, Palgrave Macmillan, 2011.

En français: La Troisième Révolution industrielle, Les Liens qui Libèrent, 2012.

Rifkin Jeremy, The Zero Marginal Cost Society: The Internet of Things, the Collaborative Commons, and the Eclipse of Capitalism, Palgrave Macmillan, 2014.

Roger Alain et Guéry François (dir.), *Maîtres et protecteurs de la nature*, Champ Vallon, 1991.

Schmidt Eric et Cohen Jared, T*he New Digital Age: Reshaping the Future of People, Nations and*

Business, Knopf, Random House Inc., 2013.

Tingyang Zhao, *The Tianxia System: An Introduction to the Philosophy of World Institution, Nanjing*, Jiangsu Jiaoyu Chubanshe, 2005.

Valéry Paul, *Regards sur le monde actuel, Librairie Stock*, Delamain et Boutelleau, 1931.

Winchester Simon, *The Map that Changed the World : William Smith and the Birth of Modern Geology*, HarperCollins, 2001.

잡지

"Matières premières: un défi pour la croissance", *Problèmes économiques*, n° 3019, 11 mai 2011.

Mérenne-Schoumaker Bernadette, "Énergies et minerais Des ressources sous tension", La Documentation française, *Les Dossiers*, n° 8098, mars-avril 2014.

"Ressources minérales et développement durable", *Géosciences*, n° 1, janvier 2005.

보고서

Communication de la Commission au Parlement européen, au Conseil, au Comité économique et social européen et au Comité des régions relative à la liste 2017 des matières premières critiques pour l'UE, 13 septembre 2017.

"Les dessous du recyclage: dix ans de suivi de la filière des déchets électriques et électroniques en France", rapport Les Amis de la Terre France, décembre 2016.

"Les enjeux stratégiques des terres rares et des matières premières stratégiques et critiques", rapport de Patrick Hetzel, député, et de Delphine Bataille, sénatrice, fait au nom de l'Office parlementaire d'évaluation des choix scientifiques et technologiques (OPECST), n° 617, t. II, 2015-2016, 19 mai 2016.

Grasso Valerie Bailey, "Rare Earth Elements in National Defense: Background, Oversight Issues, and Options for Congress", Congressional Research Service, 23 décembre2013.

Korinek J. et Kim J., "Export Restrictions on Strategic Raw Materials and their Impact on Trade", OECD Trade Policy Papers, n° 95, OECD Publishing, 2010.

Marscheider-Weidemann Frank, Langkau Sabine, Hummen Torsten, Erdmann Lorenz, Espinoza Luis Tercero, "Raw Materials for Emerging Technologies 2016", German Mineral Resources Agency (DERA) at the Federal Institute for Geosciences and Natural

Resources (BGR), mars 2016.
McGregor James, Senior Counselor APCO, "China's Drive for 'Indigenous Innovation'". A Web of Industrial Policies" (Chambre de commerce américaine), 2010.
"Recycling Rates of Metals: A Status Report", United Nations Environment Programme (UNEP), 2011.
"Ressources minérales et énergie: rapport du groupe Solet sous-sol de l'Alliance Ancre", Alliance nationale de coordination de la recherche scientifique (ANCRE), juin 2015.
"UNESCO Science Report: towards 2030", 2015.

기사

"La bataille des terres rares», Afrique Méditerranée Business, 18 février 2014.
"Le CAC 40 accro aux "terres rares" », L'Expansion, 12 novembre 2012.
Chellaney Brahma, ""La montée du capitalisme autoritaire", principal défi pour les démocraties», Le Monde, 9 juillet 2016.
"L'Europe ne peut plus être à ce point désinvolte sur la mondialisation», Le Monde, 26 octobre 2016.
"Exclusive: U.S. waived laws to keep F-35 on track with China-made parts», Reuters, 3 janvier 2014.
«La guerre des terres rares», L'Actualité chimique, décembre 2012, n° 369.
«Matières premières: le grand retour des stratégies publiques», Paris Tech Review, 4 mai 2012.
«Métaux : les besoins colossaux de la transition énergétique», Les Échos, 20 juillet 2017.
«Paris climat 2015 : ma COP 21 à moi est métallique!», Le Cercle – Les Échos, 6 octobre 2015.
Petersen John, «How Large Lithium-ion Batteries Slash EV Benefits», 2016.
«Quand le monde manquera de métaux », Basta Mag, 26 septembre 2012.
Vidal Olivier, Goffé Bruno et Arndt Nicholas, «Metals for a low-carbon society », Nature Geoscience, vol. 6, novembre 2013.

다큐멘터리

C'est pas sorcier, «Magnétisme», 2013.

Mönch Max et Lahl Alexander, À qui appartiennent les0 océans?, Allemagne, 2015.

Pitron Guillaume et Serge Turquier, La Sale Guerre des terres rares, 2012.

Pitron Guillaume, Terres rares, le trésor caché du Japon, Mano a Mano, 2012.

Secrets of the Super Elements, présenté par Mark Miodownik, BBC, 2017.

Tison Coline et Lichtenstein Laurent, Internet: la pollution cachée, Camicas Productions, 2012.

웹사이트

프랑스

Mineral Info, le portail français des ressources minérales non énergétiques:
http://www.mineralinfo.fr

Bureau de recherches géologiques et minières (BRGM):
http://www.brgm.fr

Office parlementaire d'évaluation des choix scientifiques et technologiques (OPECST):
http://www2.assemblee-nationale.fr/15/les-delegationscomite-et-office-parlementaire/office-parlementaire-devaluation-des-choix-scientifiques-et-technologiques

OCDE, Guide sur le devoir de diligence pour des chaînes d'approvisionnement responsables en

minerais provenant de zones de conflit ou à haut risque :
http://www.oecd.org/corporate/mne/mining.htm

Agence de l'environnement et de la maîtrise de l'énergie (ADEME):
www.ademe.fr

Alliance nationale de coordination de la recherche pour l'énergie (ANCRE):
http://www.cnrs.fr/fr/partenariats/alliances/ancre.htm

Blog de Didier Julienne – Contributeur Le Cercle – Les Echos:
https://www.lesechos.fr/idees-debats/cercle/auteurs/index.php?id=50168

Les Amis de la Terre:
http://www.amisdelaterre.org

Global Links, le laboratoire des industries d'avenir:

www.globallinks.fr

Pôle interministériel de prospective et d'anticipation des mutations économiques (PIPAME):

https://www.entreprises.gouv.fr/etudes-et-statistiques/qu-est-que-pipame-0

Commission de recherche et d'information indépendantes sur la radioactivité (CRIIRAD):

http://www.criirad.org

Cyclope:

http://www.cercle-cyclope.com

Laboratoire GéoRessources, Université de Lorraine:

https://georessources.univ-lorraine.fr

Institut de recherche stratégique de l'École militaire(IRSEM):

www.defense.gouv.fr/irsem

Solvay :

www.solvay.fr

Commissariat à l´énergie atomique et aux énergies alternatives (CEA), Centre de Cadarache – Nouvelles Technologies de l'Énergie:

http://cadarache.cea.fr/cad/Pages/Activites/techno-energie.aspx

Institut français de recherche pour l'exploitation de la mer(IFREMER):

http://wwz.ifremer.fr

Agence internationale de l'énergie:

https://www.iea.org

유럽

Commission européenne, Raw Material Unit (Belgique):

https://ec.europa.eu/growth/sectors/raw-materials_fr

Institut Fraunhofer (Allemagne):

https://www.fraunhofer.de/en.html

Metal Pages (Grande Bretagne):

https://www.metal-pages.com

International Tin Research Institute (Grande Bretagne):

https://www.itri.co.uk

Global Trade Alert (Suisse):

www.globaltradealert.org

Organisation mondiale du commerce (Suisse):

https://www.wto.org

Chatham House, The Royal Institute of International Affairs(Grande Bretagne):

https://www.chathamhouse.org

Convention de Bâle (Suisse):

www.basel.int

Global Reporting Initiative (Pays Bas):

https://www.globalreporting.org*Historical Magazine* 14.3 (2011): 5–13.

Forum économique mondial (Suisse):

https://www.weforum.org

미국

Commission des limites du plateau continental :

http://www.un.org/depts/los/clcs_new/clcs_home.htm

Institut d'études géologiques des États-Unis (USGS):

https://www.usgs.gov

Technology Metals Research:

http://www.techmetalsresearch.com

InvestorIntel :

https://investorintel.com/sectors/technology-metals

Ames Laboratory :

https://www.ameslab.gov

Association américaine des matériaux magnétiques:

www.usmagneticmaterials.com

Banque mondiale:

www.banquemondiale.org

Cour des comptes américaine:

https://www.gao.gov

Service de recherche du congrès:

https://fas.org/sgp/crs

아프리카

Programme des Nations unies pour l'environnement (Kenya):

www.unep.org

Banque africaine de développement (Éthiopie):

https://www.afdb.org

Royal Bafokeng Holdings (Afrique du Sud):

www.bafokengholdings.com

아시아

Organisation pour le développement des énergies nouvelles et des technologies industrielles(Japon):

www.nedo.go.jp/english

Société chinoise des terres rares (Chine):

https://fr.linkedin.com/company/the-chinese-society-ofrare-earths

PT Timah TBK (Indonésie):

www.timah.com

라틴 아메리카

Greenpeace Argentine:

www.greenpeace.org/argentina/es

Autorité internationale des fonds marins (Jamaïque) :

https://www.isa.org.jm/fr

중동

Agence internationale de l'énergie renouvelable Abou Dabi, Émirats arabes unis:

http://www.irena.org

함께 읽으면 좋은 갈라파고스의 책들

『현대 중동의 탄생』

데이비드 프롬킨 지음 | 이순호 옮김 | 984쪽 | 43,000원

미국 비평가협회상과 퓰리처상 최종선발작에 빛나는 이 책은 분쟁으로 얼룩진 중동의 그늘, 그 기원을 찾아가는 현대의 고전이다. 종교, 이데올로기, 민족주의, 왕조 간 투쟁이 끊이지 않는 고질적인 분쟁지역이 된 중동이 어떻게 형성되었는지를 명쾌하게 제시해준다. 이 책은 중동을 총체적으로 이해하게 해주는 중동 문제의 바이블로 현대 중동 문제를 이해하기 위한 필독서다.

『물질문명과 자본주의 읽기』

자본주의라는 이름의 히드라 이야기

페르낭 브로델 지음 | 김홍식 옮김 | 204쪽 | 12,000원

역사학의 거장 브로델이 우리가 미처 알지 못했던 자본주의의 맨얼굴과 밑동을 파헤친 역작. 그는 자본주의가 이윤을 따라 변화무쌍하게 움직이는 카멜레온과 히드라 같은 존재임을 밝혀냄으로써, 우리에게 현대 자본주의의 역사를 이해하고 미래를 가늠해볼 수 있는 넓은 지평과 혜안을 제공했다. 이 책은 그가 심혈을 기울인 '장기지속으로서의 자본주의' 연구의 결정판이었던 『물질문명과 자본주의』의 길잡이판으로 그의 방대한 연구를 간결하고 수월하게 읽게 해준다.

『자유로서의 발전』

과거, 현재, 그리고 미래의 모든 지식을 찾아

찰스 밴 도렌 지음 | 박중서 옮김 | 924쪽 | 35,000원

• 한국간행물윤리위원회 선정도서 | 한국경제, 매일경제, 교보문고 선정 2010년 올해의 책

아시아 최초로 노벨 경제학상을 수상한 경제학의 '마더 테레사', 아마티아 센.

민주주의와 자유의 확장이야말로 진정한 발전의 목표임을 실증적으로 규명한 현대의 고전. 이 책은 아마티아 센이 평생에 걸쳐 추구한 웅대한 문제의식의 결정판으로서, 민주주의와 자유의 확장이야말로 진정한 발전의 목표임을 실증적으로 밝혀내고 있다. 센의 문제의식은 역량의 회복을 통해 대다수 사람들의 삶의 질이 향상되는 균형잡힌 성장에 초점이 맞추어진다. 특히 센의 민주주의를 기반으로 한 발전관은 개발독재에 신음했던 우리에게도 중요한 시사점을 준다. 그에 따르면 박정희 정권 시기에 민주화와 사회정의를 위한 저항과 투쟁이 실제로 경제성장에 중요한 영향을 미쳤다는 것이다. 한국사회는 경제민주화를 비롯한 새로운 패러다임의 요구에 직면했음에도, 아직까지 개발독재의 망령과 성장숭배의 폐해를 떨쳐내지 못하고 있다.『자유로서의 발전』은 이런 한국사회가 온전한 사회발전을 위해 어떠한 문제의식과 실천이 선행되어야 하는지를 명쾌하게 제시해준다.

『푸코, 바르트, 레비스트로스, 라캉 쉽게 읽기』
교양인을 위한 구조주의 강의
우치다 타츠루 지음 | 이경덕 옮김 | 224쪽 | 12,000원

구조주의란 무엇인가에서 출발해 구조주의의 기원과 역사, 그 내용을 추적하고, 구조주의의 대표적 인물들을 한자리에 불러 모아 그들 사상의 핵심을 한눈에 들어오도록 정리한 구조주의에 관한 해설서. 어려운 이론을 쉽게 풀어 쓰는 데 일가견이 있는 저자의 재능이 십분 발휘된 책으로, 구조주의를 공부하는 사람이나 구조주의에 대해 알고 싶었던 일반 대중 모두 쉽고 재미있게 읽을 수 있는 최고의 구조주의 개론서이다.

『지식의 역사』
과거, 현재, 그리고 미래의 모든 지식을 찾아
찰스 밴 도렌 지음 | 박중서 옮김 | 924쪽 | 35,000원
• 한국간행물윤리위원회 선정도서 | 한국경제, 매일경제, 교보문고 선정 2010년 올해의 책

문명이 시작된 순간부터 오늘날까지 인간이 생각하고, 발명하고, 창조하고, 고민하고, 완성한 모든 것의 요약으로, 세상의 모든 지식을 담은 책. 인류의 모든 위대한 발견은 물론이거니와, 그것을 탄생시킨 역사적 상황과 각 시대의 세심한 풍경, 다가올 미래 지식의 전망까지도 충실히 담아낸 찰스 밴 도렌의 역작.

프로메테우스의 금속

그린 뉴딜의 심장, 지정학 전쟁의 씨앗
희귀 금속은 어떻게 세계를 재편하는가

1판 1쇄 발행 2021년 2월 26일
1판 5쇄 발행 2023년 4월 25일

지은이 기욤 피트롱 | 옮긴이 양영란
편집부 김지하 김현지 | 표지 디자인 로컬앤드

펴낸이 임병삼 | 펴낸곳 갈라파고스
등록 2002년 10월 29일 제2003-000147호
주소 03938 서울시 마포구 월드컵로 196 대명비첸시티오피스텔 801호
전화 02-3142-3797 | 전송 02-3142-2408
전자우편 books.galapagos@gmail.com

ISBN 979-11-87038-67-2 (03300)

이 도서의 국립중앙도서관 출판예정도서목록은 서지정보유통지원시스템 홈페이지(http://seoji.nl.go.kr)와 국가자료종합목록시스템(http://www.nl.go.kr/kolisnet)에서 이용하실 수 있습니다.

INSTITUT FRANÇAIS Cet ouvrage a bénéficié du soutien des Programmes d'aide à la publication de l'Institut français. 이 책은 프랑스문화원의 출판번역지원프로그램의 도움으로 출간되었습니다.

갈라파고스 자연과 인간, 인간과 인간의 공존을 희망하며, 함께 읽으면 좋은 책들을 만듭니다.